COPYRIGHT 2020
ISBN-9798646234606

# CROSSWORD

## Across:

2. A female testator
4. A town in northern Utah settled by Mormons
8. Orthodoxy of a scholastic variety
11. An outer adjacent area of any place
12. A candy flavored with peppermint oil
13. The circulation of cytoplasm within a cell
14. A Japanese city on northern Kyushu
16. An enthusiastic kiss
18. The act of shielding from harm
20. United States endocrinologist (1892-1970)

## Down:

1. Yellow-throated American wood warbler
3. An evil spirit
5. A master's degree in library science
6. The state capital of Western Australia
7. A short U-shaped wire nail for securing cables
9. Annihilation by reducing something to atoms
10. Terrestrial ferns of tropical Americas
15. A pustule in an eruptive disease
17. The head of a tribe or clan
19. The formation of frost or ice on a surface

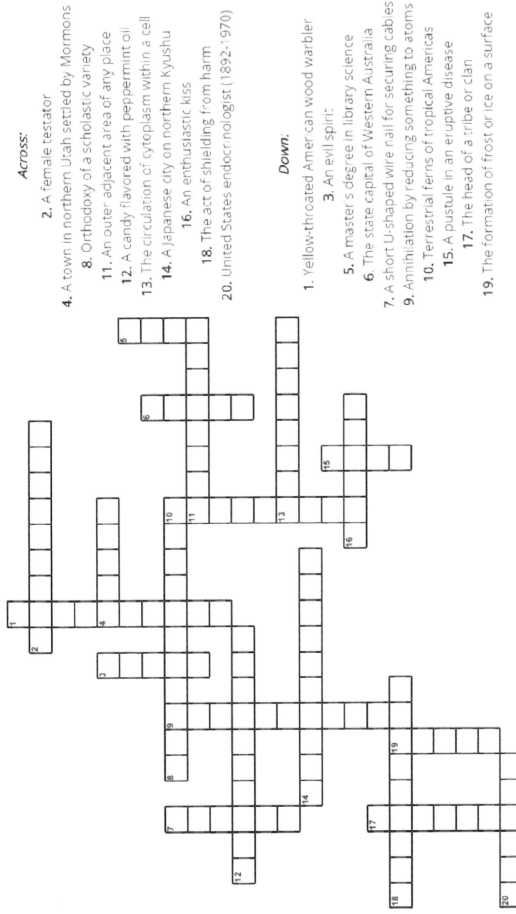

## Across:

1. Tennis played with one person on each side
3. The atmosphere of an environment
7. A tropical grass native to India and Sri Lanka
9. A rounded thickly curled hairdo
10. Developing in intricate and painstaking detail
11. Disparaging terms for the common people
13. An inhabitant of the North
14. A type of ascomycetous fungus
16. Type genus of the Saturniidae: emperor moth
17. Tufted herbs resembling grasses: rushes
18. Leather with a napped surface
19. Brick that is laid sideways at the top of a wall

## Down:

1. The sweetness of sugar
2. United States rock singer (born in 1931)
4. Someone who cuts and delivers ice
5. Someone whose business is advertising
6. Propriety in manners and conduct
8. The excrement of sea birds; used as fertilizer
12. The action of bearing witness
15. A framework for holding wood that is being sawed

## Across:

6. The Slavic language spoken in the Ukraine
7. A mere wish, unaccompanied by effort to obtain
9. Feelings of extreme heartlessness
11. A region of northeastern France
13. A bell used to sound an alarm
16. A cruel and brutal fellow
17. A feeling of extreme joy
19. A plant where salt is produced commercially
20. Green foliage

## Down:

1. Intentionally contemptuous behavior or attitude
2. Shelf that projects from wall above fireplace
3. Any of several compounds of barium
4. United States politician and diplomat (1900-1968)
5. English composer of orchestral works (1862-1934)
8. A mistake in calculating
10. Classification according to general type
12. Brick that is laid sideways at the top of a wall
14. Sweet alyssum
15. American ragwort with yellow flowers
18. Swiss mathematician (1707-1783)

## Across:

2. The performance of a part or role in a drama
7. The art of operating aircraft
8. A visual representation of something
9. A heavy grey mineral that is an ore of copper
10. A rester who is sleeping
14. One who accepts an offer
15. A farewell remark; "they said their good-byes"
16. Dislike (or fear) of Britain and British customs
17. An expert in prosthetics
18. Vivid picturesque description.
20. Dark sweet or semisweet dessert wine from Sicily

## Down:

1. Burnt sugar; used to color and flavor food
3. A member of a council
4. Any of several large aquatic salamanders
5. A person without moral scruples
6. The trait of not being dependable or reliable
11. A member of the dynasty that ruled England
12. (ethnic slur) offensive term for a Jew
13. Someone trained in forestry
19. Pretentious or silly talk or writing

## Across:

7. Gas generated in the digestive tract.
8. An obnoxious and foolish and loquacious talker
10. A vertical pipe
13. The branch of geology that studies volcanoes
16. Payment for the release of someone
17. An owner or manager of hotels
19. The leadership ability of a military general
20. Production of an abnormally small amount of urine

## Down:

1. An animal that makes short high-pitched sounds
2. Medium for communication
3. A connected series or group
4. The branch of geology that studies volcanoes
5. A dicotyledonous genus of the family Primulaceae
6. The branch of science that studies magnetism
9. Someone who kisses
11. A very large jet plane
12. Young codfish
14. Infestation with itch mites
15. Betrayal of a trust
18. A petty misdeed

## Across:

1. A woman cowboy
3. The humanistic study of language and literature
5. A soldier in the regular army
7. Someone who collects taxes for the government
8. A storm with rain
10. The act of ceding
11. The trait of not being painstaking or careful
13. The period of greatest prosperity or productivity
14. The property of being fit to eat
15. A person who makes deceitful pretenses
18. Maintains a rabbit warren
19. A conversation between two persons

## Down:

2. A decorative paper for the walls of rooms
4. A person who does not acknowledge your god
6. Concern for your own interests and welfare
9. A scholar who is skilled in academic disputation
12. A dome-shaped shrine erected by Buddhists
16. Saw used with one hand for cutting metal
17. A very troublesome child
20. Street names for gamma hydroxybutyrate

## Across:

2. A painful sore with a hard core filled with pus

3. The smallest planet and the nearest to the sun

8. A native or inhabitant of Slovenia

10. Large New World sparrows

11. The act or art of making handmade lace

13. A male servant (especially a footman)

15. British choreographer (1906-1988)

18. A city in northwestern Turkey

19. A choice or pleasing bit (as of information).

## Down:

1. A native or resident of Maine

3. Clover ferns

4. The act of observing; taking a patient look

5. The act of observing; taking a patient look

6. Mixed diced fruits or vegetables; hot or cold

7. A city in northern Uganda

9. Type genus of the family Aplysiidae

12. A loss of will power

14. The trait of seeming ill at ease

16. A scarf worn by Sikh men

17. Breed of heavy-coated Arctic sled dog

## Across:

3. A reduction in quantity or rate
5. A slanderous accusation
6. A town in northwestern Idaho
8. Not of basic importance
12. A modern Russian triumvirate
14. A superior paper resembling sheepskin
15. French operatic composer (1799-1862)
17. A state of disorder involving group violence
18. A breeding ground for epidemic disease
20. A musician who plays the oboe

## Down:

1. A city of south central Germany
2. The act of soiling something
4. A victim of ridicule or pranks
7. A state of innocence
9. A woman with abnormal sexual desires
10. A habit worn by clerics
11. A tomato-flavored consomme; often served chilled
13. A worker who stains (wood or fabric)
16. A stately court dance in the 17th century
19. A harsh hoarse utterance (as of a frog)

## Across:

3. Any of various solitary wasps
5. An expert on geography
9. The property of not allowing sound through.
10. The shore of a sea or ocean
11. Obscene terms for female genitals
14. Clarity achieved by the avoidance of ambiguity
15. Tattered or threadbare clothes.
18. Mixed diced fruits or vegetables; hot or cold
20. Large European chimaera

## Down:

1. A wholesaler in the meat-packing business
2. The language spoken by the Chipewyan
4. The occurrence of a change for the worse
6. The state of being liable to impeachment
7. The area of mesoderm that forms the notochord
8. The quality of being lewd and lascivious
12. Loud confused noise from many sources
13. A seaport in the Asian part of Russia
16. An act of gracious kindness
17. Kitchen appliance used for baking or roasting
19. A rotund individual

## Across:

2. Money paid out; an amount spent
4. A genus of Sciaenidae
5. Australian wild horse
8. The head of a tribe or clan
10. The saddlecloth of a cavalry horse.
12. Someone who tells lies
13. Any mixture of a soft and malleable consistency
14. Someone who markets merchandise
15. An upholstered seat for more than one person
16. A person who is markedly small
17. Type genus of the Megatheriidae
18. (rare) worship that admits or tolerates all gods
20. (Yiddish) a nagging complaint

## Down:

1. The act of jostling (forcing your way by pushing)
3. Someone who burns down a barn
6. A fan of bull fighting
7. Primitive wingless insects: bristletail
9. An affinity for work
11. One of four equal parts; "a quarter of a pound"
19. A fine quality of black tea native to China

## Across:

2. Type genus of the Oriolidae
4. A male friend from your neighborhood or hometown
5. The act of selling goods for a living
7. The condition of being exposed to radiation
11. Temporary living quarters
14. An infant considered in relation to its nurse
16. Tights for dancers or gymnasts
17. Traditional Polish poppy seed thins.
18. Someone who hunts game

## Down:

1. A boy who leads the animals that draw a plow
3. Informal terms for a human head
4. A white mineral; a common ore of zinc
6. Makes things out of wood
8. A partiality for some particular place
9. The paved surface of a thoroughfare
10. A commissioned military officer
12. An indirect (and usually malicious) implication
13. Any plant of the genus Nigella
15. A member of a religious cult
17. Fur coat made from the soft lustrous fur of minks

## Across:

2. Ritual hand movement in Hindu religious dancing
3. A person who breeds animals
5. A British candy flavored with brandy
6. Subtly skillful handling of a situation
8. The worship of women
9. Formation of a word by means of a suffix
11. The act of certifying or bestowing a franchise on
12. The disposition and habits of an epicure
16. Saddle oysters
17. North American bluebirds
18. A single drawing in a comic strip

## Down:

1. A word expressing a number.
3. The quality of being good looking and attractive
4. (Greek mythology) the Muse of tragedy
6. Active strength of body or mind
7. Port city of Denmark in eastern Jutland
10. A cheap drinking and dancing establishment
13. A workman who is employed to repair roads
14. A small ring
15. A city in northwestern Somalia

## Across:

2. Surgical removal of the pituitary gland
5. Type genus of the Laniidae: typical shrikes
9. The elimination of fecal waste through the anus
10. A temporary stay (e.g., as a guest)
11. The act of bringing to uniformity; making regular
13. Toadfishes; related to anglers and batfishes
14. A deep orange-red variety of chalcedony
16. A variety of gum
17. Swiss mathematician (1654-1705)
19. The act of receiving

## Down:

1. A member of the people of Kashmir
3. A person suffering from neurosis
4. The southern part of France
6. The measurement of viscosity
7. A person whose occupation is teaching
8. Great and constant diligence and attention
9. Preference for using the left hand
12. Materials relating to Judaism
15. An insect that strips the leaves from plants
18. The quality of being pink

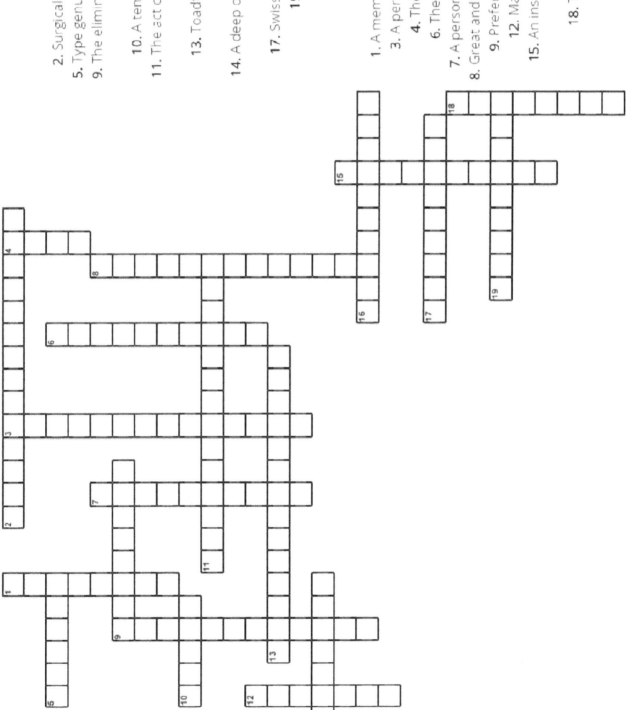

## Across:

2. The nations of the Asian continent collectively
3. A relationship between two lovers
8. The doctrine that all violence is unjustifiable
9. 100 thebe equal 1 pula in Botswana
15. A family of protoctist
16. Italian composer of operas (1801-1835)
18. (Yiddish) an awkward and stupid person
19. An evil spirit
20. Reverent petition to a deity

## Down:

1. A small natural hill
4. Excessive desire to eat
5. Light informal conversation for social occasions
6. A particular spatial arrangement
7. An obnoxious and foolish and loquacious talker
10. A borough of New York City
11. One part in a trillion equal parts
12. A public promotion of some product or service
13. In a decomposed state
14. A city and port in northern Jutland
17. A severe blow

## Across:

2. Genus of temperate Old World herbs: fleabane
7. A state of melancholy depression
10. The conjugate base of an alcohol.
13. Any of several body structure resembling a cord
15. Excessive or affected modesty
16. Monitor lizards
17. Bearberry, manzanita
18. A woman sorcerer

## Down:

1. English writer (1832-1904)
3. Old World herbs and subshrubs: candytuft
4. The quality of being affordable
5. A Bantu language spoken in Zimbabwe
6. Buffalo fishes
8. Without moral defects
9. Usually coiled
11. An eliminator that does away with all traces
12. A small secluded room
14. An admirer of Greece and everything Greek
17. An early French settler in the Maritimes
19. A swollen bruise caused by a blow to the eye

**Across:**

2. United States painter (born in 1917)
3. Poised for action; "their guns were at the ready"
6. Sticklebacks
11. The award given to the champion
12. A small secluded room
13. The art of engraving on precious stones
15. An occurrence of rebounding or springing back
16. An instance of driving away or warding off
18. A pressure gauge for comparing pressures of a gas
19. One of the islands of Saint Christopher-Nevis

**Down:**

1. Normal or sound powers of mind
2. A hired mourner
4. The state of being noticeable.
5. A variety of green lacewing
7. The crustlike surface of a healing skin lesion
8. Capital of Tuvalu
9. A believer in theosophy
10. The act of convoking
14. An extended area of land
17. Leather from the hide of a deer

## Across:

1. Hunting rabbits with beagles
4. A workman who manages or works in a warehouse
5. Act of receiving pleasure from something
6. The process of flowing out
7. A polycyclic aromatic hydrocarbon.
9. Submerged freshwater perennials
12. A state or condition of being Croatian
13. A person who has been freed from slavery
14. A pen where stray animals are confined
15. A genus of Stichaeidae
18. Someone who engages in bibliotics
19. A woman's virtue or chastity
20. A worthless message

## Down:

2. A genus of Haemulidae
3. The study of liturgies
8. One who supervises or has charge and direction of
10. The 11th letter of the Greek alphabet
11. New World blue crabs
16. A genus of Formicariidae
17. An iron with considerable loft

## Across:

**3.** A state or condition being blighted

**7.** A container used to keep bread or cake in

**9.** A Canadian river; flows into the Beaufort Sea

**10.** A heap of dung or refuse

**11.** Eaten as mush or as a thin gruel

**12.** The act of abandoning a party for cause

**15.** The act of providing a subsidy

**17.** A Japanese gangster

**20.** A formal expression of praise

## Down:

**1.** A person suffering from bulimia

**2.** A deceitful and unreliable scoundrel

**4.** A professional killer who uses a gun

**5.** Strange and unconventional behavior

**6.** A site where people on holiday can pitch a tent

**8.** The property of having a harsh unpleasant taste

**13.** A woman assemblyman

**14.** The quality of being lax and neglectful

**16.** Protection against future loss

**18.** A chest to hold ammunition

**19.** A fisherman who uses a hook and line

## Across:

2. A coarse term for defecation; "he took a shit"
7. Type genus of the Recurvirostridae: avocets
9. Basically shredded cabbage
11. Any of various tree of the genus Harpullia
13. The state of nonexistence
15. Edible viscera of a fowl
16. One guilty of malfeasance
17. (Hinduism) an ascetic holy man
18. Period extending from Dec. 24 to Jan. 6
19. Someone who guards prisoners

## Down:

1. A supplier of victuals or supplies to an army
3. One of a several allotropes of phosphorus.
4. Dried ground gingerroot
5. A ry ring-shaped object resembling a bublik.
6. A pit for cockfights
8. The consistency of a solid
10. The act of abdicating
12. The Slavic language of Poland
14. English playwright (1580-1625)
18. A unit of volume (as for sand or gravel)

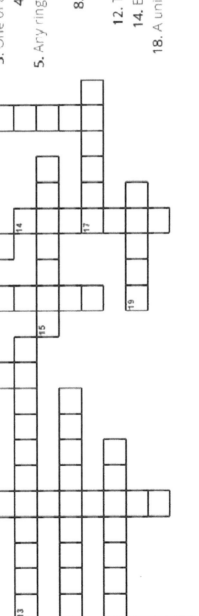

## Across:

4. Inflammation of the spinal cord
6. A person who urinates
7. A stupid mistake
9. The Slavic language spoken in Belarus
10. A female newsperson
12. An artist who practices pyrography
13. A power tool used to buff surfaces
14. Rhamnose is a naturally occurring deoxy sugar.
17. A drug that suppresses appetite
18. Large ferocious bear of Eurasia
19. A forward on a soccer team

## Down:

1. Unusual largeness in size or extent or number
2. Someone who is dazzlingly skilled in any field
3. Type genus for the Xenicidae
4. A plan for attaining a particular goal
5. Wild mountain sheep of Corsica and Sardinia
8. Fairy shrimp; brine shrimp
11. A very attractive or seductive looking woman
15. Type genus of the family Bucerotidae
16. Feeling a need to see others suffer

## Across:

1. The act of waving
6. A folding stool
7. A depression scratched or carved into a surface
10. A soft cheese with a strong odor and flavor
11. A mass of snow heaped up by the wind
12. One species; an Australian evergreen sumac
14. Surgical removal of part or all of the pancreas
17. A state of supreme happiness
20. A large wine bottle (holds 4/5 of a gallon)

## Down:

2. An English barrister of the highest rank
3. An adhesive label
4. Sweet smelling yellow solid haloform CHI3
5. Coextensive with the genus Sparganium
8. The termination of a meeting
9. Any substance that can be used as food
13. Made by polymerizing butadiene
15. Golden moles
16. A reflex response to sudden pain
18. A fellow member of the Communist Party
19. The framework of a bed

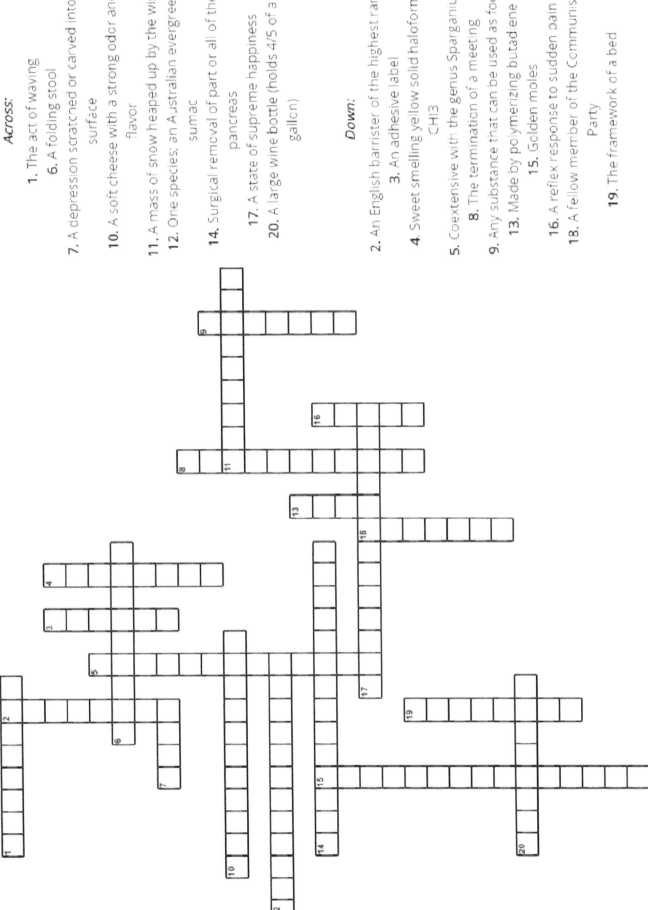

## Across:

1. An intense desire for some particular thing
3. West Indian tree; source of bay rum
6. Alternative terms for gallows
9. Castrated bull
11. The quality of being a slippery rascal
12. The hide of a cow
13. A butcher's knife having a large square blade
15. Lean end of the neck
17. Brilliantly colored; larvae feed on nettles
18. The opposite of oldness
19. A representation by picture or portraiture
20. The Na-Dene language spoken by the Tlingit

## Down:

2. A specialist in treating damaged trees
4. The bodily property of being well rounded
5. Someone who perpetrates wrongdoing
7. An ointment used in treating bruises
8. An alkyne with the chemical formula $CH_3C{\equiv}CH$.
10. The analysis of a vector field
14. The act of reducing to a scheme or formula
16. Informal terms for the mouth

## Across:

2. A town in central Vermont
8. Someone who sniffles and weeps with loud sobs
9. The occurrence of a small flash or spark
10. Cases used to carry belongings when traveling
11. A linear unit (1/6 inch) used in printing
12. Denial of any connection with or knowledge of
14. The decline or termination of tribal organization
15. A genus of fish in the family Syngnathidae
18. A philosopher who specializes in ethics
19. A native or inhabitant of Sweden
20. The Finnic language spoken by the Votyak

## Down:

1. A fit of shivering or shaking
3. Black grouse
4. The domain ruled by a king or queen
5. An assumption that is taken for granted
6. The act of conquering
7. A unit of power equal to one billion watts.
13. Annihilation by vaporizing something
16. A heading of a subdivision of a text
17. A small wooden keg

## Across:

2. The grammatical arrangement of words in sentences
7. The trait of not being dependable or reliable
9. A middle way between two extremes
12. A soldier in the paratroops
13. A slow speech pattern with prolonged vowels
14. The region that is inside of something
16. The trait of being blunt and outspoken
17. East Indian fruit bats
18. A native or inhabitant of Bermuda
20. A dissolute man in fashionable society

## Down:

1. A transuranic element
3. The Uto-Aztecan language spoken by the Aztec
4. A cartoon character created by Walt Disney
5. Surgical incision into the cornea
6. Inflammation of the vagina and bladder
8. The act of paying money
10. A Norwegian archipelago in the Arctic Ocean
11. The act of tolerating something
15. The part of a wharf that is next to a ship
19. A long narrow excavation in the earth

## Across:

2. Women's underwear
5. Mainly nocturnal North American goatsucker
6. The amount of extract that grains of malt yield.
7. A unit of electrical charge equal to 10 coulombs
8. A cross-country skier
11. The trait of being lighthearted and frivolous
12. A square rod of land
13. Gall midges
14. Someone who reasons logically
15. Imposition again
17. Porridge made of rolled oats

## Down:

1. United States golfer (1902-1971)
3. The study of ancient inscriptions
4. A genus of Loriinae
8. The capital and largest city of Luxembourg
9. A consonant pronounced with aspiration
10. Informal terms for a human head
16. A drawstring bag for holding money
17. A signaling device that makes a buzzing sound
18. Pitching dangerously to one side

## Across:

2. A person who shows no gratitude
5. A student who holds a scholarship
8. A building where prostitutes are available
13. An order of dicotyledonous plants
16. The property of sounding like music
18. A town in southwestern Oregon; a summer resort
19. Female donkey
20. Compulsory military service

## Down:

1. A joint of a finger when the fist is closed
3. Crane-like South American wading birds
4. Congenital absence of fingers and/or toes
6. A stronghold
7. Determining again
9. The production of a litter of pigs
10. A hydrazine drug used as an antidepressant.
11. An idea accepted as a demonstrable truth
12. A heavy perfume made from the patchouli plant
14. A golfer who hits the golf ball with a driver
15. A medicine that causes or increases sweating
17. Spray blown up from the surface of the sea

## Across:

3. A genus of Mustelidae
5. An educator who works at a college or university
10. A philosopher who subscribes to nativism
11. Australian kingfisher having a loud cackling cry
12. Surgical incision into the perineum
15. A narrow pass (especially one between mountains)
16. A depression hollowed out of solid matter
17. The transportation of goods on a lighter
19. A person who is unusually thin and scrawny

## Down:

1. An artificially produced flow of water
2. Flattery designed to gain favor
4. The consistency of a solid
5. The English language as used in the United States
6. Huge extinct flightless birds: elephant birds
7. Slanderous defamation
8. A Roman unit of land area equal to 100 heredia.
9. A collection of things wrapped or boxed together
13. Contemptuous laughter
14. The raised helical rib going around a screw
18. An act of forcible exhalation

## Across:

4. A flat-bottomed boat used on upper Great Lakes
5. A change for the better
6. The sending and processing of e-mail by computer
8. The trait of being imperious and overbearing
14. Someone who is the first to observe something
16. An increase by natural growth or addition
18. An intermediate platform in a staircase
19. United States sociologist (1910-2003)

## Down:

1. A man whose wife committed adultery
2. Intermediate between peat and bituminous coal
3. The act of indulging in sentiment
7. Type genus of the Dasyatidae
9. Pain in the rectum
10. Usually inexpensive bar
11. An abrupt spasmodic movement
12. A man who takes advantage of women
13. A plant where beer is brewed by fermentation
15. The dome of the skull
17. Any plant of the genus Eryngium
20. Anything rolled up in cylindrical form

## Across:

3. An agricultural laborer in Arab countries
4. A line that forms the length of an arrow pointer
7. Dessert of stewed or baked fruit
8. The trait of being afraid
10. Tissue hardened by deposition of lime salts
12. Collapse caused by exposure to excessive heat
15. Representation by drawing or painting etc
16. Any of various plants of the genus Mutisia
17. An extended area of land

## Down:

1. Invalid or incorrect reasoning
2. Pilot whales
3. Son of Henry Ford (1893-1943)
5. One part in five equal parts
6. Gastropods; bivalves; cephalopods; chitons
7. A person who participates in competitions
9. Potter bees
11. An organic base C3H4N2; a histamine inhibitor
13. A bag carried by a strap on your back or shoulder
14. Type genus of the Ameiuridae: bullhead catfishes
18. Plant-sucking bugs

## Across:

4. Denial of any connection with or knowledge of
6. A woman's virtue or chastity
8. The process of being heedful
12. A vagrant living on a beach
13. A town in east central Iowa
15. The power of creative imagination
17. A person who amuses others by ridiculous behavior
19. A male massager

## Down:

1. A city in southern Ghana
2. Gerbil of northern Africa
3. Someone who practices a learned profession
5. Small farmers and tenants
7. Backfire from a recoilless weapon
9. A native or inhabitant of the Ukraine
10. Usually coiled
11. (rhetoric) exhortation; admonition.
14. A comic incident or series of incidents
16. Type genus of the Saturniidae: emperor moth
17. Young of domestic cattle
18. A sharp high-pitched cry (especially by a dog)

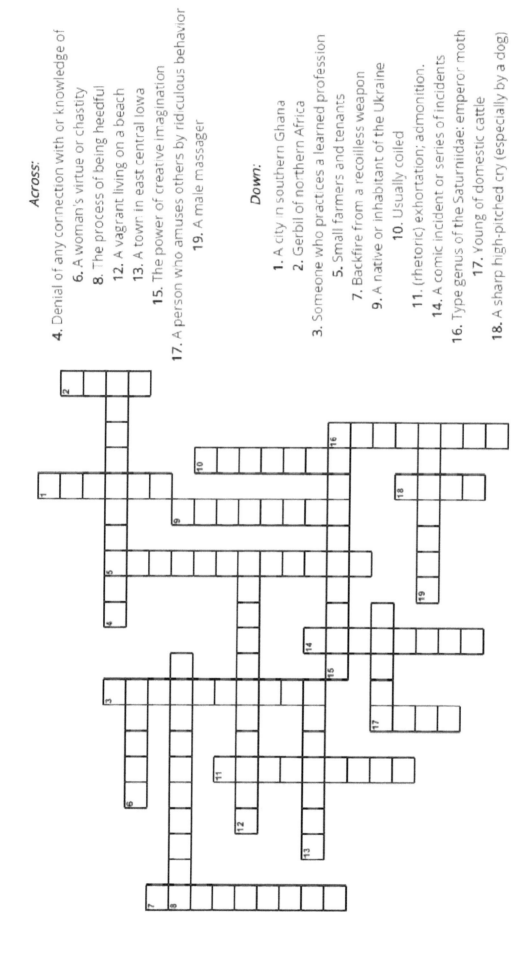

## Across:

3. Mexican black cherry
5. Any drug that destroys viruses
6. Natural abilities or qualities
7. A watch that is worn strapped to the wrist
9. A malicious woman with a fierce temper
10. A container that is used to put or keep things in
11. A plan for attaining a particular goal
12. Naked-tailed armadillo of tropical South America
14. Position 90 in a countable series of things
17. A woman adulterer
19. A comprehensive presentation or survey.

## Down:

1. An obnoxious and foolish and loquacious talker
2. The sound made by a lion
4. Small flat green bean similar to lima beans
6. A narrow pass (especially one between mountains)
8. People who are confined to their homes
13. A member of a nomadic tribe of Arabs
15. Deep-fried cornbread ball (southern)
16. The language of modern Iraq
18. A loud kiss

## Across:

3. Law enacted by a legislative body
6. A Hebrew minor prophet of the late 6th century BC
7. A musician who plays the lute
8. A ski run densely packed with snow
11. Sexual allure
14. The act of making something ready
15. A decrease in width
16. Any acid that contains oxygen
18. The quality of being vapid and unsophisticated
19. An artist who creates sculptures
20. A unit of angular distance equal to 60 degrees

## Down:

1. Reconstructive surgery of the anus or rectum
2. Skunk cabbage
4. A genetic abnormality resulting in short stature
5. Spray blown up from the surface of the sea
9. A holder or proprietor of land
10. Any of several trees of the genus Cinchona
12. The 18th letter of the Greek alphabet
13. Any age prior to the legal age
17. A very dark grey color

## Across:

3. A star that varies noticeably in brightness
6. A fight with bare fists
7. A slight indication
10. An extreme bellicose nationalist
13. A woman who is pregnant for the second time
14. Any tightly knit group of trusted associates
15. An excessive desire for food
16. Eider ducks
17. A man's overcoat in the style of a frock coat
19. Someone who owns a home
20. Type genus of the Meropidae

## Down:

1. Hole made by a burrowing worm
2. The largest island of the central Ryukyu Islands
4. The final point in a process
5. The univalent radical derived from toluene
8. Loss resulting from failure of a debt to be paid
9. Slanderous defamation
11. The body of ordained religious practitioners
12. A fee charged for the use of a wharf or quay
18. A young child who is small for his age

**Across:**

3. A salt or ester of tartaric acid
4. American basswood of the Allegheny region
7. United States filmmaker (born in 1934)
10. The quality of causing or tending to cause ruin.
12. The capability of becoming imperfect
14. A bid that is higher than preceding bids
15. An employee who sweeps (floors or streets etc.)
19. A source of materials to nourish the body
20. A sudden burst of flame

**Down:**

1. The membrane in the ear that vibrates to sound
2. A total abstainer
5. A member of an armed gang of robbers
6. A joint partner (as in a business enterprise)
8. The state of being several and distinct
9. The quality or state of not being removable.
11. A person who is ruthless and greedy and dishonest
13. A fit of shivering or shaking
16. The Uralic language spoken by the Yeniseian
17. A pin or bolt forming the pivot of a hinge
18. A schematic or preliminary plan

## Across:

2. Someone unpleasantly strange or eccentric
4. Mediation by an umpire
6. The Romance language spoken in Italy
7. A native or inhabitant of Lebanon
9. The intended meaning of a communication
11. A member of the council of the Areopagus
12. One millionth (1/1,000,000) gram
14. Anything living after Noah's flood
15. Any thick, viscous matter
17. Dignified manner or conduct
18. A European river; flows into the Baltic Sea
19. Abnormally small arms
20. Weight to be borne or conveyed

## Down:

1. A ribbed fabric used in clothing and upholstery
3. A motley assortment of things
5. A dark grayish or blackish purple.
8. A contraceptive agent that kills spermatozoca
10. The act of ceding back
13. A bag carried by a strap on your back or shoulder
16. Marked by elaborately complex detail

## Across:

2. A manifestation of the sacred.
3. A man who ejaculates semen
4. Electric rays
8. Skunk cabbage
10. A Hebrew minor prophet of the 7th century BC
11. Someone who plays the harp
13. An addition that extends a main building
16. Obscene terms for feces
18. Diamonds; "look at the ice on that dame!"
19. A salt or ester of lactic acid
20. The spatial property of being crowded together

## Down:

1. Eggs and butter with lemon juice
5. An explosion (as of dynamite)
6. A bad-tempered person
7. A light grayish yellow to near white
9. (Yiddish) an attractive, unconventional woman
12. A defendant in a criminal proceeding
14. A thick sweet sticky liquid
15. A lightweight horse kept for riding only
17. United States novelist (born in 1930)

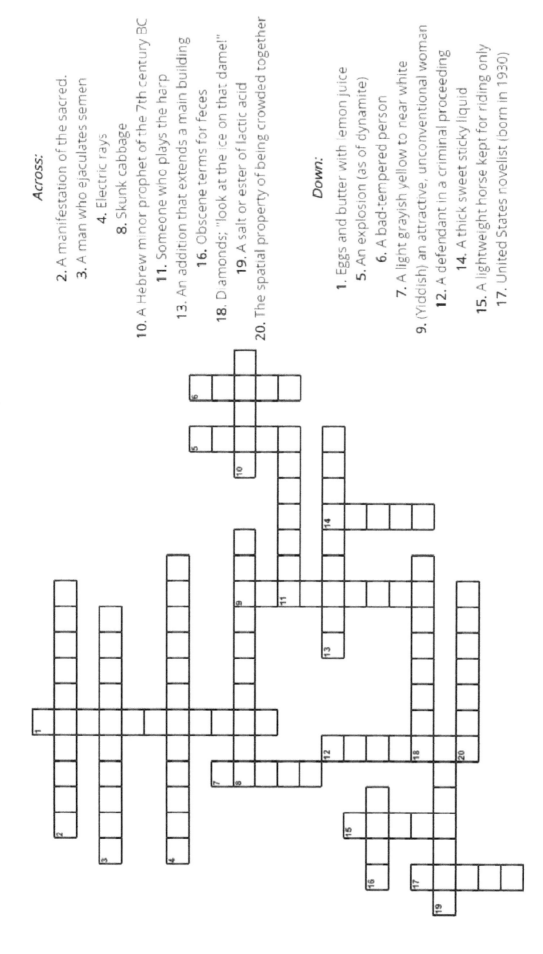

## Across:

4. Gopher tortoises
6. The period of time during which a regent governs
9. Fruit trees native to the Old World: pears
11. Very dark wood of any of several blackwood trees
14. Assembling again
15. Douroucoulis
16. A mental pain or distress; "a pang of conscience"
19. A small squadron
20. A salt or ester derived from silicic acid

## Down:

1. Obscene terms for female genitals
2. The act of grinding to a powder or dust
3. A house of worship (especially one for sailors)
5. Horseshoe bats
7. A stupid incompetent person
8. Religion adhering to the teaching of Lao-tzu
10. Low-lying alluvial land near a river
12. Spanish film director (1900-1983)
13. The process of flowing out
17. The act of dividing or disconnecting
18. An ape or monkey

6. A small pennant borne on a lance
7. Persistent determination
9. A hard compact kind of calcite
12. Pompously embellished language
13. Primitive New Zealand frogs
15. The production of movies
17. A glove of armored leather; protects the hand
18. An ache localized in the middle or inner ear
20. A sloping rear car door that is lifted to open

Down:

1. Any of numerous long-tailed American finches
2. A radioactive transuranic element
3. A small bag for carrying money
4. A choice or delicious dish
5. Milk-secreting organ of female mammals
8. A person who is deliberately vague
10. A workshop where books are bound
11. Flour or meal or grain used in baking bread
14. 100 kopecks equal 1 ruble in Russia
16. The exterior covering of a bird's egg
19. A unit of capacity for grain equal to 80 bushels

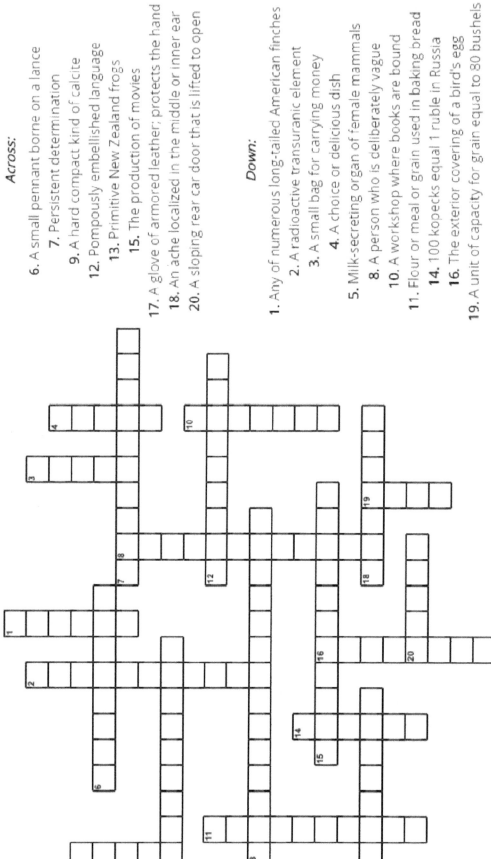

## Across:

3. The head or top of a mast
5. A building where prostitutes are available
8. Type genus of the Sillaginidae
9. The act of gathering something together
**12.** High visibility
13. A church congregation guided by a pastor
16. Money (or other benefits) obtained as a subsidy
**17.** Confinement during wartime
19. Acclaimed actress of stage and screen (1900-1993)
20. Outstanding United States athlete (1914-1956)

## Down:

1. A plain plinth that supports a wall
2. A witch doctor who practices conjury
4. Consort of Marduk
6. The property of being cohesive and sticky
7. A small compact portable computer
10. Someone who lives in a cave
11. The quality of having no allowance for weakness.
14. The characteristic sounds made by a horse
**15.** Civet of Madagascar
18. A dry cold north wind in southeastern France

## Across:

2. English poet (1612-1680)
6. United States playwright (1906-1963)
7. A defamatory or abusive word or phrase
8. A dollar made of silver
10. Any plant of the genus Centaurea
11. An improper demeanor
13. English rock star (born in 1943)
15. An associate who shares a room with you
17. The most powerful members of a society
18. A prediction of the course of a disease
19. Cultivation of the land in order to raise crops
20. A synthetic silklike fabric

## Down:

1. Male turkey
3. The first stage of the prophase of meiosis
4. An organic compound with a formula of CH3NH2.
5. Crab grass; finger grass
9. The quality of having hair
12. An artificial and mannered quality
14. An item that is incidental
16. A small folder of paper safety matches

## Across:

3. Feudal Japanese military aristocracy
4. Rowdy behavior
8. Improper or wicked or immoral behavior
9. A doctrine of reform
13. Someone whose style is out of fashion
14. A small bone, especially one in the middle ear
15. The art of engraving on precious stones
16. Small whitish mites
17. A bag that fills with air
19. A rhythmic group of eight lines of verse

## Down:

1. A small net used to draw fish into a boat
2. Dreadful ugliness; horrible repulsiveness
5. Warble flies
6. Light automatic rifle
7. A person who captures and holds people or animals
10. A supporter of feminism
11. A person of mean disposition
12. A unit of power equal to one millionth of a watt.
16. Valuable goods
18. A change for the better

## Across:

5. A county of northwestern England
6. A dissenting clique
9. Remaining in place
11. A member of the Merovingian dynasty
13. A body of troops arranged in a line
15. Suckers; closely related to the family Cyprinidae
17. Contempt expressed by mockery in looks or words
18. A person with a well-developed muscular body
19. A fabric made of compressed matted animal fibers

## Down:

1. The act of scattering
2. A formal written statement of relinquishment
3. The activity of putting things together in groups
4. Any of the larger wing or tail feathers of a bird
6. (physics) the six kinds of quarks
7. The property of being diffused or dispersed
8. Disagreeable sounds
10. An electrochemical method of chemical analysis
12. A dealer in textiles (especially silks)
14. Minute wingless arthropods: springtails
16. A ceremonial dinner party for many people

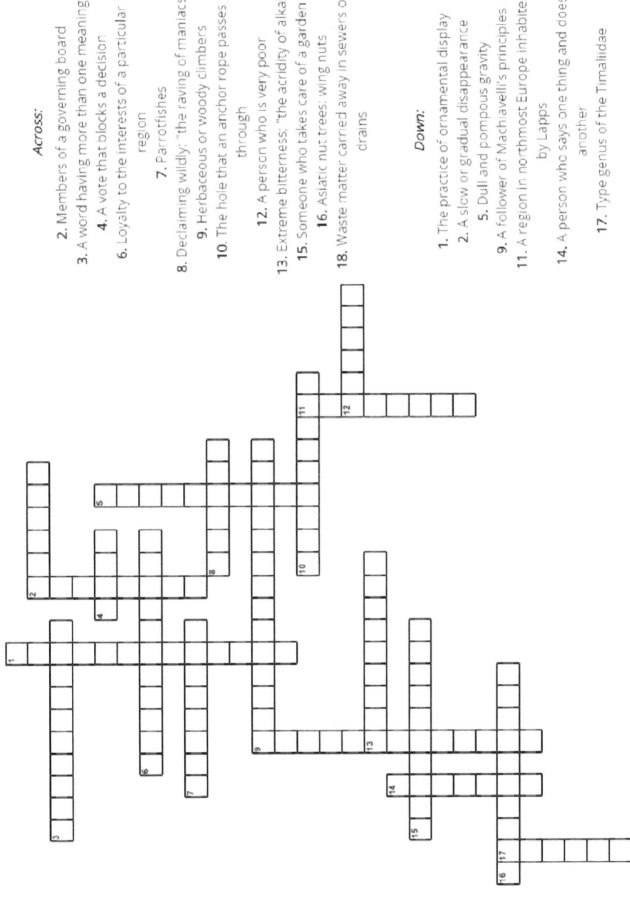

**Across:**

2. Members of a governing board
3. A word having more than one meaning
4. A vote that blocks a decision
6. Loyalty to the interests of a particular region
7. Parrotfishes
8. Declaiming wildly; "the raving of maniacs"
9. Herbaceous or woody climbers
10. The hole that an anchor rope passes through
12. A person who is very poor
13. Extreme bitterness; "the acridity of alkali"
15. Someone who takes care of a garden
16. Asiatic nut trees: wing nuts
18. Waste matter carried away in sewers or drains

**Down:**

1. The practice of ornamental display
2. A slow or gradual disappearance
5. Dull and pompous gravity
9. A follower of Machiavelli's principles
11. A region in northmost Europe inhabited by Lapps
14. A person who says one thing and does another
17. Type genus of the Timaliidae

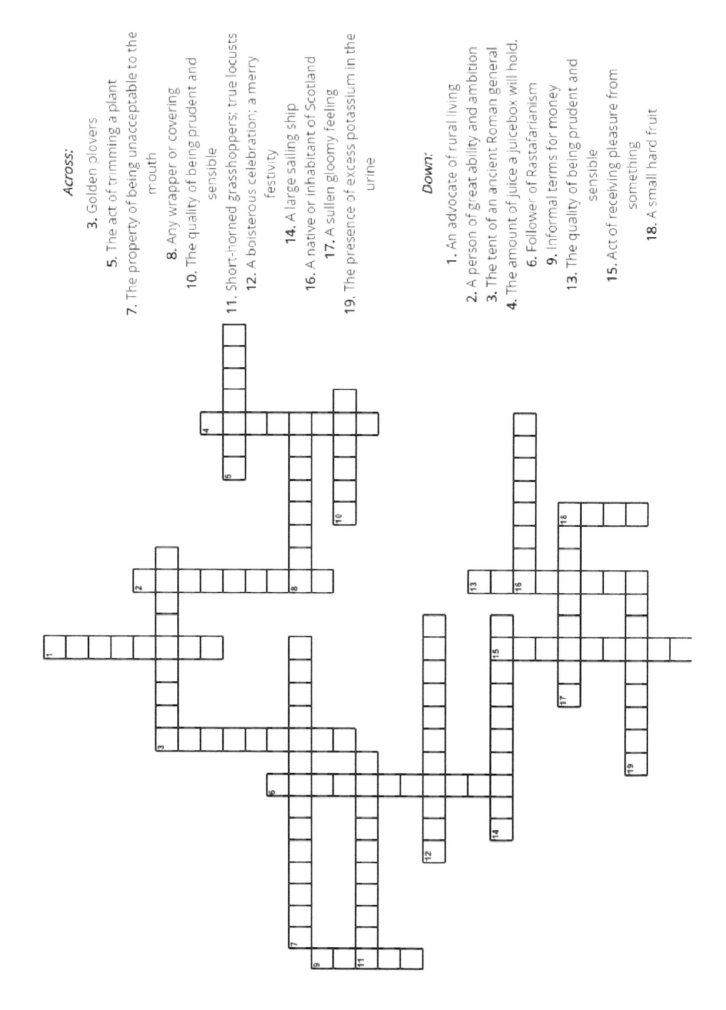

Across:

3. Golden plovers
5. The act of trimming a plant
7. The property of being unacceptable to the mouth
8. Any wrapper or covering
10. The quality of being prudent and sensible
11. Short-horned grasshoppers; true locusts
12. A boisterous celebration; a merry festivity
14. A large sailing ship
16. A native or inhabitant of Scotland
17. A sullen gloomy feeling
19. The presence of excess potassium in the urine

Down:

1. An advocate of rural living
2. A person of great ability and ambition
3. The tent of an ancient Roman general
4. The amount of juice a juicebox will hold.
6. Follower of Rastafarianism
9. Informal terms for money
13. The quality of being prudent and sensible
15. Act of receiving pleasure from something
18. A small hard fruit

## Across:

4. A group of people who emigrated together.
8. Excessive spending
9. Yellow-green algae
11. The larger of the two satellites of Mars
13. A woman songster (especially of popular songs)
14. Turning upside down; setting on end
15. A sudden forceful flow
17. A lack of physical flexibility
20. A singer whose voice lies in the alto clef

## Down:

1. Small flat green bean similar to lima beans
2. A person who knows only one language
3. A student who crams
5. Work paid for at a rate per unit of time
6. A joint so articulated as to move freely
7. Large and small highly aquatic salamanders
10. A slightly elastic machine-knit fabric
12. Too much emphasis
16. A reply of denial: "he answered in the negative"
18. Salt pork from the back of a hog carcass
19. A short jacket; worn mostly by women

**Across:**

3. The basic unit of money in Botswana
5. The system of numbering pages
7. A worker who splits fish and removes the backbone
8. Some held in custody
9. Razor clams
10. Love of or taste for fine objects of art
12. Early reptile found in Argentina
13. A person who is enthusiastic about new technology
16. Someone who falsifies
17. A salt of perchloric acid
18. Type genus of the Otariidae
20. A condition of great disorder

**Down:**

1. American ragwort with yellow flowers
2. The 200th anniversary (or the celebration of it)
4. Not having life
6. Represented solely by the genus Argonauta
11. Lack of passion, force or animation
14. Fritillaries
15. Someone who launches harpoons
19. A town in southeastern Northern Ireland

## Across:

4. A small concavity
7. Family of fungi including some common molds
9. A European river; flows into the Baltic Sea
13. The property of being absorbent
14. Anything owned or possessed
17. A garment size for a tall person
18. Economic independence as a national policy
19. A fabric used for suits

## Down:

1. Someone who travels widely and often
2. Passage of urine from the anus
3. Annihilation by pulverizing something
5. Steadfast resolution
6. The great hall in ancient Persian palaces
8. Made by polymerizing butadiene
10. Comprising the common swordfishes
11. A military trainee (as at a military academy)
12. Tooth fungi
14. An antibiotic that inhibits protein synthesis.
15. A person serving a sentence in a jail or prison
16. Monotypic genus of palms of Australasia

## Across:

2. A female testator
4. A town in northern Utah settled by Mormons
8. Orthodoxy of a scholastic variety
11. An outer adjacent area of any place
12. A candy flavored with peppermint oil
13. The circulation of cytoplasm within a cell
14. A Japanese city on northern Kyushu
16. An enthusiastic kiss
18. The act of shielding from harm
20. United States endocrinologist (1892-1970)

## Down:

1. Yellow-throated American wood warbler
3. An evil spirit
5. A master's degree in library science
6. The state capital of Western Australia
7. A short U-shaped wire nail for securing cables
9. Annihilation by reducing something to atoms
10. Terrestrial ferns of tropical Americas
15. A pustule in an eruptive disease
17. The head of a tribe or clan
19. The formation of frost or ice on a surface

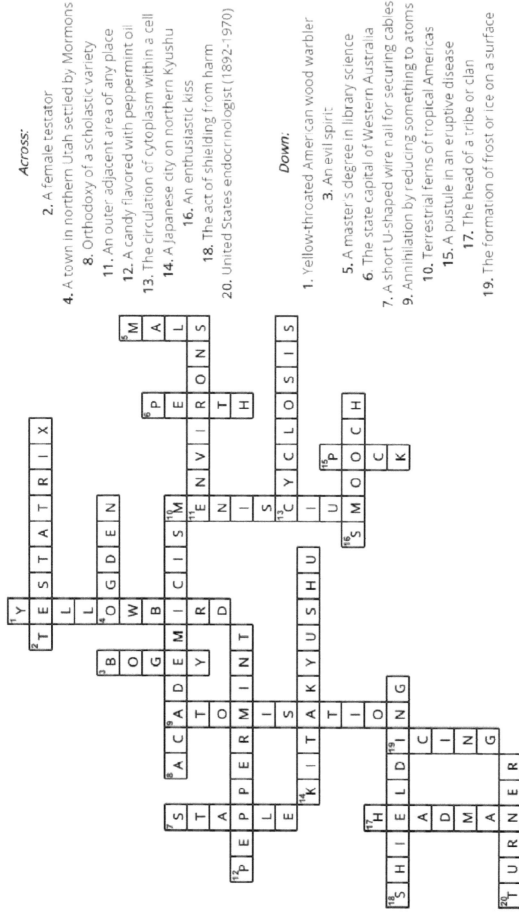

## Across:

1. Tennis played with one person on each side
3. The atmosphere of an environment
7. A tropical grass native to India and Sri Lanka
9. A rounded thickly curled hairdo
10. Developing in intricate and painstaking detail
11. Disparaging terms for the common people
13. An inhabitant of the North
14. A type of ascomycetous fungus
16. Type genus of the Saturniidae: emperor moth
17. Tufted herbs resembling grasses: rushes
18. Leather with a napped surface
19. Brick that is laid sideways at the top of a wall

## Down:

1. The sweetness of sugar
2. United States rock singer (born in 1931)
4. Someone who cuts and delivers ice
5. Someone whose business is advertising
6. Propriety in manners and conduct
8. The excrement of sea birds; used as fertilizer
12. The action of bearing witness
15. A framework for holding wood that is being sawed

## Across:

6. The Slavic language spoken in the Ukraine
7. A mere wish, unaccompanied by effort to obtain
9. Feelings of extreme heartlessness
11. A region of northeastern France
13. A bell used to sound an alarm
16. A cruel and brutal fellow
17. A feeling of extreme joy
19. A plant where salt is produced commercially
20. Green foliage

## Down:

1. Intentionally contemptuous behavior or attitude
2. Shelf that projects from wall above fireplace
3. Any of several compounds of barium
4. United States politician and diplomat (1900-1968)
5. English composer of orchestral works (1862-1934)
8. A mistake in calculating
10. Classification according to general type
12. Brick that is laid sideways at the top of a wall
14. Sweet alyssum
15. American ragwort with yellow flowers
18. Swiss mathematician (1707-1783)

**Across:**

2. The performance of a part or role in a drama
7. The art of operating aircraft
8. A visual representation of something
9. A heavy grey mineral that is an ore of copper
10. A rester who is sleeping
14. One who accepts an offer
15. A farewell remark; "they said their good-byes"
16. Dislike (or fear) of Britain and British customs
17. An expert in prosthetics
18. Vivid picturesque description.
20. Dark sweet or semisweet dessert wine from Sicily

**Down:**

1. Burnt sugar; used to color and flavor food
3. A member of a council
4. Any of several large aquatic salamanders
5. A person without moral scruples
6. The trait of not being dependable or reliable
11. A member of the dynasty that ruled England
12. (ethnic slur) offensive term for a Jew
13. Someone trained in forestry
19. Pretentious or silly talk or writing

## Across:

7. Gas generated in the digestive tract.
8. An obnoxious and foolish and loquacious talker
10. A vertical pipe
13. The branch of geology that studies volcanoes
16. Payment for the release of someone
17. An owner or manager of hotels
19. The leadership ability of a military general
20. Production of an abnormally small amount of urine

## Down:

1. An animal that makes short high-pitched sounds
2. Medium for communication
3. A connected series or group
4. The branch of geology that studies volcanoes
5. A dicotyledonous genus of the family Primulaceae
6. The branch of science that studies magnetism
9. Someone who kisses
11. A very large jet plane
12. Young codfish
14. Infestation with itch mites
15. Betrayal of a trust
18. A petty misdeed

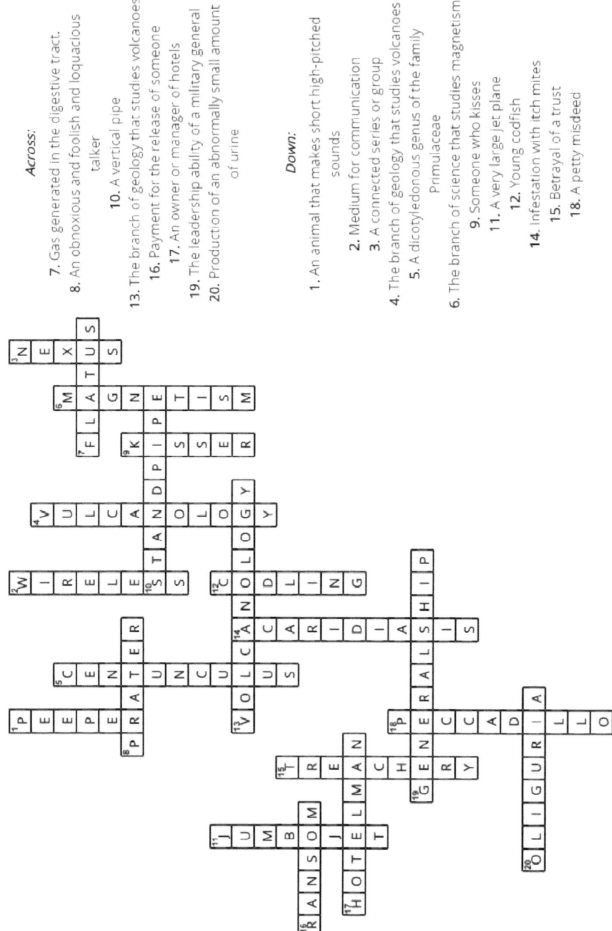

**Across:**

1. A woman cowboy
3. The humanistic study of language and literature
5. A soldier in the regular army
7. Someone who collects taxes for the government
8. A storm with rain
10. The act of ceding
11. The trait of not being painstaking or careful
13. The period of greatest prosperity or productivity
14. The property of being fit to eat
15. A person who makes deceitful pretenses
18. Maintains a rabbit warren
19. A conversation between two persons

**Down:**

2. A decorative paper for the walls of rooms
4. A person who does not acknowledge your god
6. Concern for your own interests and welfare
9. A scholar who is skilled in academic disputation
12. A dome-shaped shrine erected by Buddhists
16. Saw used with one hand for cutting metal
17. A very troublesome child
20. Street names for gamma hydroxybutyrate

---

Answers visible in grid:

1. COWGIRL
3. PHILOLOGY
5. REGULAR
7. TAXMAN
8. RAINSTORM
10. CEDING
11. UNCONSCIENTIOUSNESS
13. BLOOM
14. EDIBILITY
15. PSEUD
16. HACKSAW
17. BRAT
18. WARRENER
19. DIALOGUE

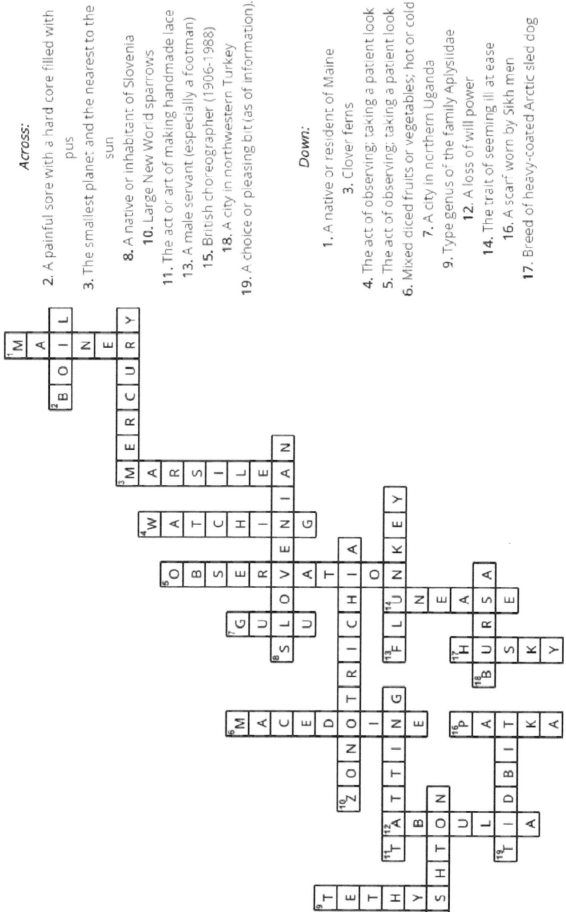

## Across:

2. A painful sore with a hard core filled with pus

3. The smallest planet and the nearest to the sun

8. A native or inhabitant of Slovenia

10. Large New World sparrows

11. The act or art of making handmade lace

13. A male servant (especially a footman)

15. British choreographer (1906-1988)

18. A city in northwestern Turkey

19. A choice or pleasing bit (as of information).

## Down:

1. A native or resident of Maine

3. Clover ferns

4. The act of observing; taking a patient look

5. The act of observing; taking a patient look

6. Mixed diced fruits or vegetables; hot or cold

7. A city in northern Uganda

9. Type genus of the family Aplysiidae

12. A loss of will power

14. The trait of seeming ill at ease

16. A scarf worn by Sikh men

17. Breed of heavy-coated Arctic sled dog

**Across:**

3. A reduction in quantity or rate
5. A slanderous accusation
6. A town in northwestern Idaho
8. Not of basic importance
12. A modern Russian triumvirate
14. A superior paper resembling sheepskin
15. French operatic composer (1799-1862)
17. A state of disorder involving group violence
18. A breeding ground for epidemic disease
20. A musician who plays the oboe

**Down:**

1. A city of south central Germany
2. The act of soiling something
4. A victim of ridicule or pranks
7. A state of innocence
9. A woman with abnormal sexual desires
10. A habit worn by clerics
11. A tomato-flavored consomme; often served chilled
13. A worker who stains (wood or fabric)
16. A stately court dance in the 17th century
19. A harsh hoarse utterance (as of a frog)

## Across:

3. Any of various solitary wasps
5. An expert on geography
9. The property of not allowing sound through.
10. The shore of a sea or ocean
11. Obscene terms for female genitals
14. Clarity achieved by the avoidance of ambiguity
15. Tattered or threadbare clothes.
18. Mixed diced fruits or vegetables; hot or cold
20. Large European chimaera

## Down:

1. A wholesaler in the meat-packing business
2. The language spoken by the Chipewyan
4. The occurrence of a change for the worse
6. The state of being liable to impeachment
7. The area of mesoderm that forms the notochord
8. The quality of being lewd and lascivious
12. Loud confused noise from many sources
13. A seaport in the Asian part of Russia
16. An act of gracious kindness
17. Kitchen appliance used for baking or roasting
19. A rotund individual

## Across:

2. Money paid out; an amount spent
4. A genus of Sciaenidae
5. Australian wild horse
8. The head of a tribe or clan
10. The saddlecloth of a cavalry horse.
12. Someone who tells lies
13. Any mixture of a soft and malleable consistency
14. Someone who markets merchandise
15. An upholstered seat for more than one person
16. A person who is markedly small
17. Type genus of the Megatheriidae
18. (rare) worship that admits or tolerates all gods
20. (Yiddish) a nagging complaint

## Down:

1. The act of jostling (forcing your way by pushing)
3. Someone who burns down a barn
6. A fan of bull fighting
7. Primitive wingless insects: bristletail
9. An affinity for work
11. One of four equal parts; "a quarter of a pound"
19. A fine quality of black tea native to China

### Grid answers (filled letters)

- 1 Down: JOSTLING
- 2 Across: SPENDING
- 3 Down: BARNBURNER
- 4 Across: SERIPHUS
- 5 Across: WARRIGAL
- 6 Down: AFICIONADO
- 7 Down: THYSANURON
- 8 Across: CHIEFTAIN
- 9 Down: ERGOMANIA
- 10 Across: SHABRAQUE
- 11 Down: QUARTERN
- 12 Across: STORYTELLER
- 13 Across: PASTE
- 14 Across: DISTRIBUTOR
- 15 Across: LOUNGE
- 16 Across: DWARF
- 17 Across: MEGATHERIUM
- 18 Across: PANTHEISM
- 19 Down: SOOCHONG
- 20 Across: KVETCH

## Across:

2. Type genus of the Oriolidae
4. A male friend from your neighborhood or hometown
5. The act of selling goods for a living
7. The condition of being exposed to radiation
11. Temporary living quarters
14. An infant considered in relation to its nurse
16. Tights for dancers or gymnasts
17. Traditional Polish poppy seed thins.
18. Someone who hunts game

## Down:

1. A boy who leads the animals that draw a plow
3. Informal terms for a human head
4. A white mineral; a common ore of zinc
6. Makes things out of wood
8. A partiality for some particular place
9. The paved surface of a thoroughfare
10. A commissioned military officer
12. An indirect (and usually malicious) implication
13. Any plant of the genus Nigella
15. A member of a religious cult
17. Fur coat made from the soft lustrous fur of minks

## Across:

2. Ritual hand movement in Hindu religious dancing
3. A person who breeds animals
5. A British candy flavored with brandy
6. Subtly skillful handling of a situation
8. The worship of women
9. Formation of a word by means of a suffix
11. The act of certifying or bestowing a franchise on
12. The disposition and habits of an epicure
16. Saddle oysters
17. North American bluebirds
18. A single drawing in a comic strip

## Down:

1. A word expressing a number.
3. The quality of being good looking and attractive
4. (Greek mythology) the Muse of tragedy
6. Active strength of body or mind
7. Port city of Denmark in eastern Jutland
10. A cheap drinking and dancing establishment
13. A workman who is employed to repair roads
14. A small ring
15. A city in northwestern Somalia

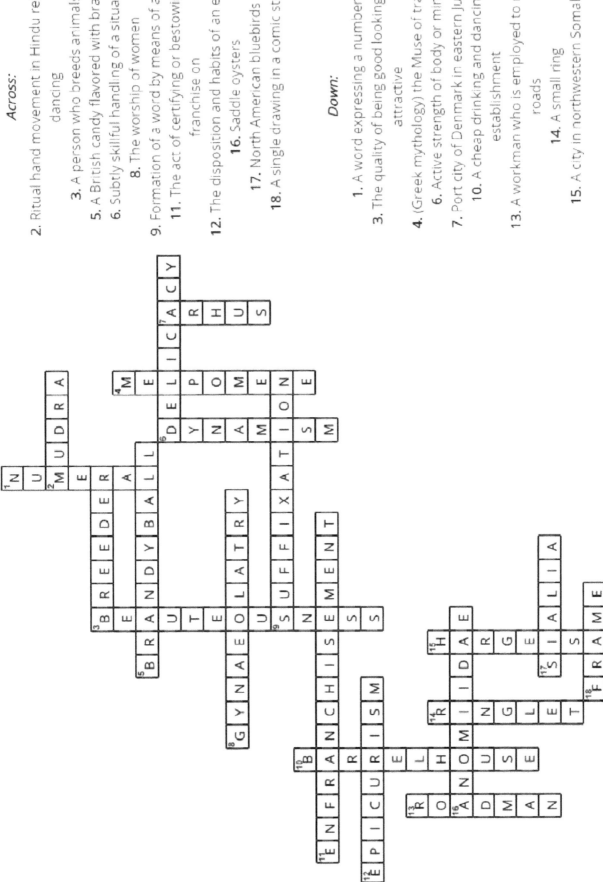

**Across:**

2. Surgical removal of the pituitary gland
5. Type genus of the Laniidae: typical shrikes
9. The elimination of fecal waste through the anus
10. A temporary stay (e.g., as a guest)
11. The act of bringing to uniformity; making regular
13. Toadfishes; related to anglers and batfishes
14. A deep orange-red variety of chalcedony
16. A variety of gum
17. Swiss mathematician (1654-1705)
19. The act of receiving

**Down:**

1. A member of the people of Kashmir
3. A person suffering from neurosis
4. The southern part of France
6. The measurement of viscosity
7. A person whose occupation is teaching
8. Great and constant diligence and attention
9. Preference for using the left hand
12. Materials relating to Judaism
15. An insect that strips the leaves from plants
18. The quality of being pink

**Across:**

2. The nations of the Asian continent collectively
3. A relationship between two lovers
8. The doctrine that all violence is unjustifiable
9. 100 thebe equal 1 pula in Botswana
15. A family of protoctist
16. Italian composer of operas (1801-1835)
18. (Yiddish) an awkward and stupid person
19. An evil spirit
20. Reverent petition to a deity

**Down:**

1. A small natural hill
4. Excessive desire to eat
5. Light informal conversation for social occasions
6. A particular spatial arrangement
7. An obnoxious and foolish and loquacious talker
10. A borough of New York City
11. One part in a trillion equal parts
12. A public promotion of some product or service
13. In a decomposed state
14. A city and port in northern Jutland
17. A severe blow

## Across:

2. Genus of temperate Old World herbs: fleabane
7. A state of melancholy depression
10. The conjugate base of an alcohol.
13. Any of several body structure resembling a cord
15. Excessive or affected modesty
16. Monitor lizards
17. Bearberry, manzanita
18. A woman sorcerer

## Down:

1. English writer (1832-1904)
3. Old World herbs and subshrubs: candytuft
4. The quality of being affordable
5. A Bantu language spoken in Zimbabwe
6. Buffalo fishes
8. Without moral defects
9. Usually coiled
11. An eliminator that does away with all traces
12. A small secluded room
14. An admirer of Greece and everything Greek
17. An early French settler in the Maritimes
19. A swollen bruise caused by a blow to the eye

**Across:**

2. United States painter (born in 1917)
3. Poised for action; "their guns were at the ready"
6. Sticklebacks
11. The award given to the champion
12. A small secluded room
13. The art of engraving on precious stones
15. An occurrence of rebounding or springing back
16. An instance of driving away or warding off
18. A pressure gauge for comparing pressures of a gas
19. One of the islands of Saint Christopher-Nevis

**Down:**

1. Normal or sound powers of mind
2. A hired mourner
4. The state of being noticeable.
5. A variety of green lacewing
7. The crustlike surface of a healing skin lesion
8. Capital of Tuvalu
9. A believer in theosophy
10. The act of convoking
14. An extended area of land
17. Leather from the hide of a deer

1. Hunting rabbits with beagles
4. A workman who manages or works in a warehouse
5. Act of receiving pleasure from something
6. The process of flowing out
7. A polycyclic aromatic hydrocarbon.
9. Submerged freshwater perennials
12. A state or condition of being Croatian
13. A person who has been freed from slavery
14. A pen where stray animals are confined
15. A genus of Stichaeidae
18. Someone who engages in bibliotics
19. A woman's virtue or chastity
20. A worthless message

2. A genus of Haemulidae
3. The study of liturgies
8. One who supervises or has charge and direction of
10. The 11th letter of the Greek alphabet
11. New World blue crabs
16. A genus of Formicariidae
17. An iron with considerable loft

**Across (grid answers):**

1. BEAGLING
4. WAREHOUSE
5. ENJOYMENT
6. EFFLUX
7. FLUORENE
9. ELODEA
12. CROATIANESS
13. FREEDMAN
14. PINFOLD
15. CRYPTACANTHODES
18. BIBLIOTIST
19. HONOR
20. GARBAGE

**Down (grid answers):**

2. ANI
3. LITURGIOLOGY
8. SUPERVISOR
10. LAMBDA
11. CALLINECTES
16. HYLOPHYLAX
17. NIBLICK
18. BIBLIOTIST

## Across:

3. A state or condition being blighted
7. A container used to keep bread or cake in
9. A Canadian river; flows into the Beaufort Sea
10. A heap of dung or refuse
11. Eaten as mush or as a thin gruel
12. The act of abandoning a party for cause
15. The act of providing a subsidy
17. A Japanese gangster
20. A formal expression of praise

## Down:

1. A person suffering from bulimia
2. A deceitful and unreliable scoundrel
4. A professional killer who uses a gun
5. Strange and unconventional behavior
6. A site where people on holiday can pitch a tent
8. The property of having a harsh unpleasant taste
13. A woman assemblyman
14. The quality of being lax and neglectful
16. Protection against future loss
18. A chest to hold ammunition
19. A fisherman who uses a hook and line

## Across:

2. A coarse term for defecation; "he took a shit"
7. Type genus of the Recurvirostridae: avocets
9. Basically shredded cabbage
11. Any of various tree of the genus Harpullia
13. The state of nonexistence
15. Edible viscera of a fowl
16. One guilty of malfeasance
17. (Hinduism) an ascetic holy man
18. Period extending from Dec. 24 to Jan. 6
19. Someone who guards prisoners

## Down:

1. A supplier of victuals or supplies to an army
3. One of a several allotropes of phosphorus.
4. Dried ground gingerroot
5. Any ring-shaped object resembling a bublik.
6. A pit for cockfights
8. The consistency of a solid
10. The act of abdicating
12. The Slavic language of Poland
14. English playwright (1580-1625)
18. A unit of volume (as for sand or gravel)

4. Inflammation of the spinal cord
6. A person who urinates
7. A stupid mistake
9. The Slavic language spoken in Belarus
10. A female newsperson
12. An artist who practices pyrography
13. A power tool used to buff surfaces
14. Rhamnose is a naturally occurring deoxy sugar.
17. A drug that suppresses appetite
18. Large ferocious bear of Eurasia
19. A forward on a soccer team

**Down:**

1. Unusual largeness in size or extent or number
2. Someone who is dazzlingly skilled in any field
3. Type genus for the Xenicidae
4. A plan for attaining a particular goal
5. Wild mountain sheep of Corsica and Sardinia
8. Fairy shrimp; brine shrimp
11. A very attractive or seductive looking woman
15. Type genus of the family Bucerotidae
16. Feeling a need to see others suffer

*Crossword grid solution:*

- 1 Down / across: W E L T I S
- 2 W I Z A R D
- 3 X E N I C U S
- 4 M A N T O R (MYELITIS / M Y E L I T I S)
- 5 M O U F L O N
- 6 U R I N A T O R
- 7 B E T I S E
- 8 C H O R S I C A (CORSICAN) — C H R W O C P H L U
- 9 B Y E L O R U S S I A N
- 10 N E W S W O M A N
- 11 S T U F F E R
- 12 P Y R O G R A P H E R
- 13 B U F F E R
- 14 R H A M N O S E
- 15 B R U I N
- 16 M A S S A N T (MASSANT) 
- 17 S U P P R E S S A N T
- 18 B R U I N
- 19 S T R I K E R

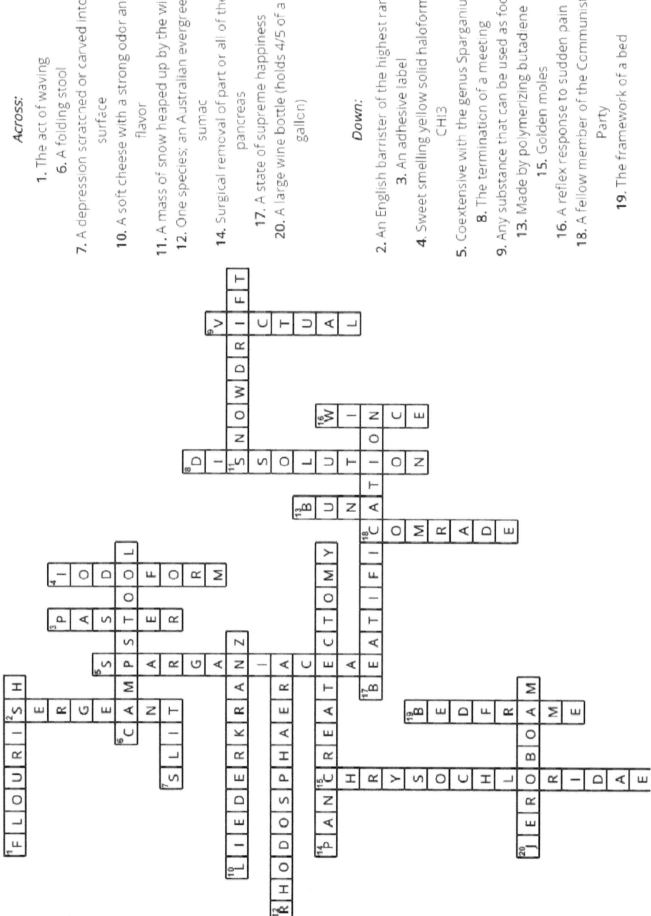

*Across:*

1. An intense desire for some particular thing
3. West Indian tree; source of bay rum
6. Alternative terms for gallows
9. Castrated bull
11. The quality of being a slippery rascal
12. The hide of a cow
13. A butcher's knife having a large square blade
15. Lean end of the neck
17. Brilliantly colored; larvae feed on nettles
18. The opposite of oldness
19. A representation by picture or portraiture
20. The Na-Dene language spoken by the Tlingit

*Down:*

2. A specialist in treating damaged trees
4. The bodily property of being well rounded
5. Someone who perpetrates wrongdoing
7. An ointment used in treating bruises
8. An alkyne with the chemical formula CH3C≡CH.
10. The analysis of a vector field
14. The act of reducing to a scheme or formula
16. Informal terms for the mouth

## Across:

2. A town in central Vermont
8. Someone who sniffles and weeps with loud sobs
9. The occurrence of a small flash or spark
10. Cases used to carry belongings when traveling
11. A linear unit (1/6 inch) used in printing
12. Denial of any connection with or knowledge of
14. The decline or termination of tribal organization
15. A genus of fish in the family Syngnathidae
18. A philosopher who specializes in ethics
19. A native or inhabitant of Sweden
20. The Finnic language spoken by the Votyak

## Down:

1. A fit of shivering or shaking
3. Black grouse
4. The domain ruled by a king or queen
5. An assumption that is taken for granted
6. The act of conquering
7. A unit of power equal to one billion watts.
13. Annihilation by vaporizing something
16. A heading of a subdivision of a text
17. A small wooden keg

**Across:**

2. The grammatical arrangement of words in sentences
7. The trait of not being dependable or reliable
9. A middle way between two extremes
12. A soldier in the paratroops
13. A slow speech pattern with prolonged vowels
14. The region that is inside of something
16. The trait of being blunt and outspoken
17. East Indian fruit bats
18. A native or inhabitant of Bermuda
20. A dissolute man in fashionable society

**Down:**

1. A transuranic element
3. The Uto-Aztecan language spoken by the Aztec
4. A cartoon character created by Walt Disney
5. Surgical incision into the cornea
6. Inflammation of the vagina and bladder
8. The act of paying money
10. A Norwegian archipelago in the Arctic Ocean
11. The act of tolerating something
15. The part of a wharf that is next to a ship
19. A long narrow excavation in the earth

Grid answers:

- 1 (Down): D U B N I U M
- 2 (Across): S Y N T A X
- 3 (Down): N A Z (NAZYNTA...)
- 4 (Across): P L U T O
- 5 (Down): K E R A T O T O M Y
- 6 (Down): C O L I A B I L I T Y / C Y S T I T I S
- 7 (Across): U N R E L I A B I L I T Y
- 8 (Across): D E F R A W L
- 9 (Down): C O M P R O M I S E
- 10 (Across): S V A L B A R D
- 11 (Across): T O L E R A N C E
- 12 (Down): P A R A
- 13 (Across): D R A Y M E N T
- 14 (Down): I N S I D E
- 15 (Across): S H I P S I D E
- 16 (Across): F R A N K N E S S
- 17 (Across): N Y C T I M E N E
- 18 (Across): B E R M U D A N
- 19 (Down): D I T C H
- 20 (Across): B L O O D E

## Across:

2. Women's underwear
5. Mainly nocturnal North American goatsucker
6. The amount of extract that grains of malt yield.
7. A unit of electrical charge equal to 10 coulombs
8. A cross-country skier
11. The trait of being lighthearted and frivolous
12. A square rod of land
13. Gall midges
14. Someone who reasons logically
15. Imposition again
17. Porridge made of rolled oats

## Down:

1. United States golfer (1902-1971)
3. The study of ancient inscriptions
4. A genus of Loriinae
8. The capital and largest city of Luxembourg
9. A consonant pronounced with aspiration
10. Informal terms for a human head
16. A drawstring bag for holding money
17. A signaling device that makes a buzzing sound
18. Pitching dangerously to one side

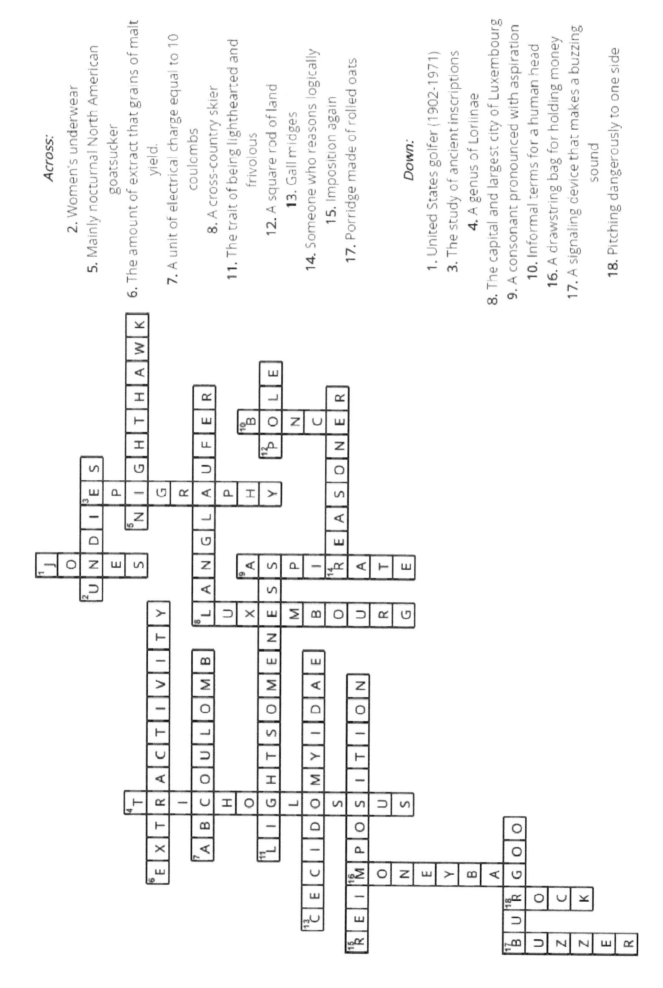

# Crossword Puzzle

**Across:**

2. A person who shows no gratitude
5. A student who holds a scholarship
8. A building where prostitutes are available
13. An order of dicotyledonous plants
16. The property of sounding like music
18. A town in southwestern Oregon; a summer resort
19. Female donkey
20. Compulsory military service

**Down:**

1. A joint of a finger when the fist is closed
3. Crane-like South American wading birds
4. Congenital absence of fingers and/or toes
6. A stronghold
7. Determining again
9. The production of a litter of pigs
10. A hydrazine drug used as an antidepressant.
11. An idea accepted as a demonstrable truth
12. A heavy perfume made from the patchouli plant
14. A golfer who hits the golf ball with a driver
15. A medicine that causes or increases sweating
17. Spray blown up from the surface of the sea

## Solution Grid

- 1 Down / 2 Across: **KNUCKLE** / **INGRATE**
- 3 Down: **CARIAMIDE**
- 4 Down: **ADACTYL**
- 5 Across / 6 Down: **SCHOLAR** / **HOLD**
- 7 Down: **REDETERMINATION**
- 8 Across: **BAWDYHOUSE**
- 9 Down: **FARROW**
- 10 Down: **IPRONIAZID**
- 11 Down: **THEOREM**
- 12 Down: **PATCHOULI**
- 13 Across: **ROSALES**
- 14 Down: **DRIVER**
- 15 Down: **SUDATORY**
- 16 Across: **MUSICALNESS**
- 17 Down: **SPOONDRIFT**
- 18 Across: **MEDFORD**
- 19 Across: **JENNET**
- 20 Across: **DRAFT**

## Across:

3. A genus of Mustelidae
5. An educator who works at a college or university
10. A philosopher who subscribes to nativism
11. Australian kingfisher having a loud cackling cry
12. Surgical incision into the perineum
15. A narrow pass (especially one between mountains)
16. A depression hollowed out of solid matter
17. The transportation of goods on a lighter
19. A person who is unusually thin and scrawny

## Down:

1. An artificially produced flow of water
2. Flattery designed to gain favor
4. The consistency of a solid
5. The English language as used in the United States
6. Huge extinct flightless birds: elephant birds
7. Slanderous defamation
8. A Roman unit of land area equal to 100 heredia.
9. A collection of things wrapped or boxed together
13. Contemptuous laughter
14. The raised helical rib going around a screw
18. An act of forcible exhalation

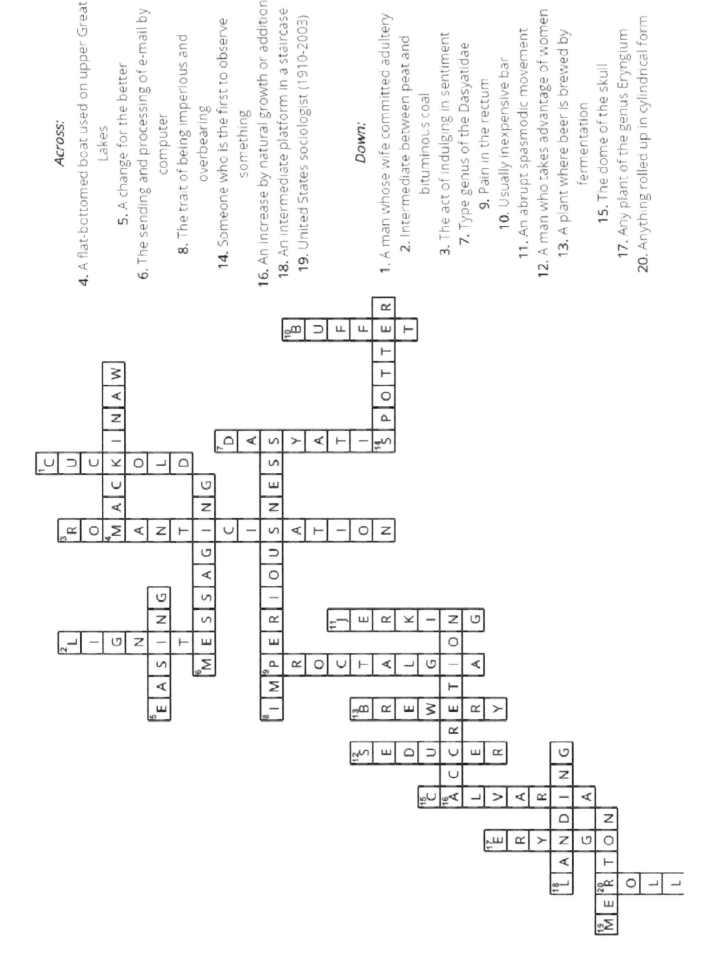

**Across:**

4. A flat-bottomed boat used on upper Great Lakes

5. A change for the better

6. The sending and processing of e-mail by computer

8. The trait of being imperious and overbearing

14. Someone who is the first to observe something

16. An increase by natural growth or addition

18. An intermediate platform in a staircase

19. United States sociologist (1910-2003)

**Down:**

1. A man whose wife committed adultery

2. Intermediate between peat and bituminous coal

3. The act of indulging in sentiment

7. Type genus of the Dasyatidae

9. Pain in the rectum

10. Usually inexpensive bar

11. An abrupt spasmodic movement

12. A man who takes advantage of women

13. A plant where beer is brewed by fermentation

15. The dome of the skull

17. Any plant of the genus Eryngium

20. Anything rolled up in cylindrical form

## Across:

3. An agricultural laborer in Arab countries
4. A line that forms the length of an arrow pointer
7. Dessert of stewed or baked fruit
8. The trait of being afraid
10. Tissue hardened by deposition of lime salts
12. Collapse caused by exposure to excessive heat
15. Representation by drawing or painting etc
16. Any of various plants of the genus Mutisia
17. An extended area of land

## Down:

1. Invalid or incorrect reasoning
2. Pilot whales
3. Son of Henry Ford (1893-1943)
5. One part in five equal parts
6. Gastropods; bivalves; cephalopods; chitons
7. A person who participates in competitions
9. Potter bees
11. An organic base C3H4N2; a histamine inhibitor
13. A bag carried by a strap on your back or shoulder
14. Type genus of the Ameiuridae: bullhead catfishes
18. Plant-sucking bugs

## Across:

4. Denial of any connection with or knowledge of
6. A woman's virtue or chastity
8. The process of being heedful
12. A vagrant living on a beach
13. A town in east central Iowa
15. The power of creative imagination
17. A person who amuses others by ridiculous behavior
19. A male massager

## Down:

1. A city in southern Ghana
2. Gerbil of northern Africa
3. Someone who practices a learned profession
5. Small farmers and tenants
7. Backfire from a recoilless weapon
9. A native or inhabitant of the Ukraine
10. Usually coiled
11. (rhetoric) exhortation; admonition.
14. A comic incident or series of incidents
16. Type genus of the Saturniidae: emperor moth
17. Young of domestic cattle
18. A sharp high-pitched cry (especially by a dog)

**Across:**

3. Mexican black cherry
5. Any drug that destroys viruses
6. Natural abilities or qualities
7. A watch that is worn strapped to the wrist
9. A malicious woman with a fierce temper
10. A container that is used to put or keep things in
11. A plan for attaining a particular goal
12. Naked-tailed armadillo of tropical South America
14. Position 90 in a countable series of things
17. A woman adulterer
19. A comprehensive presentation or survey.

**Down:**

1. An obnoxious and foolish and loquacious talker
2. The sound made by a lion
4. Small flat green bean similar to lima beans
6. A narrow pass (especially one between mountains)
8. People who are confined to their homes
13. A member of a nomadic tribe of Arabs
15. Deep-fried cornbread ball (southern)
16. The language of modern Iraq
18. A loud kiss

## Across:

3. Law enacted by a legislative body
6. A Hebrew minor prophet of the late 6th century BC
7. A musician who plays the lute
8. A ski run densely packed with snow
11. Sexual allure
14. The act of making something ready
15. A decrease in width
16. Any acid that contains oxygen
18. The quality of being vapid and unsophisticated
19. An artist who creates sculptures
20. A unit of angular distance equal to 60 degrees

## Down:

1. Reconstructive surgery of the anus or rectum
2. Skunk cabbage
4. A genetic abnormality resulting in short stature
5. Spray blown up from the surface of the sea
9. A holder or proprietor of land
10. Any of several trees of the genus Cinchona
12. The 18th letter of the Greek alphabet
13. Any age prior to the legal age
17. A very dark grey color

**Across answers:**
- 3. LEGISLATION
- 6. ZACHARIAS
- 7. LUTIST
- 8. PISTE
- 11. ATTAR
- 14. PREPARATION
- 15. NARROWING
- 16. OXYACID
- 18. VAPIDITY
- 19. CARVER
- 20. SEXTANT

**Down answers:**
- 1. PROCTOPLASTY
- 2. LYSICHITUM
- 4. NANISM
- 5. SPOONDRIFT
- 9. LANDOWNER
- 10. CINCHONA
- 12. SIGMA
- 13. MINORITY
- 17. CHARCOAL

## Across:

3. A star that varies noticeably in brightness
6. A fight with bare fists
7. A slight indication
10. An extreme bellicose nationalist
13. A woman who is pregnant for the second time
14. Any tightly knit group of trusted associates
15. An excessive desire for food
16. Eider ducks
17. A man's overcoat in the style of a frock coat
19. Someone who owns a home
20. Type genus of the Meropidae

## Down:

1. Hole made by a burrowing worm
2. The largest island of the central Ryukyu Islands
4. The final point in a process
5. The univalent radical derived from toluene
8. Loss resulting from failure of a debt to be paid
9. Slanderous defamation
11. The body of ordained religious practitioners
12. A fee charged for the use of a wharf or quay
18. A young child who is small for his age

## Across:

3. A salt or ester of tartaric acid
4. American basswood of the Allegheny region
7. United States filmmaker (born in 1934)
10. The quality of causing or tending to cause ruin.
12. The capability of becoming imperfect
14. A bid that is higher than preceding bids
15. An employee who sweeps (floors or streets etc.)
19. A source of materials to nourish the body
20. A sudden burst of flame

## Down:

1. The membrane in the ear that vibrates to sound
2. A total abstainer
5. A member of an armed gang of robbers
6. A joint partner (as in a business enterprise)
8. The state of being several and distinct
9. The quality or state of not being removable.
11. A person who is ruthless and greedy and dishonest
13. A fit of shivering or shaking
16. The Uralic language spoken by the Yeniseian
17. A pin or bolt forming the pivot of a hinge
18. A schematic or preliminary plan

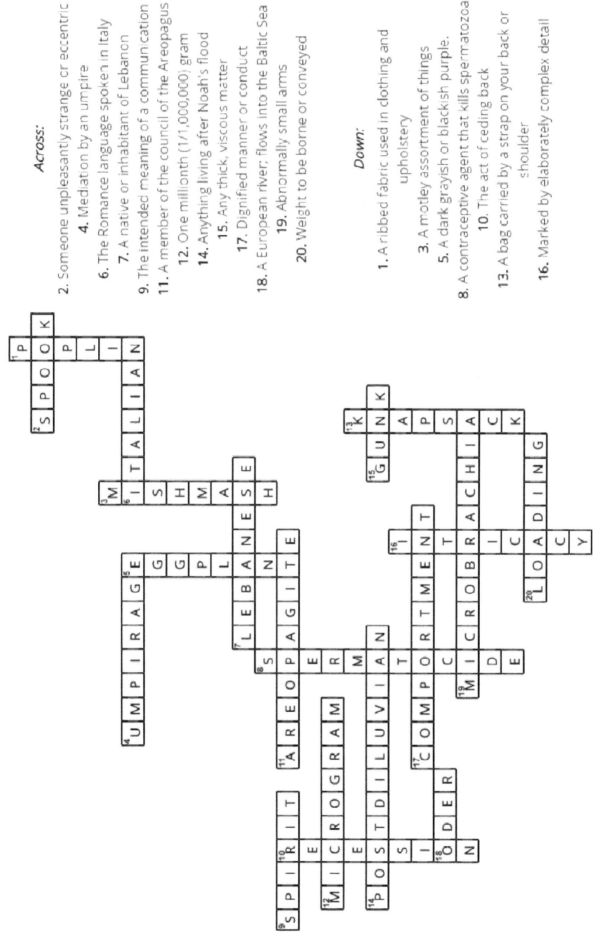

Across:

2. Someone unpleasantly strange or eccentric
4. Mediation by an umpire
6. The Romance language spoken in Italy
7. A native or inhabitant of Lebanon
9. The intended meaning of a communication
11. A member of the council of the Areopagus
12. One millionth (1/1,000,000) gram
14. Anything living after Noah's flood
15. Any thick, viscous matter
17. Dignified manner or conduct
18. A European river; flows into the Baltic Sea
19. Abnormally small arms
20. Weight to be borne or conveyed

Down:

1. A ribbed fabric used in clothing and upholstery
3. A motley assortment of things
5. A dark grayish or blackish purple.
8. A contraceptive agent that kills spermatozoa
10. The act of ceding back
13. A bag carried by a strap on your back or shoulder
16. Marked by elaborately complex detail

## Across:

2. A manifestation of the sacred.
3. A man who ejaculates semen
4. Electric rays
8. Skunk cabbage
10. A Hebrew minor prophet of the 7th century BC
11. Someone who plays the harp
13. An addition that extends a main building
16. Obscene terms for feces
18. Diamonds; "look at the ice on that dame!"
19. A salt or ester of lactic acid
20. The spatial property of being crowded together

## Down:

1. Eggs and butter with lemon juice
5. An explosion (as of dynamite)
6. A bad-tempered person
7. A light grayish yellow to near white
9. (Yiddish) an attractive, unconventional woman
12. A defendant in a criminal proceeding
14. A thick sweet sticky liquid
15. A lightweight horse kept for riding only
17. United States novelist (born in 1930)

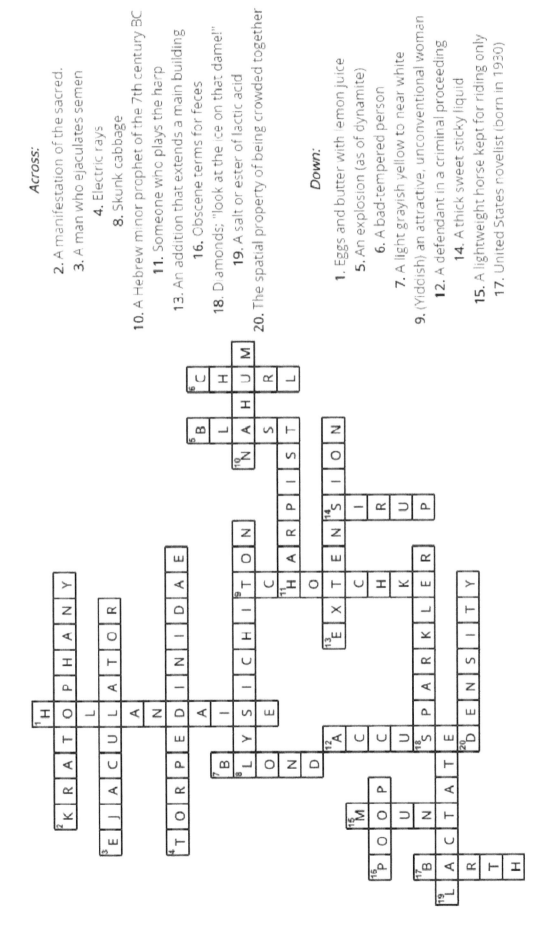

**Across:**

4. Gopher tortoises
6. The period of time during which a regent governs
9. Fruit trees native to the Old World: pears
11. Very dark wood of any of several blackwood trees
14. Assembling again
15. Douroucoulis
16. A mental pain or distress; "a pang of conscience"
19. A small squadron
20. A salt or ester derived from silicic acid

**Down:**

1. Obscene terms for female genitals
2. The act of grinding to a powder or dust
3. A house of worship (especially one for sailors)
5. Horseshoe bats
7. A stupid incompetent person
8. Religion adhering to the teaching of Lao-tzu
10. Low-lying alluvial land near a river
12. Spanish film director (1900-1983)
13. The process of flowing out
17. The act of dividing or disconnecting
18. An ape or monkey

Grid:

- 1 Down: C U N T
- 2 Down: P U L V E R I S A T I O N
- 3 Down: B E T H E L
- 4 Across: G O P H E R U S
- 5 Down: H I P P O S I D E R O S
- 6 Across: R E G E N C Y
- 7 Down: D O O F U S
- 8 Down: T A O I S M
- 9 Across: P Y R U S
- 10 Down: B O T T O M L A N D
- 11 Across: B L A C K W O O D
- 12 Down: B U N U E L
- 13 Down: E F F L U E N C E
- 14 Across: R E F A B R I C A T I O N
- 15 Across: A O T U S
- 16 Across: S T I N G
- 17 Down: S E P A R A T I O N
- 18 Down: S I L I C A T E
- 19 Across: E S C A D R I L L E
- 20 Across: S E P A R A T I O N

## Across:

6. A small pennant borne on a lance
7. Persistent determination
9. A hard compact kind of calcite
12. Pompously embellished language
13. Primitive New Zealand frogs
15. The production of movies
17. A glove of armored leather; protects the hand
18. An ache localized in the middle or inner ear
20. A sloping rear car door that is lifted to open

## Down:

1. Any of numerous long-tailed American finches
2. A radioactive transuranic element
3. A small bag for carrying money
4. A choice or delicious dish
5. Milk-secreting organ of female mammals
8. A person who is deliberately vague
10. A workshop where books are bound
11. Flour or meal or grain used in baking bread
14. 100 kopecks equal 1 ruble in Russia
16. The exterior covering of a bird's egg
19. A unit of capacity for grain equal to 80 bushels

**Across:**

3. The head or top of a mast
5. A building where prostitutes are available
8. Type genus of the Sillaginidae
9. The act of gathering something together
**12.** High visibility
13. A church congregation guided by a pastor
16. Money (or other benefits) obtained as a subsidy
**17.** Confinement during wartime
19. Acclaimed actress of stage and screen (1900-1993)
20. Outstanding United States athlete (1914-1956)

**Down:**

1. A plain plinth that supports a wall
2. A witch doctor who practices conjury
4. Consort of Marduk
6. The property of being cohesive and sticky
7. A small compact portable computer
10. Someone who lives in a cave
11. The quality of having no allowance for weakness.
14. The characteristic sounds made by a horse
**15.** Civet of Madagascar
18. A dry cold north wind in southeastern France

## Across:

2. English poet (1612-1680)
6. United States playwright (1906-1963)
7. A defamatory or abusive word or phrase
8. A dollar made of silver
10. Any plant of the genus Centaurea
11. An improper demeanor
13. English rock star (born in 1943)
15. An associate who shares a room with you
17. The most powerful members of a society
18. A prediction of the course of a disease
19. Cultivation of the land in order to raise crops
20. A synthetic silklike fabric

## Down:

1. Male turkey
3. The first stage of the prophase of meiosis
4. An organic compound with a formula of CH3NH2.
5. Crab grass; finger grass
9. The quality of having hair
12. An artificial and mannered quality
14. An item that is incidental
16. A small folder of paper safety matches

## Across:

3. Feudal Japanese military aristocracy
4. Rowdy behavior
8. Improper or wicked or immoral behavior
9. A doctrine of reform
13. Someone whose style is out of fashion
14. A small bone; especially one in the middle ear
15. The art of engraving on precious stones
16. Small whitish mites
17. A bag that fills with air
19. A rhythmic group of eight lines of verse

## Down:

1. A small net used to draw fish into a boat
2. Dreadful ugliness; horrible repulsiveness
5. Warble flies
6. Light automatic rifle
7. A person who captures and holds people or animals
10. A supporter of feminism
11. A person of mean disposition
12. A unit of power equal to one millionth of a watt.
16. Valuable goods
18. A change for the better

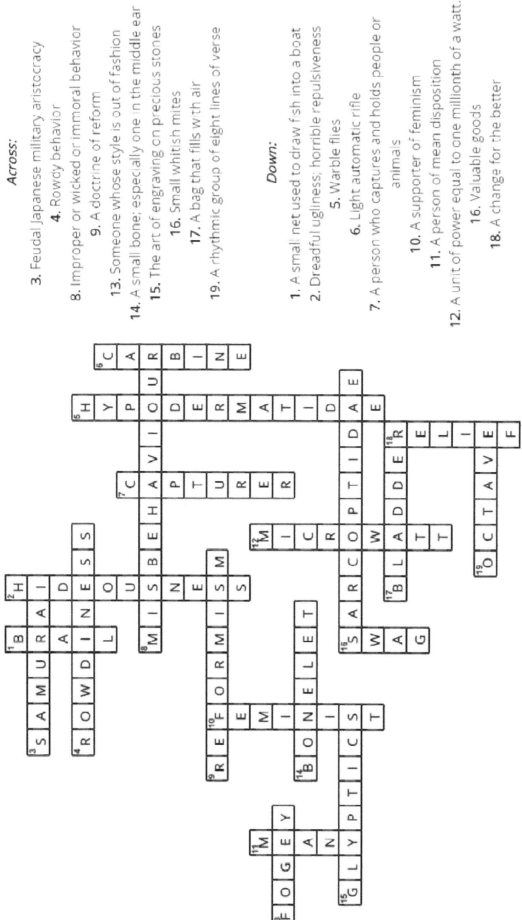

## Across:

5. A county of northwestern England
6. A dissenting clique
9. Remaining in place
11. A member of the Merovingian dynasty
13. A body of troops arranged in a line
15. Suckers; closely related to the family Cyprinidae
17. Contempt expressed by mockery in looks or words
18. A person with a well-developed muscular body
19. A fabric made of compressed matted animal fibers

## Down:

1. The act of scattering
2. A formal written statement of relinquishment
3. The activity of putting things together in groups
4. Any of the larger wing or tail feathers of a bird
6. (physics) the six kinds of quarks
7. The property of being diffused or dispersed
8. Disagreeable sounds
10. An electrochemical method of chemical analysis
12. A dealer in textiles (especially silks)
14. Minute wingless arthropods: springtails
16. A ceremonial dinner party for many people

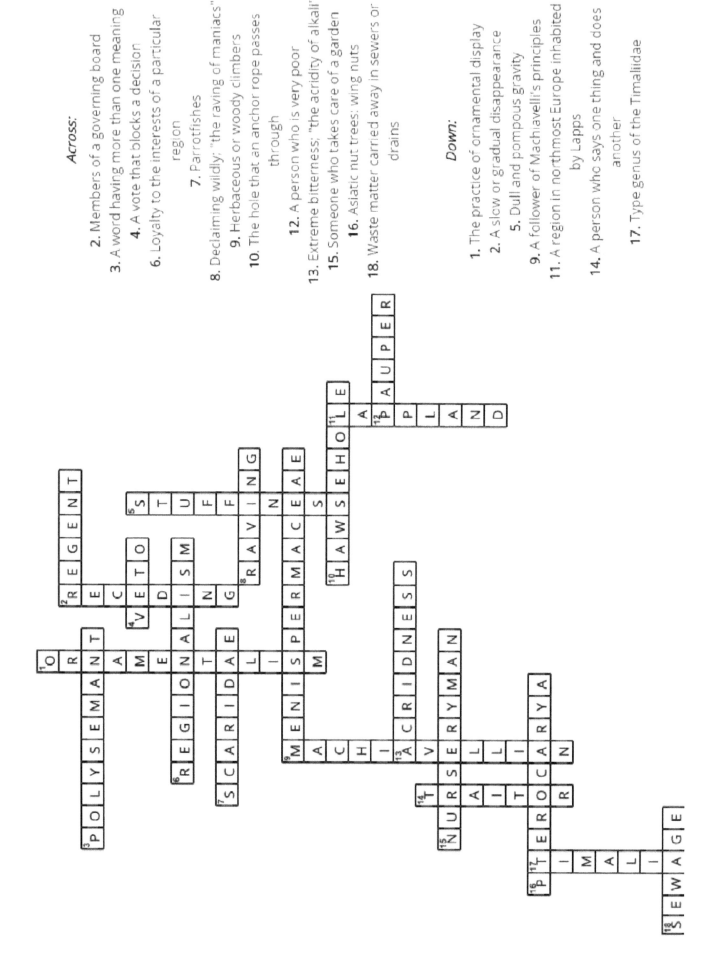

**Across:**

2. Members of a governing board
3. A word having more than one meaning
4. A vote that blocks a decision
6. Loyalty to the interests of a particular region
7. Parrotfishes
8. Declaiming wildly; "the raving of maniacs"
9. Herbaceous or woody climbers
10. The hole that an anchor rope passes through
12. A person who is very poor
13. Extreme bitterness; "the acridity of alkali"
15. Someone who takes care of a garden
16. Asiatic nut trees: wing nuts
18. Waste matter carried away in sewers or drains

**Down:**

1. The practice of ornamental display
2. A slow or gradual disappearance
5. Dull and pompous gravity
9. A follower of Machiavelli's principles
11. A region in northmost Europe inhabited by Lapps
14. A person who says one thing and does another
17. Type genus of the Timaliidae

## Across:

3. Golden plovers
5. The act of trimming a plant
7. The property of being unacceptable to the mouth
8. Any wrapper or covering
10. The quality of being prudent and sensible
11. Short-horned grasshoppers; true locusts
12. A boisterous celebration; a merry festivity
14. A large sailing ship
16. A native or inhabitant of Scotland
17. A sullen gloomy feeling
19. The presence of excess potassium in the urine

## Down:

1. An advocate of rural living
2. A person of great ability and ambition
3. The tent of an ancient Roman general
4. The amount of juice a juicebox will hold.
6. Follower of Rastafarianism
9. Informal terms for money
13. The quality of being prudent and sensible
15. Act of receiving pleasure from something
18. A small hard fruit

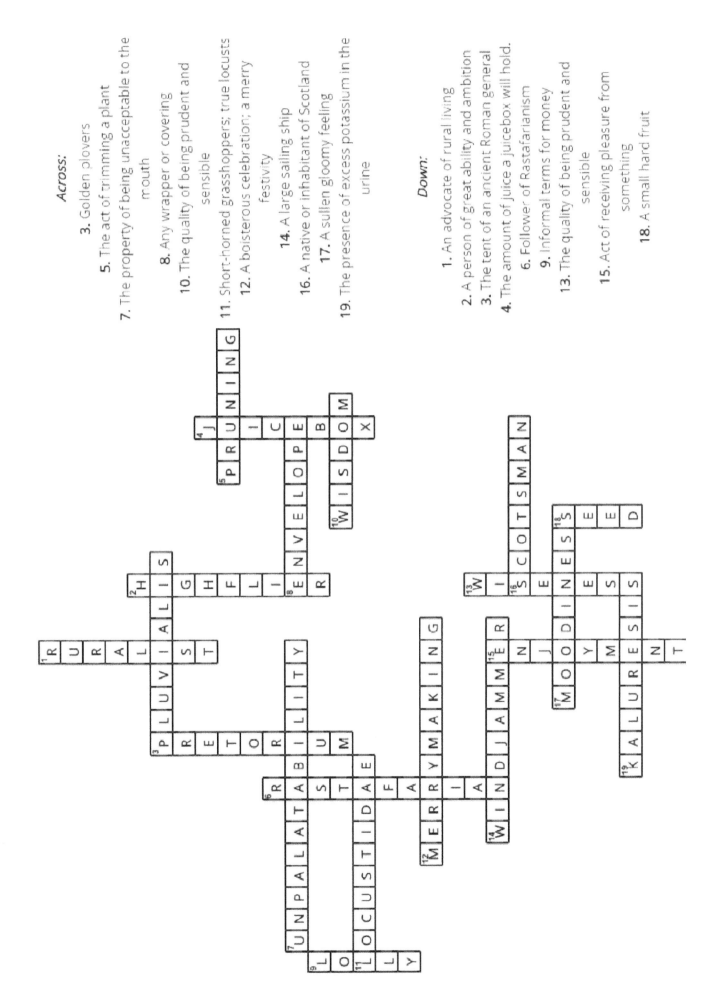

**Across:**

4. A group of people who emigrated together.
8. Excessive spending
9. Yellow-green algae
11. The larger of the two satellites of Mars
13. A woman songster (especially of popular songs)
14. Turning upside down; setting on end
15. A sudden forceful flow
17. A lack of physical flexibility
20. A singer whose voice lies in the alto clef

**Down:**

1. Small flat green bean similar to lima beans
2. A person who knows only one language
3. A student who crams
5. Work paid for at a rate per unit of time
6. A joint so articulated as to move freely
7. Large and small highly aquatic salamanders
10. A slightly elastic machine-knit fabric
12. Too much emphasis
16. A reply of denial; "he answered in the negative"
18. Salt pork from the back of a hog carcass
19. A short jacket; worn mostly by women

Filled grid answers:

- 1 B U T T E R B E A N
- 2 M O N O L I N G U A L
- 3 C R A M M E R
- 4 E M I G R A T I O N
- 5 T I M E W O R K
- 6 D I A R T H R O S I S
- 7 D ... (M P T O D O N T I D A E)
- 8 L A V I S H N E S S
- 9 X A N T H O P H Y C E A E
- 10 J E R S E Y
- 11 P H O B O S
- 12 O V E R E M P H A S I S
- 13 S O N G S T R E S S
- 14 I N V E R S I O N
- 15 U P S U R G E
- 16 N E G A T I V E
- 17 N F L E X I B ...
- 18 F A T B A C K
- 19 B O L E R O
- 20 A L T O

## Across:

3. The basic unit of money in Botswana
5. The system of numbering pages
7. A worker who splits fish and removes the backbone
8. Some held in custody
9. Razor clams
10. Love of or taste for fine objects of art
12. Early reptile found in Argentina
13. A person who is enthusiastic about new technology
16. Someone who falsifies
17. A salt of perchloric acid
18. Type genus of the Otariidae
20. A condition of great disorder

## Down:

1. American ragwort with yellow flowers
2. The 200th anniversary (or the celebration of it)
4. Not having life
6. Represented solely by the genus Argonauta
11. Lack of passion, force or animation
14. Fritillaries
15. Someone who launches harpoons
19. A town in southeastern Northern Ireland

### Across answers (from grid):
3. PULA
5. FOLIO
7. SPLITTER
8. DETAINEES
9. ENSIS
10. VIRTU
12. ICHIGUALASTIA
13. TECHNOPHILE
16. FALSIFIER
17. PERCHLORATE
18. OTARIA
20. SHAMBLES

### Down answers (from grid):
1. RAGWORT
2. BICENTENNIAL
4. LIFELESS
6. ARGONAUTA
11. TORPIDNESS
14. ARGYNNIS
15. HARPOONER
19. BANGOR

**Across:**

4. A small concavity
7. Family of fungi including some common molds
9. A European river; flows into the Baltic Sea
13. The property of being absorbent
14. Anything owned or possessed
17. A garment size for a tall person
18. Economic independence as a national policy
19. A fabric used for suits

**Down:**

1. Someone who travels widely and often
2. Passage of urine from the anus
3. Annihilation by pulverizing something
5. Steadfast resolution
6. The great hall in ancient Persian palaces
8. Made by polymerizing butadiene
10. Comprising the common swordfishes
11. A military trainee (as at a military academy)
12. Tooth fungi
14. An antibiotic that inhibits protein synthesis.
15. A person serving a sentence in a jail or prison
16. Monotypic genus of palms of Australasia

Grid (filled letters):

- 1 Down: G L O B E T R O T T E R
- 2 Down: U R O C H E Z I A
- 3 Down: P U L V E R I Z A T I O N
- 4 Across: N I C H E
- 5 Across: S T E A D F A S T N E S S
- 6 Across: A P A D A N A
- 7 Across: A S P E R G I L L A C E A E
- 8 Across: B U T A N A
- 9 Down: V I S T A
- 10 Down: X I P H I I D A E
- 11 Down: C A D E T
- 12 Across: H Y D N A C E A E
- 13 Down: A B S O R B E N C Y
- 14 Across: P U R O M Y C I N
- 15 Across: Y A R D B I R D
- 16 Across: N Y P A
- 17 Down: T A L L
- 18 Across: A U T A R C H Y
- 19 Down: S U I T I N G

# SUDOKU

**Puzzle 1**

| 9 |   |   | 6 |   | 5 | 4 |   |   |
|---|---|---|---|---|---|---|---|---|
|   | 7 |   |   | 9 | 4 |   |   |   |
|   | 5 |   | 3 |   | 1 |   |   |   |
|   |   |   |   |   |   | 2 |   |   |
| 6 | 2 | 7 | 8 |   | 9 | 5 | 4 | 3 |
|   |   | 8 |   |   |   |   |   |   |
|   |   |   | 1 |   | 8 |   | 2 |   |
|   |   |   | 9 | 6 |   |   | 8 |   |
|   |   | 1 | 7 |   | 2 |   |   | 4 |

**Puzzle 2**

|   |   |   |   |   | 6 | 8 | 2 |   |
|---|---|---|---|---|---|---|---|---|
|   |   |   | 3 | 9 |   |   | 1 | 5 |
|   |   | 4 | 5 | 8 |   | 3 |   |   |
|   | 6 |   | 3 |   |   |   |   | 9 |
|   |   | 2 |   |   |   | 7 |   |   |
| 9 |   |   |   |   | 8 |   | 5 |   |
|   |   | 6 |   | 4 | 1 | 9 |   |   |
| 8 | 2 |   | 7 | 9 |   |   |   |   |
|   | 9 | 3 | 6 |   |   |   |   |   |

**Puzzle 3**

|   |   |   | 7 |   |   | 6 | 5 |   |
|---|---|---|---|---|---|---|---|---|
| 6 |   |   |   |   |   | 4 | 7 | 2 |
| 7 |   |   |   |   | 8 |   | 1 |   |
| 2 |   |   |   | 8 |   |   |   |   |
| 3 | 9 |   | 6 |   | 1 |   | 4 | 7 |
|   |   |   |   | 9 |   |   |   | 5 |
|   | 3 |   | 8 |   |   |   |   | 4 |
| 5 | 1 | 4 |   |   |   |   |   | 3 |
|   | 7 | 2 |   |   | 3 |   |   |   |

**Puzzle 4**

|   |   |   | 5 |   | 1 | 7 |   | 2 |
|---|---|---|---|---|---|---|---|---|
|   |   |   | 6 |   |   |   | 3 |   |
| 1 |   |   | 8 |   |   | 6 |   | 4 |
| 5 |   | 7 |   | 3 |   | 6 |   |   |
| 8 |   |   |   |   |   |   |   | 3 |
|   | 2 |   | 9 |   |   | 1 |   | 8 |
| 9 |   | 2 |   | 6 |   |   |   | 7 |
|   | 8 |   |   |   | 4 |   |   |   |
| 4 |   | 3 | 2 |   | 7 |   |   |   |

**Puzzle 5**

| | | | | | 6 | | | 4 |
|---|---|---|---|---|---|---|---|---|
| | | | | 1 | | 7 | | |
| | | 7 | 4 | | | 9 | 5 | 6 |
| | | 5 | 2 | 8 | | | 6 | |
| 7 | | | 5 | | 9 | | | 1 |
| | 8 | | | 6 | 7 | 5 | | |
| 9 | 3 | 6 | | | 2 | 4 | | |
| | | 8 | | 9 | | | | |
| 2 | | | 6 | | | | | |

**Puzzle 6**

| 9 | | | | | 7 | | 6 | |
|---|---|---|---|---|---|---|---|---|
| | 7 | 3 | 8 | 6 | | | | |
| | | 5 | | 2 | 3 | | | |
| | 5 | 1 | | | | | | 7 |
| 3 | | 9 | | | | 4 | | 1 |
| 7 | | | | | | 2 | 9 | |
| | | | 6 | 3 | | 9 | | |
| | | | 4 | 8 | | 3 | 7 | |
| | 3 | | 7 | | | | | 4 |

**Puzzle 7**

| 3 | | | | | 9 | 4 | | 7 |
|---|---|---|---|---|---|---|---|---|
| | | | | | | 8 | 6 | |
| | | 8 | 1 | | 4 | 3 | | |
| | 3 | 1 | 7 | | | | | |
| | 9 | 4 | | | | 7 | 8 | |
| | | | | 5 | | 1 | 3 | |
| | | 9 | 5 | | 3 | 2 | | |
| | 8 | 5 | | | | | | |
| 1 | | 3 | 6 | | | | | 4 |

**Puzzle 8**

| 6 | | | | | 2 | | | 9 |
|---|---|---|---|---|---|---|---|---|
| | | | | 7 | | 8 | | |
| 1 | | | 4 | 3 | | | | 6 |
| | 3 | | | 4 | 5 | 2 | | |
| | | 2 | 3 | | 7 | 1 | | |
| | | 1 | 6 | 2 | | | 4 | |
| 2 | | | | 8 | 4 | | | 1 |
| | | 5 | | 6 | | | | |
| 3 | | | 7 | | | | | 2 |

**Puzzle 9**

|   |   |   | 6 | 1 | 5 |   | 7 |   |
|---|---|---|---|---|---|---|---|---|
|   | 1 |   | 7 |   |   | 5 |   |   |
|   | 5 |   |   | 3 |   |   |   | 2 |
| 9 | 4 |   |   |   |   | 3 |   |   |
|   | 6 |   | 3 |   | 7 |   | 5 |   |
|   |   | 8 |   |   |   |   | 4 | 1 |
| 6 |   |   |   | 7 |   |   | 8 |   |
|   |   | 4 |   |   | 8 |   | 3 |   |
|   | 7 |   | 5 | 6 | 3 |   |   |   |

**Puzzle 10**

| 8 |   | 4 | 3 |   | 1 |   |   |   |
|---|---|---|---|---|---|---|---|---|
|   |   |   |   | 4 |   |   |   | 1 |
| 1 | 2 | 9 |   | 6 | 7 |   |   |   |
| 4 | 3 |   |   |   |   | 5 |   |   |
| 7 |   |   |   |   |   |   |   | 8 |
|   |   | 2 |   |   |   |   | 6 | 3 |
|   |   |   | 7 | 1 |   | 9 | 3 | 5 |
| 3 |   |   |   | 8 |   |   |   |   |
|   |   |   | 2 |   | 3 | 4 |   | 7 |

**Puzzle 11**

|   | 6 | 5 | 3 |   |   |   |   | 9 |
|---|---|---|---|---|---|---|---|---|
| 3 |   | 2 |   |   |   |   |   |   |
|   | 1 | 8 |   | 5 |   | 6 |   | 4 |
|   |   | 3 |   |   | 1 |   |   | 2 |
|   |   |   | 4 | 2 | 7 |   |   |   |
| 2 |   |   | 9 |   |   | 4 |   |   |
| 5 |   | 4 |   | 7 |   | 9 | 6 |   |
|   |   |   |   |   |   | 7 |   | 5 |
| 1 |   |   |   |   | 8 | 2 | 4 |   |

**Puzzle 12**

|   |   |   |   |   |   | 8 | 5 |   |
|---|---|---|---|---|---|---|---|---|
|   | 3 |   | 9 |   | 2 |   | 7 |   |
| 6 |   |   |   |   | 5 |   |   | 3 |
| 7 |   |   | 5 | 8 |   | 3 |   |   |
|   | 8 | 5 |   |   |   | 7 | 6 |   |
|   | 1 |   | 3 | 7 |   |   |   | 8 |
| 2 |   |   | 6 |   |   |   |   | 7 |
|   | 7 |   | 4 |   | 1 |   | 2 |   |
|   | 4 | 6 |   |   |   |   |   |   |

## Puzzle 13

| | | | | 3 | 1 | | 9 | 4 |
|---|---|---|---|---|---|---|---|---|
| | 3 | | 4 | | | 6 | | 1 |
| | | 1 | 6 | | | | | 5 |
| | 7 | | | | | 9 | 5 | |
| 5 | | | | | | | | 2 |
| | 9 | 3 | | | | | 7 | |
| 3 | | | | | 7 | 8 | | |
| 6 | | 2 | | | 3 | | 1 | |
| 7 | 1 | | 8 | 2 | | | | |

## Puzzle 14

| 8 | | 6 | | 1 | | | | |
|---|---|---|---|---|---|---|---|---|
| | 2 | 1 | | | 6 | | | |
| | 3 | | 4 | | | | | |
| 7 | 4 | 8 | 3 | 2 | | | 9 | |
| | | 2 | | | | 3 | | |
| | 6 | | | 5 | 4 | 7 | 2 | 1 |
| | | | | | 9 | | 7 | |
| | | | 2 | | | 1 | 6 | |
| | | | | 7 | | 2 | | 8 |

## Puzzle 15

| | 4 | | 3 | | 7 | | 9 | |
|---|---|---|---|---|---|---|---|---|
| | | | | 9 | | 1 | | |
| 8 | 9 | | 1 | | | 5 | | |
| 2 | | 6 | | | | | 1 | |
| 9 | | | 6 | | 8 | | | 5 |
| | 1 | | | | | 6 | | 9 |
| | | 9 | | | 5 | | 7 | 1 |
| | | 8 | | 6 | | | | |
| | 2 | | 9 | | 1 | | 4 | |

## Puzzle 16

| | | 7 | | 6 | | | 3 | |
|---|---|---|---|---|---|---|---|---|
| | | | 4 | 7 | | 6 | | 2 |
| 1 | 6 | | | | | | | 8 |
| 9 | | | | 5 | 1 | | | 3 |
| | 7 | | | | | | 9 | |
| 4 | | | 8 | 9 | | | | 5 |
| 6 | | | | | | | 8 | 7 |
| 2 | | 8 | | 4 | 3 | | | |
| | 9 | | | 8 | | 3 | | |

**Puzzle 17**

| | | | | | 9 | 6 | 8 | 2 |
|---|---|---|---|---|---|---|---|---|
| | | | 7 | 4 | | | | |
| | | | | 2 | 8 | | | |
| 8 | | 6 | | | 5 | 2 | | 7 |
| | | 1 | 8 | | 2 | 4 | | |
| 2 | | 7 | 4 | | | 5 | | 8 |
| | | | 5 | 8 | | | | |
| | | | | 6 | 4 | | | |
| 1 | 5 | 8 | 2 | | | | | |

**Puzzle 18**

| | 4 | 6 | | | | | 9 | |
|---|---|---|---|---|---|---|---|---|
| 5 | | | | 6 | | | | |
| | | | 8 | 4 | 6 | | | 5 |
| 6 | 2 | | | | 3 | | 5 | |
| | | 4 | 6 | 7 | 2 | 1 | | |
| | 7 | | 8 | | | | 6 | 4 |
| 1 | | 5 | 7 | 2 | | | | |
| | | | | 1 | | | | 2 |
| | 3 | | | | | 5 | 1 | |

**Puzzle 19**

| 1 | | | 5 | | | | 2 | 9 |
|---|---|---|---|---|---|---|---|---|
| 9 | | | | | | | | |
| 4 | 3 | | | | | 8 | 5 | 6 |
| 8 | 1 | | 9 | 3 | | | | |
| | 2 | | | 6 | | | 9 | |
| | | | | 4 | 2 | | 3 | 8 |
| 6 | 4 | 9 | | | | | 7 | 3 |
| | | | | | | | | 2 |
| 2 | 5 | | | | 7 | | | 1 |

**Puzzle 20**

| | 1 | | | | | 9 | | 4 |
|---|---|---|---|---|---|---|---|---|
| 2 | | | 9 | | | 7 | 8 | |
| 6 | 7 | 9 | | | 3 | | | |
| 4 | | | | 9 | | 5 | | |
| | | | 2 | | 4 | | | |
| | | 1 | | 7 | | | | 2 |
| | | | 8 | | | 3 | 4 | 5 |
| | 2 | 4 | | | 6 | | | 7 |
| 1 | | 5 | | | | | 2 | |

**Puzzle 21**

| | | | | | 9 | | | |
|---|---|---|---|---|---|---|---|---|
| 5 | | | 2 | | | | | 8 |
| 8 | 6 | 4 | | | | | 9 | 7 |
| | 7 | 8 | 5 | | | | | 3 |
| | | 5 | 3 | | 8 | 9 | | |
| 6 | | | | | 7 | 5 | 8 | |
| 7 | 2 | | | | | 4 | 3 | 6 |
| 4 | | | | | 2 | | | 1 |
| | | | 7 | | | | | |

**Puzzle 22**

| 1 | | 4 | 5 | | | | | 9 |
|---|---|---|---|---|---|---|---|---|
| | | 3 | 6 | | 1 | | | |
| 6 | 8 | | | 9 | | | 4 | |
| 4 | | | | 2 | | | | 8 |
| | 9 | | | | | | 7 | |
| 8 | | | | 7 | | | | 5 |
| | 4 | | | 1 | | | 5 | 3 |
| | | | 8 | | 4 | 2 | | |
| 5 | | | | | 3 | 1 | | 4 |

**Puzzle 23**

| 3 | 6 | | 7 | | | | | 8 |
|---|---|---|---|---|---|---|---|---|
| | 1 | | 5 | | 6 | | | |
| | 8 | 2 | | | 3 | | | |
| | 7 | | | | | | 4 | 6 |
| 5 | | 4 | | | | 3 | | 1 |
| 8 | 3 | | | | | 5 | | |
| | | | 4 | | | 6 | 3 | |
| | | | 2 | | 9 | | 8 | |
| 1 | | | | | 7 | | 2 | 4 |

**Puzzle 24**

| | | | | | 8 | 6 | 4 | |
|---|---|---|---|---|---|---|---|---|
| 8 | 4 | 2 | 3 | 6 | | | | |
| 1 | | | 7 | | | | 3 | |
| | 1 | | | 5 | 3 | | | |
| | 3 | | | | | | 6 | |
| | | | 1 | 2 | | | 7 | |
| | 7 | | | | | 1 | | 9 |
| | | | | 7 | 5 | 4 | 2 | 6 |
| | 2 | 6 | 4 | | | | | |

**Puzzle 25**

| 2 |   | 8 |   |   | 9 |   | 4 |   |
|---|---|---|---|---|---|---|---|---|
|   |   |   | 5 |   |   | 9 |   |   |
|   |   | 9 |   | 6 |   |   |   | 1 |
| 9 | 2 | 3 |   |   | 5 |   |   |   |
| 4 | 1 |   |   |   |   |   | 8 | 7 |
|   |   |   | 6 |   |   | 3 | 9 | 2 |
| 6 |   |   |   | 5 |   | 7 |   |   |
|   |   | 4 |   |   | 7 |   |   |   |
|   | 7 |   | 9 |   |   | 8 |   | 4 |

**Puzzle 26**

|   |   |   |   | 1 | 2 |   | 4 | 7 |
|---|---|---|---|---|---|---|---|---|
| 2 |   |   |   |   |   |   | 6 |   |
|   |   | 3 | 5 |   | 7 | 1 |   | 9 |
| 1 |   | 5 |   | 9 | 8 |   |   |   |
|   |   |   |   |   |   |   |   |   |
|   |   |   | 3 | 2 |   | 5 |   | 6 |
| 8 |   | 1 | 2 |   | 6 | 9 |   |   |
|   | 7 |   |   |   |   |   |   | 1 |
| 9 | 5 |   | 1 | 4 |   |   |   |   |

**Puzzle 27**

| 3 |   |   |   |   |   |   |   | 6 |
|---|---|---|---|---|---|---|---|---|
|   |   | 8 |   |   | 1 |   | 7 |   |
| 6 |   | 7 |   | 5 | 8 | 9 |   |   |
|   | 4 |   |   | 8 | 6 | 1 |   |   |
|   |   | 1 |   |   |   | 7 |   |   |
|   |   | 9 | 1 | 4 |   |   | 6 |   |
|   |   | 3 | 9 | 2 |   | 6 |   | 5 |
|   | 7 |   | 5 |   |   | 2 |   |   |
| 5 |   |   |   |   |   |   |   | 7 |

**Puzzle 28**

|   | 5 |   | 6 |   |   | 7 |   | 2 |
|---|---|---|---|---|---|---|---|---|
| 6 |   |   |   |   | 9 |   |   | 4 |
|   | 2 | 4 | 1 |   |   |   | 8 |   |
|   | 3 |   |   | 7 | 8 |   | 4 |   |
|   |   |   |   |   |   |   |   |   |
|   | 6 |   | 9 | 1 |   |   | 7 |   |
|   | 8 |   |   |   | 6 | 1 | 5 |   |
| 7 |   |   | 8 |   |   |   |   | 3 |
| 3 |   | 5 |   |   | 1 |   | 6 |   |

**Puzzle 29**

| | 4 | | 6 | | | | | 5 |
|---|---|---|---|---|---|---|---|---|
| | 6 | 2 | 7 | | | | 9 | 4 |
| 9 | | | | | | 1 | | |
| 2 | 8 | | | 1 | | 4 | | |
| | | 5 | | | | 9 | | |
| | | 6 | | 2 | | | 7 | 8 |
| | | 4 | | | | | | 7 |
| 3 | 7 | | | | 6 | 2 | 4 | |
| 6 | | | | | 4 | | 3 | |

**Puzzle 30**

| | 8 | 6 | | | 3 | | | 4 |
|---|---|---|---|---|---|---|---|---|
| 1 | | | | | | 2 | 7 | |
| | 4 | | | | 1 | 3 | 6 | |
| | | | 3 | 1 | 4 | | | |
| | | 1 | | | | 9 | | |
| | | | 5 | 9 | 2 | | | |
| | 6 | 9 | 7 | | | | 2 | |
| | 1 | 5 | | | | | | 6 |
| 8 | | | 1 | | | 7 | 5 | |

**Puzzle 31**

| | | 1 | 8 | 4 | | | | 2 |
|---|---|---|---|---|---|---|---|---|
| | | 8 | | | | | 9 | |
| | 6 | | | | 3 | | | |
| | 8 | 2 | | | 7 | 3 | | 9 |
| 9 | | | 1 | | 2 | | | 4 |
| 6 | | 5 | 9 | | | 7 | 2 | |
| | | | 3 | | | | 4 | |
| | 5 | | | | | 2 | | |
| 2 | | | | 6 | 8 | 9 | | |

**Puzzle 32**

| | 4 | 6 | | 3 | | 2 | | |
|---|---|---|---|---|---|---|---|---|
| | 1 | | 7 | | | 9 | | 4 |
| | | | | 6 | | | | 8 |
| | | 7 | 5 | | 6 | | | |
| 6 | | 8 | | | | 3 | | 1 |
| | | | 8 | | 3 | 7 | | |
| 9 | | | | 4 | | | | |
| 3 | | 4 | | | 8 | | 9 | |
| | | 2 | | 9 | | 4 | 8 | |

**Puzzle 33**

| 4 |   |   | 5 | 2 |   |   | 6 |   |
|---|---|---|---|---|---|---|---|---|
|   |   |   |   | 9 | 6 | 4 |   | 1 |
|   |   |   | 3 |   |   | 7 |   |   |
|   |   | 1 |   |   | 4 |   |   | 6 |
|   | 3 | 6 |   |   |   | 8 | 1 |   |
| 7 |   |   | 6 |   |   | 5 |   |   |
|   |   | 4 |   |   | 3 |   |   |   |
| 8 |   | 3 | 2 | 6 |   |   |   |   |
|   | 5 |   |   | 8 | 9 |   |   | 7 |

**Puzzle 34**

| 3 |   |   |   |   |   | 6 | 2 |   |
|---|---|---|---|---|---|---|---|---|
|   |   | 6 | 3 |   |   |   | 8 | 9 |
|   | 9 |   | 6 |   | 4 |   |   |   |
|   | 6 | 5 |   | 4 |   |   |   | 2 |
| 2 |   |   |   |   |   |   |   | 4 |
| 1 |   |   | 5 |   |   | 9 | 3 |   |
|   |   |   | 2 |   | 7 |   | 4 |   |
| 4 | 3 |   |   |   | 8 | 2 |   |   |
|   | 7 | 2 |   |   |   |   |   | 8 |

**Puzzle 35**

|   |   |   | 9 |   |   |   | 7 |   |
|---|---|---|---|---|---|---|---|---|
| 9 | 1 |   | 3 |   |   | 4 | 5 | 2 |
|   |   | 7 |   |   |   |   |   | 1 |
|   |   | 2 | 7 | 6 |   |   |   | 4 |
|   |   | 1 |   |   |   | 5 |   |   |
| 8 |   |   |   | 1 | 4 | 2 |   |   |
| 4 |   |   |   |   |   | 1 |   |   |
| 1 | 2 | 5 |   |   | 9 |   | 6 | 8 |
|   | 6 |   |   |   | 2 |   |   |   |

**Puzzle 36**

|   |   |   | 2 |   | 6 |   |   | 4 |
|---|---|---|---|---|---|---|---|---|
|   |   | 2 | 9 |   |   |   | 6 |   |
|   |   | 4 |   |   | 1 | 2 |   |   |
| 4 | 5 |   |   |   | 9 | 3 | 8 |   |
|   |   | 3 |   |   |   | 6 |   |   |
|   | 9 | 6 | 4 |   |   |   | 1 | 5 |
|   |   | 9 | 6 |   |   | 4 |   |   |
|   | 1 |   |   |   | 4 | 8 |   |   |
| 3 |   |   | 5 |   | 2 |   |   |   |

**Puzzle 37**

| 9 | 3 |   |   | 5 | 2 |   |   |   |
|---|---|---|---|---|---|---|---|---|
|   |   |   | 1 | 3 | 9 |   |   | 6 |
|   |   |   | 8 |   |   |   | 2 |   |
|   |   | 3 |   |   |   | 7 |   | 2 |
|   | 4 |   | 1 |   | 6 |   | 3 |   |
| 2 |   | 9 |   |   |   | 1 |   |   |
|   | 5 |   |   |   | 4 |   |   |   |
| 4 |   | 1 | 3 | 8 |   |   |   |   |
|   |   |   | 2 | 7 |   |   | 5 | 4 |

**Puzzle 38**

|   |   |   | 1 |   | 6 | 4 |   | 2 |
|---|---|---|---|---|---|---|---|---|
|   |   | 1 | 2 |   |   | 8 | 9 |   |
|   |   | 8 |   |   | 4 |   |   | 3 |
| 1 |   |   |   |   |   | 7 | 2 | 5 |
|   |   |   |   | 1 |   |   |   |   |
| 2 | 4 | 3 |   |   |   |   |   | 8 |
| 8 |   |   | 3 |   |   | 2 |   |   |
|   | 9 | 4 |   |   | 8 | 5 |   |   |
| 7 |   | 2 | 6 |   | 1 |   |   |   |

**Puzzle 39**

|   |   | 9 | 5 |   |   |   |   | 4 |
|---|---|---|---|---|---|---|---|---|
|   | 1 |   |   |   | 4 |   |   |   |
|   |   |   |   | 7 |   | 2 |   |   |
| 1 |   |   | 3 |   |   | 9 | 5 | 8 |
| 8 | 6 |   | 7 |   | 9 |   | 4 | 3 |
| 2 | 9 | 3 |   | 5 |   |   |   | 1 |
|   | 8 |   | 9 |   |   |   |   |   |
|   |   |   | 6 |   |   | 8 |   |   |
| 7 |   |   |   |   | 2 | 3 |   |   |

**Puzzle 40**

|   |   | 3 |   |   |   | 6 | 9 |   |
|---|---|---|---|---|---|---|---|---|
| 7 | 2 |   | 6 |   |   |   |   |   |
|   |   | 9 |   |   | 5 | 2 |   | 7 |
| 1 |   |   | 3 |   |   | 7 | 4 |   |
|   |   | 5 |   |   |   | 1 |   |   |
|   | 4 | 7 |   |   | 2 |   |   | 6 |
| 8 |   |   | 6 | 2 |   | 9 |   |   |
|   |   |   |   |   | 9 |   | 6 | 8 |
|   | 7 | 1 |   |   |   | 4 |   |   |

**Puzzle 41**

| | | | | 3 | | | | 5 |
|---|---|---|---|---|---|---|---|---|
| | | | 6 | | 8 | 9 | 3 | |
| | | | 2 | | 5 | | 4 | |
| 8 | | | | | | 2 | 5 | 1 |
| 1 | | | 8 | | 2 | | | 3 |
| 3 | 4 | 2 | | | | | | 8 |
| | 1 | | 7 | | 6 | | | |
| | 5 | 7 | 4 | | 1 | | | |
| 9 | | | | 2 | | | | |

**Puzzle 42**

| 4 | 8 | 6 | 5 | | | | | |
|---|---|---|---|---|---|---|---|---|
| 5 | 2 | | | 3 | | | | |
| | | 1 | | | | 5 | 4 | |
| | 6 | | 9 | 8 | | | | 1 |
| | 1 | | | | | | 3 | |
| 8 | | | 1 | 2 | | | 9 | |
| | 7 | 3 | | | | 9 | | |
| | | | 5 | | | | 6 | 2 |
| | | | | | 6 | 7 | 1 | 3 |

**Puzzle 43**

| 9 | 2 | | | | | | 6 | |
|---|---|---|---|---|---|---|---|---|
| | 5 | | | | | | | |
| 6 | | 8 | | 5 | 3 | | | |
| | 4 | | 2 | | 5 | | 3 | 6 |
| | | 7 | 1 | | 6 | 4 | | |
| 2 | 6 | | 8 | | 4 | | 1 | |
| | | | 6 | 1 | | 2 | | 3 |
| | | | | | | | 5 | |
| | 3 | | | | | | 7 | 4 |

**Puzzle 44**

| | 8 | 3 | | | 4 | | | 5 |
|---|---|---|---|---|---|---|---|---|
| | 6 | 4 | | | | | | 2 |
| 7 | 5 | | 1 | 3 | | | | |
| | | | | 4 | | | 3 | 1 |
| | | | 5 | | 7 | | | |
| 6 | 4 | | | 1 | | | | |
| | | | 9 | 1 | | | 5 | 8 |
| 8 | | | | | | 7 | 1 | |
| 4 | | | 7 | | | 6 | 9 | |

## Puzzle 45

| | | | | | | | 6 | |
|---|---|---|---|---|---|---|---|---|
| | 7 | | 8 | | 1 | | 9 | |
| | | | 7 | | 3 | | 1 | 4 |
| | 4 | 2 | 5 | | | | 8 | |
| 7 | | | 2 | | 8 | | | 5 |
| | 8 | | | | 7 | 6 | 2 | |
| 8 | 3 | | 6 | | 2 | | | |
| | 2 | | 3 | | 4 | | 5 | |
| | 9 | | | | | | | |

## Puzzle 46

| 2 | 8 | | | | | | | |
|---|---|---|---|---|---|---|---|---|
| 9 | | 1 | | | | 5 | | |
| | | 4 | 3 | | 2 | 8 | | |
| | | 9 | | 3 | 4 | | | |
| 1 | | 2 | 5 | 9 | 8 | 4 | | 3 |
| | | | 6 | 7 | | 9 | | |
| | | 8 | 4 | | 3 | 2 | | |
| | | 7 | | | | 1 | | 6 |
| | | | | | | | 5 | 8 |

## Puzzle 47

| 2 | | | | | | | | 6 |
|---|---|---|---|---|---|---|---|---|
| | | 1 | | 6 | | 2 | | |
| 5 | | | 2 | | 8 | | 1 | 3 |
| | 9 | 4 | 7 | | | | | |
| 7 | | | 4 | 2 | 9 | | | 8 |
| | | | | | 5 | 9 | 4 | |
| 6 | 5 | | 1 | | 2 | | | 4 |
| | | 7 | | 5 | | 8 | | |
| 4 | | | | | | | | 2 |

## Puzzle 48

| 9 | | | 2 | | | 1 | | |
|---|---|---|---|---|---|---|---|---|
| | | 6 | | | 8 | | 3 | 9 |
| | 1 | | | | 4 | | | 8 |
| 1 | | | | | 3 | 2 | 9 | |
| | | 2 | | | | 3 | | |
| | 8 | 7 | 9 | | | | | 6 |
| 6 | | | 4 | | | | 5 | |
| 2 | 5 | | 6 | | | 9 | | |
| | | 1 | | 9 | | | | 2 |

**Puzzle 49**

| 2 | 7 | 1 | 5 |   |   |   | 6 |   |
|---|---|---|---|---|---|---|---|---|
|   |   |   |   |   | 1 |   |   |   |
| 5 | 6 |   |   | 7 |   |   |   | 2 |
|   | 1 |   |   | 9 | 2 |   |   | 7 |
|   | 2 |   |   |   |   |   | 4 |   |
| 6 |   |   | 4 | 3 |   |   | 1 |   |
| 3 |   |   |   | 5 |   |   | 9 | 1 |
|   |   |   | 9 |   |   |   |   |   |
|   | 8 |   |   |   | 3 | 5 | 7 | 6 |

**Puzzle 50**

|   |   | 5 | 9 |   | 7 | 6 | 3 |   |
|---|---|---|---|---|---|---|---|---|
|   |   |   | 2 |   |   | 1 |   |   |
| 2 | 3 |   |   | 6 |   |   |   | 4 |
| 6 |   |   |   |   |   |   | 1 |   |
|   | 9 |   | 4 |   | 8 |   | 5 |   |
|   | 5 |   |   |   |   |   |   | 7 |
| 4 |   |   |   | 3 |   |   | 6 | 8 |
|   |   | 9 |   |   | 4 |   |   |   |
|   | 8 | 3 | 6 |   | 2 | 4 |   |   |

**Puzzle 1**

| 9 | 1 | 2 | 6 | 8 | 5 | 4 | 3 | 7 |
|---|---|---|---|---|---|---|---|---|
| 8 | 7 | 3 | 2 | 9 | 4 | 1 | 5 | 6 |
| 4 | 5 | 6 | 3 | 7 | 1 | 8 | 9 | 2 |
| 1 | 9 | 4 | 5 | 3 | 6 | 2 | 7 | 8 |
| 6 | 2 | 7 | 8 | 1 | 9 | 5 | 4 | 3 |
| 5 | 3 | 8 | 4 | 2 | 7 | 6 | 1 | 9 |
| 7 | 6 | 9 | 1 | 4 | 8 | 3 | 2 | 5 |
| 2 | 4 | 5 | 9 | 6 | 3 | 7 | 8 | 1 |
| 3 | 8 | 1 | 7 | 5 | 2 | 9 | 6 | 4 |

**Puzzle 2**

| 5 | 3 | 9 | 4 | 1 | 6 | 8 | 2 | 7 |
|---|---|---|---|---|---|---|---|---|
| 6 | 7 | 8 | 2 | 3 | 9 | 4 | 1 | 5 |
| 2 | 1 | 4 | 5 | 8 | 7 | 3 | 9 | 6 |
| 1 | 6 | 5 | 3 | 7 | 4 | 2 | 8 | 9 |
| 3 | 8 | 2 | 9 | 6 | 5 | 7 | 4 | 1 |
| 9 | 4 | 7 | 1 | 2 | 8 | 6 | 5 | 3 |
| 7 | 5 | 6 | 8 | 4 | 1 | 9 | 3 | 2 |
| 8 | 2 | 1 | 7 | 9 | 3 | 5 | 6 | 4 |
| 4 | 9 | 3 | 6 | 5 | 2 | 1 | 7 | 8 |

**Puzzle 3**

| 1 | 4 | 9 | 7 | 3 | 2 | 6 | 5 | 8 |
|---|---|---|---|---|---|---|---|---|
| 6 | 8 | 3 | 5 | 1 | 9 | 4 | 7 | 2 |
| 7 | 2 | 5 | 4 | 6 | 8 | 3 | 1 | 9 |
| 2 | 5 | 7 | 3 | 8 | 4 | 9 | 6 | 1 |
| 3 | 9 | 8 | 6 | 5 | 1 | 2 | 4 | 7 |
| 4 | 6 | 1 | 2 | 9 | 7 | 8 | 3 | 5 |
| 9 | 3 | 6 | 8 | 7 | 5 | 1 | 2 | 4 |
| 5 | 1 | 4 | 9 | 2 | 6 | 7 | 8 | 3 |
| 8 | 7 | 2 | 1 | 4 | 3 | 5 | 9 | 6 |

**Puzzle 4**

| 6 | 4 | 9 | 5 | 3 | 1 | 7 | 8 | 2 |
|---|---|---|---|---|---|---|---|---|
| 2 | 7 | 8 | 6 | 4 | 9 | 5 | 3 | 1 |
| 1 | 3 | 5 | 7 | 8 | 2 | 6 | 9 | 4 |
| 5 | 1 | 7 | 8 | 2 | 3 | 4 | 6 | 9 |
| 8 | 9 | 6 | 4 | 1 | 5 | 2 | 7 | 3 |
| 3 | 2 | 4 | 9 | 7 | 6 | 1 | 5 | 8 |
| 9 | 5 | 2 | 1 | 6 | 8 | 3 | 4 | 7 |
| 7 | 8 | 1 | 3 | 5 | 4 | 9 | 2 | 6 |
| 4 | 6 | 3 | 2 | 9 | 7 | 8 | 1 | 5 |

**Puzzle 5**

| 8 | 5 | 9 | 7 | 3 | 6 | 1 | 2 | 4 |
|---|---|---|---|---|---|---|---|---|
| 6 | 2 | 4 | 9 | 1 | 5 | 7 | 3 | 8 |
| 3 | 1 | 7 | 4 | 2 | 8 | 9 | 5 | 6 |
| 4 | 9 | 5 | 2 | 8 | 1 | 3 | 6 | 7 |
| 7 | 6 | 3 | 5 | 4 | 9 | 2 | 8 | 1 |
| 1 | 8 | 2 | 3 | 6 | 7 | 5 | 4 | 9 |
| 9 | 3 | 6 | 8 | 7 | 2 | 4 | 1 | 5 |
| 5 | 4 | 8 | 1 | 9 | 3 | 6 | 7 | 2 |
| 2 | 7 | 1 | 6 | 5 | 4 | 8 | 9 | 3 |

**Puzzle 6**

| 9 | 2 | 4 | 5 | 1 | 7 | 8 | 6 | 3 |
|---|---|---|---|---|---|---|---|---|
| 1 | 7 | 3 | 8 | 6 | 9 | 5 | 4 | 2 |
| 8 | 6 | 5 | 4 | 2 | 3 | 7 | 1 | 9 |
| 2 | 5 | 1 | 9 | 8 | 4 | 6 | 3 | 7 |
| 3 | 8 | 9 | 2 | 7 | 6 | 4 | 5 | 1 |
| 7 | 4 | 6 | 3 | 5 | 1 | 2 | 9 | 8 |
| 4 | 1 | 7 | 6 | 3 | 2 | 9 | 8 | 5 |
| 5 | 9 | 2 | 1 | 4 | 8 | 3 | 7 | 6 |
| 6 | 3 | 8 | 7 | 9 | 5 | 1 | 2 | 4 |

**Puzzle 7**

| 3 | 1 | 6 | 8 | 2 | 9 | 4 | 5 | 7 |
|---|---|---|---|---|---|---|---|---|
| 9 | 4 | 2 | 3 | 5 | 7 | 8 | 6 | 1 |
| 7 | 5 | 8 | 1 | 6 | 4 | 3 | 2 | 9 |
| 2 | 3 | 1 | 7 | 8 | 6 | 9 | 4 | 5 |
| 5 | 9 | 4 | 2 | 3 | 1 | 7 | 8 | 6 |
| 8 | 6 | 7 | 4 | 9 | 5 | 1 | 3 | 2 |
| 6 | 7 | 9 | 5 | 4 | 3 | 2 | 1 | 8 |
| 4 | 8 | 5 | 9 | 1 | 2 | 6 | 7 | 3 |
| 1 | 2 | 3 | 6 | 7 | 8 | 5 | 9 | 4 |

**Puzzle 8**

| 6 | 7 | 3 | 8 | 1 | 2 | 4 | 5 | 9 |
|---|---|---|---|---|---|---|---|---|
| 9 | 2 | 4 | 5 | 7 | 6 | 8 | 1 | 3 |
| 1 | 5 | 8 | 4 | 3 | 9 | 7 | 2 | 6 |
| 7 | 3 | 6 | 1 | 4 | 5 | 2 | 9 | 8 |
| 4 | 8 | 2 | 3 | 9 | 7 | 1 | 6 | 5 |
| 5 | 9 | 1 | 6 | 2 | 8 | 3 | 4 | 7 |
| 2 | 6 | 7 | 9 | 8 | 4 | 5 | 3 | 1 |
| 8 | 1 | 5 | 2 | 6 | 3 | 9 | 7 | 4 |
| 3 | 4 | 9 | 7 | 5 | 1 | 6 | 8 | 2 |

**Puzzle 9**

| 2 | 8 | 9 | 6 | 1 | 5 | 4 | 7 | 3 |
|---|---|---|---|---|---|---|---|---|
| 3 | 1 | 6 | 7 | 2 | 4 | 5 | 9 | 8 |
| 4 | 5 | 7 | 8 | 3 | 9 | 6 | 1 | 2 |
| 9 | 4 | 5 | 2 | 8 | 1 | 3 | 6 | 7 |
| 1 | 6 | 2 | 3 | 4 | 7 | 8 | 5 | 9 |
| 7 | 3 | 8 | 9 | 5 | 6 | 2 | 4 | 1 |
| 6 | 9 | 3 | 4 | 7 | 2 | 1 | 8 | 5 |
| 5 | 2 | 4 | 1 | 9 | 8 | 7 | 3 | 6 |
| 8 | 7 | 1 | 5 | 6 | 3 | 9 | 2 | 4 |

**Puzzle 10**

| 8 | 5 | 4 | 3 | 2 | 1 | 6 | 7 | 9 |
|---|---|---|---|---|---|---|---|---|
| 6 | 7 | 3 | 5 | 4 | 9 | 8 | 2 | 1 |
| 1 | 2 | 9 | 8 | 6 | 7 | 3 | 5 | 4 |
| 4 | 3 | 1 | 6 | 7 | 8 | 5 | 9 | 2 |
| 7 | 6 | 5 | 9 | 3 | 2 | 1 | 4 | 8 |
| 9 | 8 | 2 | 1 | 5 | 4 | 7 | 6 | 3 |
| 2 | 4 | 8 | 7 | 1 | 6 | 9 | 3 | 5 |
| 3 | 9 | 7 | 4 | 8 | 5 | 2 | 1 | 6 |
| 5 | 1 | 6 | 2 | 9 | 3 | 4 | 8 | 7 |

**Puzzle 11**

| 7 | 6 | 5 | 3 | 1 | 4 | 8 | 2 | 9 |
|---|---|---|---|---|---|---|---|---|
| 3 | 4 | 2 | 8 | 9 | 6 | 1 | 5 | 7 |
| 9 | 1 | 8 | 7 | 5 | 2 | 6 | 3 | 4 |
| 4 | 7 | 3 | 6 | 8 | 1 | 5 | 9 | 2 |
| 6 | 5 | 9 | 4 | 2 | 7 | 3 | 8 | 1 |
| 2 | 8 | 1 | 9 | 3 | 5 | 4 | 7 | 6 |
| 5 | 2 | 4 | 1 | 7 | 3 | 9 | 6 | 8 |
| 8 | 3 | 6 | 2 | 4 | 9 | 7 | 1 | 5 |
| 1 | 9 | 7 | 5 | 6 | 8 | 2 | 4 | 3 |

**Puzzle 12**

| 1 | 9 | 4 | 7 | 6 | 3 | 8 | 5 | 2 |
|---|---|---|---|---|---|---|---|---|
| 5 | 3 | 8 | 9 | 4 | 2 | 1 | 7 | 6 |
| 6 | 2 | 7 | 8 | 1 | 5 | 9 | 4 | 3 |
| 7 | 6 | 9 | 1 | 5 | 8 | 2 | 3 | 4 |
| 3 | 8 | 5 | 2 | 9 | 4 | 7 | 6 | 1 |
| 4 | 1 | 2 | 3 | 7 | 6 | 5 | 9 | 8 |
| 2 | 5 | 1 | 6 | 3 | 9 | 4 | 8 | 7 |
| 9 | 7 | 3 | 4 | 8 | 1 | 6 | 2 | 5 |
| 8 | 4 | 6 | 5 | 2 | 7 | 3 | 1 | 9 |

**Puzzle 13**

| | | | | | | | | |
|---|---|---|---|---|---|---|---|---|
| 8 | 6 | 5 | 7 | 3 | 1 | 2 | 9 | 4 |
| 9 | 3 | 7 | 4 | 5 | 2 | 6 | 8 | 1 |
| 4 | 2 | 1 | 6 | 9 | 8 | 7 | 3 | 5 |
| 1 | 7 | 6 | 2 | 8 | 4 | 9 | 5 | 3 |
| 5 | 4 | 8 | 3 | 7 | 9 | 1 | 6 | 2 |
| 2 | 9 | 3 | 5 | 1 | 6 | 4 | 7 | 8 |
| 3 | 5 | 4 | 1 | 6 | 7 | 8 | 2 | 9 |
| 6 | 8 | 2 | 9 | 4 | 3 | 5 | 1 | 7 |
| 7 | 1 | 9 | 8 | 2 | 5 | 3 | 4 | 6 |

**Puzzle 14**

| | | | | | | | | |
|---|---|---|---|---|---|---|---|---|
| 8 | 9 | 6 | 7 | 1 | 5 | 4 | 3 | 2 |
| 4 | 2 | 1 | 9 | 3 | 6 | 8 | 5 | 7 |
| 5 | 3 | 7 | 4 | 8 | 2 | 9 | 1 | 6 |
| 7 | 4 | 8 | 3 | 2 | 1 | 6 | 9 | 5 |
| 1 | 5 | 2 | 6 | 9 | 7 | 3 | 8 | 4 |
| 9 | 6 | 3 | 8 | 5 | 4 | 7 | 2 | 1 |
| 2 | 8 | 4 | 1 | 6 | 9 | 5 | 7 | 3 |
| 3 | 7 | 5 | 2 | 4 | 8 | 1 | 6 | 9 |
| 6 | 1 | 9 | 5 | 7 | 3 | 2 | 4 | 8 |

**Puzzle 15**

| | | | | | | | | |
|---|---|---|---|---|---|---|---|---|
| 6 | 4 | 1 | 3 | 5 | 7 | 2 | 9 | 8 |
| 7 | 5 | 2 | 8 | 9 | 6 | 1 | 3 | 4 |
| 8 | 9 | 3 | 1 | 2 | 4 | 5 | 6 | 7 |
| 2 | 8 | 6 | 5 | 4 | 9 | 7 | 1 | 3 |
| 9 | 3 | 7 | 6 | 1 | 8 | 4 | 2 | 5 |
| 5 | 1 | 4 | 7 | 3 | 2 | 6 | 8 | 9 |
| 4 | 6 | 9 | 2 | 8 | 5 | 3 | 7 | 1 |
| 1 | 7 | 8 | 4 | 6 | 3 | 9 | 5 | 2 |
| 3 | 2 | 5 | 9 | 7 | 1 | 8 | 4 | 6 |

**Puzzle 16**

| | | | | | | | | |
|---|---|---|---|---|---|---|---|---|
| 8 | 2 | 7 | 1 | 6 | 5 | 9 | 3 | 4 |
| 3 | 5 | 9 | 4 | 7 | 8 | 6 | 1 | 2 |
| 1 | 6 | 4 | 9 | 3 | 2 | 7 | 5 | 8 |
| 9 | 8 | 2 | 6 | 5 | 1 | 4 | 7 | 3 |
| 5 | 7 | 1 | 3 | 2 | 4 | 8 | 9 | 6 |
| 4 | 3 | 6 | 8 | 9 | 7 | 1 | 2 | 5 |
| 6 | 4 | 3 | 5 | 1 | 9 | 2 | 8 | 7 |
| 2 | 1 | 8 | 7 | 4 | 3 | 5 | 6 | 9 |
| 7 | 9 | 5 | 2 | 8 | 6 | 3 | 4 | 1 |

**Puzzle 17**

| | | | | | | | | |
|---|---|---|---|---|---|---|---|---|
| 3 | 7 | 4 | 1 | 5 | 9 | 6 | 8 | 2 |
| 6 | 8 | 2 | 7 | 4 | 3 | 1 | 9 | 5 |
| 9 | 1 | 5 | 6 | 2 | 8 | 3 | 7 | 4 |
| 8 | 4 | 6 | 3 | 9 | 5 | 2 | 1 | 7 |
| 5 | 3 | 1 | 8 | 7 | 2 | 4 | 6 | 9 |
| 2 | 9 | 7 | 4 | 1 | 6 | 5 | 3 | 8 |
| 4 | 6 | 9 | 5 | 8 | 1 | 7 | 2 | 3 |
| 7 | 2 | 3 | 9 | 6 | 4 | 8 | 5 | 1 |
| 1 | 5 | 8 | 2 | 3 | 7 | 9 | 4 | 6 |

**Puzzle 18**

| | | | | | | | | |
|---|---|---|---|---|---|---|---|---|
| 2 | 4 | 6 | 5 | 3 | 7 | 8 | 9 | 1 |
| 5 | 8 | 9 | 2 | 6 | 1 | 4 | 7 | 3 |
| 7 | 1 | 3 | 9 | 8 | 4 | 6 | 2 | 5 |
| 6 | 2 | 8 | 1 | 4 | 3 | 7 | 5 | 9 |
| 9 | 5 | 4 | 6 | 7 | 2 | 1 | 3 | 8 |
| 3 | 7 | 1 | 8 | 5 | 9 | 2 | 6 | 4 |
| 1 | 9 | 5 | 7 | 2 | 8 | 3 | 4 | 6 |
| 4 | 6 | 7 | 3 | 1 | 5 | 9 | 8 | 2 |
| 8 | 3 | 2 | 4 | 9 | 6 | 5 | 1 | 7 |

**Puzzle 19**

| | | | | | | | | |
|---|---|---|---|---|---|---|---|---|
| 1 | 6 | 7 | 5 | 8 | 4 | 3 | 2 | 9 |
| 9 | 8 | 5 | 6 | 2 | 3 | 7 | 1 | 4 |
| 4 | 3 | 2 | 1 | 7 | 9 | 8 | 5 | 6 |
| 8 | 1 | 4 | 9 | 3 | 5 | 2 | 6 | 7 |
| 7 | 2 | 3 | 8 | 6 | 1 | 4 | 9 | 5 |
| 5 | 9 | 6 | 7 | 4 | 2 | 1 | 3 | 8 |
| 6 | 4 | 9 | 2 | 1 | 8 | 5 | 7 | 3 |
| 3 | 7 | 1 | 4 | 5 | 6 | 9 | 8 | 2 |
| 2 | 5 | 8 | 3 | 9 | 7 | 6 | 4 | 1 |

**Puzzle 20**

| | | | | | | | | |
|---|---|---|---|---|---|---|---|---|
| 5 | 1 | 8 | 6 | 2 | 7 | 9 | 3 | 4 |
| 2 | 4 | 3 | 9 | 5 | 1 | 7 | 8 | 6 |
| 6 | 7 | 9 | 4 | 8 | 3 | 2 | 5 | 1 |
| 4 | 6 | 2 | 1 | 9 | 8 | 5 | 7 | 3 |
| 3 | 5 | 7 | 2 | 6 | 4 | 8 | 1 | 9 |
| 9 | 8 | 1 | 3 | 7 | 5 | 4 | 6 | 2 |
| 7 | 9 | 6 | 8 | 1 | 2 | 3 | 4 | 5 |
| 8 | 2 | 4 | 5 | 3 | 6 | 1 | 9 | 7 |
| 1 | 3 | 5 | 7 | 4 | 9 | 6 | 2 | 8 |

**Puzzle 21**

| | | | | | | | | |
|---|---|---|---|---|---|---|---|---|
| 2 | 1 | 7 | 4 | 8 | 9 | 3 | 6 | 5 |
| 5 | 9 | 3 | 2 | 7 | 6 | 1 | 4 | 8 |
| 8 | 6 | 4 | 1 | 5 | 3 | 2 | 9 | 7 |
| 9 | 7 | 8 | 5 | 2 | 4 | 6 | 1 | 3 |
| 1 | 4 | 5 | 3 | 6 | 8 | 9 | 7 | 2 |
| 6 | 3 | 2 | 9 | 1 | 7 | 5 | 8 | 4 |
| 7 | 2 | 1 | 8 | 9 | 5 | 4 | 3 | 6 |
| 4 | 8 | 9 | 6 | 3 | 2 | 7 | 5 | 1 |
| 3 | 5 | 6 | 7 | 4 | 1 | 8 | 2 | 9 |

**Puzzle 22**

| | | | | | | | | |
|---|---|---|---|---|---|---|---|---|
| 1 | 7 | 4 | 5 | 8 | 2 | 6 | 3 | 9 |
| 9 | 5 | 3 | 6 | 4 | 1 | 7 | 8 | 2 |
| 6 | 8 | 2 | 3 | 9 | 7 | 5 | 4 | 1 |
| 4 | 6 | 7 | 9 | 2 | 5 | 3 | 1 | 8 |
| 2 | 9 | 5 | 1 | 3 | 8 | 4 | 7 | 6 |
| 8 | 3 | 1 | 4 | 7 | 6 | 9 | 2 | 5 |
| 7 | 4 | 6 | 2 | 1 | 9 | 8 | 5 | 3 |
| 3 | 1 | 9 | 8 | 5 | 4 | 2 | 6 | 7 |
| 5 | 2 | 8 | 7 | 6 | 3 | 1 | 9 | 4 |

**Puzzle 23**

| | | | | | | | | |
|---|---|---|---|---|---|---|---|---|
| 3 | 6 | 5 | 7 | 9 | 2 | 4 | 1 | 8 |
| 4 | 1 | 9 | 5 | 8 | 6 | 2 | 7 | 3 |
| 7 | 8 | 2 | 1 | 4 | 3 | 5 | 6 | 9 |
| 9 | 7 | 1 | 3 | 2 | 5 | 8 | 4 | 6 |
| 5 | 2 | 4 | 6 | 7 | 8 | 3 | 9 | 1 |
| 8 | 3 | 6 | 9 | 1 | 4 | 7 | 5 | 2 |
| 2 | 9 | 8 | 4 | 5 | 1 | 6 | 3 | 7 |
| 6 | 4 | 7 | 2 | 3 | 9 | 1 | 8 | 5 |
| 1 | 5 | 3 | 8 | 6 | 7 | 9 | 2 | 4 |

**Puzzle 24**

| | | | | | | | | |
|---|---|---|---|---|---|---|---|---|
| 5 | 9 | 3 | 7 | 1 | 8 | 6 | 4 | 2 |
| 8 | 4 | 2 | 3 | 6 | 9 | 7 | 1 | 5 |
| 1 | 6 | 7 | 5 | 4 | 2 | 9 | 3 | 8 |
| 7 | 1 | 8 | 6 | 5 | 3 | 2 | 9 | 4 |
| 2 | 3 | 4 | 8 | 9 | 7 | 5 | 6 | 1 |
| 6 | 5 | 9 | 1 | 2 | 4 | 8 | 7 | 3 |
| 4 | 7 | 5 | 2 | 3 | 6 | 1 | 8 | 9 |
| 3 | 8 | 1 | 9 | 7 | 5 | 4 | 2 | 6 |
| 9 | 2 | 6 | 4 | 8 | 1 | 3 | 5 | 7 |

## Puzzle 25

| | | | | | | | | |
|---|---|---|---|---|---|---|---|---|
| 2 | 3 | 8 | 1 | 7 | 9 | 6 | 4 | 5 |
| 1 | 6 | 7 | 5 | 2 | 4 | 9 | 3 | 8 |
| 5 | 4 | 9 | 8 | 6 | 3 | 2 | 7 | 1 |
| 9 | 2 | 3 | 7 | 8 | 5 | 4 | 1 | 6 |
| 4 | 1 | 6 | 3 | 9 | 2 | 5 | 8 | 7 |
| 7 | 8 | 5 | 6 | 4 | 1 | 3 | 9 | 2 |
| 6 | 9 | 1 | 4 | 5 | 8 | 7 | 2 | 3 |
| 8 | 5 | 4 | 2 | 3 | 7 | 1 | 6 | 9 |
| 3 | 7 | 2 | 9 | 1 | 6 | 8 | 5 | 4 |

## Puzzle 26

| | | | | | | | | |
|---|---|---|---|---|---|---|---|---|
| 5 | 9 | 8 | 6 | 1 | 2 | 3 | 4 | 7 |
| 2 | 1 | 7 | 9 | 3 | 4 | 8 | 6 | 5 |
| 6 | 4 | 3 | 5 | 8 | 7 | 1 | 2 | 9 |
| 1 | 6 | 5 | 4 | 9 | 8 | 2 | 7 | 3 |
| 3 | 2 | 9 | 7 | 6 | 5 | 4 | 1 | 8 |
| 7 | 8 | 4 | 3 | 2 | 1 | 5 | 9 | 6 |
| 8 | 3 | 1 | 2 | 7 | 6 | 9 | 5 | 4 |
| 4 | 7 | 2 | 8 | 5 | 9 | 6 | 3 | 1 |
| 9 | 5 | 6 | 1 | 4 | 3 | 7 | 8 | 2 |

## Puzzle 27

| | | | | | | | | |
|---|---|---|---|---|---|---|---|---|
| 3 | 1 | 4 | 2 | 7 | 9 | 8 | 5 | 6 |
| 9 | 5 | 8 | 6 | 3 | 1 | 4 | 7 | 2 |
| 6 | 2 | 7 | 4 | 5 | 8 | 9 | 3 | 1 |
| 2 | 4 | 5 | 7 | 8 | 6 | 1 | 9 | 3 |
| 8 | 6 | 1 | 3 | 9 | 5 | 7 | 2 | 4 |
| 7 | 3 | 9 | 1 | 4 | 2 | 5 | 6 | 8 |
| 1 | 8 | 3 | 9 | 2 | 7 | 6 | 4 | 5 |
| 4 | 7 | 6 | 5 | 1 | 3 | 2 | 8 | 9 |
| 5 | 9 | 2 | 8 | 6 | 4 | 3 | 1 | 7 |

## Puzzle 28

| | | | | | | | | |
|---|---|---|---|---|---|---|---|---|
| 8 | 5 | 1 | 6 | 3 | 4 | 7 | 9 | 2 |
| 6 | 7 | 3 | 2 | 8 | 9 | 5 | 1 | 4 |
| 9 | 2 | 4 | 1 | 5 | 7 | 3 | 8 | 6 |
| 1 | 3 | 2 | 5 | 7 | 8 | 6 | 4 | 9 |
| 5 | 9 | 7 | 4 | 6 | 2 | 8 | 3 | 1 |
| 4 | 6 | 8 | 9 | 1 | 3 | 2 | 7 | 5 |
| 2 | 8 | 9 | 3 | 4 | 6 | 1 | 5 | 7 |
| 7 | 1 | 6 | 8 | 9 | 5 | 4 | 2 | 3 |
| 3 | 4 | 5 | 7 | 2 | 1 | 9 | 6 | 8 |

## Puzzle 29

| | | | | | | | | |
|---|---|---|---|---|---|---|---|---|
| 8 | 4 | 3 | 6 | 9 | 1 | 7 | 2 | 5 |
| 1 | 6 | 2 | 7 | 5 | 3 | 8 | 9 | 4 |
| 9 | 5 | 7 | 8 | 4 | 2 | 1 | 6 | 3 |
| 2 | 8 | 9 | 3 | 1 | 7 | 4 | 5 | 6 |
| 7 | 3 | 5 | 4 | 6 | 8 | 9 | 1 | 2 |
| 4 | 1 | 6 | 9 | 2 | 5 | 3 | 7 | 8 |
| 5 | 2 | 4 | 1 | 3 | 9 | 6 | 8 | 7 |
| 3 | 7 | 1 | 5 | 8 | 6 | 2 | 4 | 9 |
| 6 | 9 | 8 | 2 | 7 | 4 | 5 | 3 | 1 |

## Puzzle 30

| | | | | | | | | |
|---|---|---|---|---|---|---|---|---|
| 2 | 8 | 6 | 9 | 7 | 3 | 5 | 1 | 4 |
| 1 | 9 | 3 | 4 | 5 | 6 | 2 | 7 | 8 |
| 5 | 4 | 7 | 8 | 2 | 1 | 3 | 6 | 9 |
| 9 | 7 | 2 | 3 | 1 | 4 | 6 | 8 | 5 |
| 4 | 5 | 1 | 6 | 8 | 7 | 9 | 3 | 2 |
| 6 | 3 | 8 | 5 | 9 | 2 | 1 | 4 | 7 |
| 3 | 6 | 9 | 7 | 4 | 5 | 8 | 2 | 1 |
| 7 | 1 | 5 | 2 | 3 | 8 | 4 | 9 | 6 |
| 8 | 2 | 4 | 1 | 6 | 9 | 7 | 5 | 3 |

## Puzzle 31

| | | | | | | | | |
|---|---|---|---|---|---|---|---|---|
| 7 | 9 | 1 | 8 | 4 | 6 | 5 | 3 | 2 |
| 3 | 2 | 8 | 7 | 1 | 5 | 4 | 9 | 6 |
| 5 | 6 | 4 | 2 | 9 | 3 | 1 | 8 | 7 |
| 4 | 8 | 2 | 6 | 5 | 7 | 3 | 1 | 9 |
| 9 | 3 | 7 | 1 | 8 | 2 | 6 | 5 | 4 |
| 6 | 1 | 5 | 9 | 3 | 4 | 7 | 2 | 8 |
| 1 | 7 | 6 | 3 | 2 | 9 | 8 | 4 | 5 |
| 8 | 5 | 9 | 4 | 7 | 1 | 2 | 6 | 3 |
| 2 | 4 | 3 | 5 | 6 | 8 | 9 | 7 | 1 |

## Puzzle 32

| | | | | | | | | |
|---|---|---|---|---|---|---|---|---|
| 8 | 4 | 6 | 9 | 3 | 5 | 2 | 1 | 7 |
| 5 | 1 | 3 | 7 | 8 | 2 | 9 | 6 | 4 |
| 7 | 2 | 9 | 1 | 6 | 4 | 5 | 3 | 8 |
| 2 | 3 | 7 | 5 | 1 | 6 | 8 | 4 | 9 |
| 6 | 5 | 8 | 4 | 7 | 9 | 3 | 2 | 1 |
| 4 | 9 | 1 | 8 | 2 | 3 | 7 | 5 | 6 |
| 9 | 8 | 5 | 2 | 4 | 1 | 6 | 7 | 3 |
| 3 | 7 | 4 | 6 | 5 | 8 | 1 | 9 | 2 |
| 1 | 6 | 2 | 3 | 9 | 7 | 4 | 8 | 5 |

## Puzzle 33

| | | | | | | | | |
|---|---|---|---|---|---|---|---|---|
| 4 | 8 | 7 | 5 | 2 | 1 | 3 | 6 | 9 |
| 3 | 2 | 5 | 7 | 9 | 6 | 4 | 8 | 1 |
| 1 | 6 | 9 | 3 | 4 | 8 | 7 | 5 | 2 |
| 5 | 9 | 1 | 8 | 3 | 4 | 2 | 7 | 6 |
| 2 | 3 | 6 | 9 | 7 | 5 | 8 | 1 | 4 |
| 7 | 4 | 8 | 6 | 1 | 2 | 5 | 9 | 3 |
| 9 | 7 | 4 | 1 | 5 | 3 | 6 | 2 | 8 |
| 8 | 1 | 3 | 2 | 6 | 7 | 9 | 4 | 5 |
| 6 | 5 | 2 | 4 | 8 | 9 | 1 | 3 | 7 |

## Puzzle 34

| | | | | | | | | |
|---|---|---|---|---|---|---|---|---|
| 3 | 1 | 4 | 7 | 8 | 9 | 6 | 2 | 5 |
| 7 | 2 | 6 | 3 | 1 | 5 | 4 | 8 | 9 |
| 5 | 9 | 8 | 6 | 2 | 4 | 7 | 1 | 3 |
| 9 | 6 | 5 | 1 | 4 | 3 | 8 | 7 | 2 |
| 2 | 8 | 3 | 9 | 7 | 6 | 1 | 5 | 4 |
| 1 | 4 | 7 | 8 | 5 | 2 | 9 | 3 | 6 |
| 8 | 5 | 9 | 2 | 6 | 7 | 3 | 4 | 1 |
| 4 | 3 | 1 | 5 | 9 | 8 | 2 | 6 | 7 |
| 6 | 7 | 2 | 4 | 3 | 1 | 5 | 9 | 8 |

## Puzzle 35

| | | | | | | | | |
|---|---|---|---|---|---|---|---|---|
| 5 | 8 | 4 | 9 | 2 | 1 | 6 | 7 | 3 |
| 9 | 1 | 6 | 3 | 8 | 7 | 4 | 5 | 2 |
| 2 | 3 | 7 | 6 | 4 | 5 | 8 | 9 | 1 |
| 3 | 5 | 2 | 7 | 6 | 8 | 9 | 1 | 4 |
| 6 | 4 | 1 | 2 | 9 | 3 | 5 | 8 | 7 |
| 8 | 7 | 9 | 5 | 1 | 4 | 2 | 3 | 6 |
| 4 | 9 | 3 | 8 | 7 | 6 | 1 | 2 | 5 |
| 1 | 2 | 5 | 4 | 3 | 9 | 7 | 6 | 8 |
| 7 | 6 | 8 | 1 | 5 | 2 | 3 | 4 | 9 |

## Puzzle 36

| | | | | | | | | |
|---|---|---|---|---|---|---|---|---|
| 9 | 8 | 1 | 2 | 7 | 6 | 5 | 3 | 4 |
| 7 | 3 | 2 | 9 | 4 | 5 | 1 | 6 | 8 |
| 5 | 6 | 4 | 3 | 8 | 1 | 2 | 9 | 7 |
| 4 | 5 | 7 | 1 | 6 | 9 | 3 | 8 | 2 |
| 1 | 2 | 3 | 8 | 5 | 7 | 6 | 4 | 9 |
| 8 | 9 | 6 | 4 | 2 | 3 | 7 | 1 | 5 |
| 2 | 7 | 9 | 6 | 3 | 8 | 4 | 5 | 1 |
| 6 | 1 | 5 | 7 | 9 | 4 | 8 | 2 | 3 |
| 3 | 4 | 8 | 5 | 1 | 2 | 9 | 7 | 6 |

**Puzzle 37**

| 9 | 3 | 8 | 6 | 5 | 2 | 4 | 7 | 1 |
| 5 | 7 | 2 | 4 | 1 | 3 | 9 | 8 | 6 |
| 6 | 1 | 4 | 8 | 9 | 7 | 5 | 2 | 3 |
| 1 | 8 | 3 | 5 | 4 | 9 | 7 | 6 | 2 |
| 7 | 4 | 5 | 1 | 2 | 6 | 8 | 3 | 9 |
| 2 | 6 | 9 | 7 | 3 | 8 | 1 | 4 | 5 |
| 3 | 5 | 7 | 9 | 6 | 4 | 2 | 1 | 8 |
| 4 | 2 | 1 | 3 | 8 | 5 | 6 | 9 | 7 |
| 8 | 9 | 6 | 2 | 7 | 1 | 3 | 5 | 4 |

**Puzzle 38**

| 9 | 3 | 5 | 1 | 8 | 6 | 4 | 7 | 2 |
| 4 | 7 | 1 | 2 | 3 | 5 | 8 | 9 | 6 |
| 6 | 2 | 8 | 9 | 7 | 4 | 1 | 5 | 3 |
| 1 | 8 | 9 | 4 | 6 | 3 | 7 | 2 | 5 |
| 5 | 6 | 7 | 8 | 1 | 2 | 9 | 3 | 4 |
| 2 | 4 | 3 | 5 | 9 | 7 | 6 | 1 | 8 |
| 8 | 1 | 6 | 3 | 5 | 9 | 2 | 4 | 7 |
| 3 | 9 | 4 | 7 | 2 | 8 | 5 | 6 | 1 |
| 7 | 5 | 2 | 6 | 4 | 1 | 3 | 8 | 9 |

**Puzzle 39**

| 3 | 2 | 9 | 5 | 6 | 1 | 8 | 7 | 4 |
| 6 | 1 | 7 | 8 | 2 | 4 | 5 | 3 | 9 |
| 4 | 5 | 8 | 3 | 9 | 7 | 1 | 2 | 6 |
| 1 | 7 | 4 | 2 | 3 | 6 | 9 | 5 | 8 |
| 8 | 6 | 5 | 7 | 1 | 9 | 2 | 4 | 3 |
| 2 | 9 | 3 | 4 | 5 | 8 | 7 | 6 | 1 |
| 5 | 8 | 2 | 9 | 4 | 3 | 6 | 1 | 7 |
| 9 | 3 | 1 | 6 | 7 | 5 | 4 | 8 | 2 |
| 7 | 4 | 6 | 1 | 8 | 2 | 3 | 9 | 5 |

**Puzzle 40**

| 5 | 1 | 3 | 8 | 2 | 7 | 6 | 9 | 4 |
| 7 | 2 | 4 | 6 | 9 | 1 | 3 | 8 | 5 |
| 6 | 8 | 9 | 4 | 3 | 5 | 2 | 1 | 7 |
| 1 | 9 | 8 | 3 | 5 | 6 | 7 | 4 | 2 |
| 2 | 6 | 5 | 7 | 8 | 4 | 1 | 3 | 9 |
| 3 | 4 | 7 | 9 | 1 | 2 | 8 | 5 | 6 |
| 8 | 5 | 6 | 2 | 4 | 3 | 9 | 7 | 1 |
| 4 | 3 | 2 | 1 | 7 | 9 | 5 | 6 | 8 |
| 9 | 7 | 1 | 5 | 6 | 8 | 4 | 2 | 3 |

**Puzzle 41**

| 6 | 8 | 4 | 9 | 3 | 7 | 1 | 2 | 5 |
| 5 | 2 | 1 | 6 | 4 | 8 | 9 | 3 | 7 |
| 7 | 3 | 9 | 2 | 1 | 5 | 8 | 4 | 6 |
| 8 | 9 | 6 | 3 | 7 | 4 | 2 | 5 | 1 |
| 1 | 7 | 5 | 8 | 6 | 2 | 4 | 9 | 3 |
| 3 | 4 | 2 | 1 | 5 | 9 | 6 | 7 | 8 |
| 4 | 1 | 3 | 7 | 9 | 6 | 5 | 8 | 2 |
| 2 | 5 | 7 | 4 | 8 | 1 | 3 | 6 | 9 |
| 9 | 6 | 8 | 5 | 2 | 3 | 7 | 1 | 4 |

**Puzzle 42**

| 4 | 8 | 6 | 5 | 7 | 1 | 3 | 2 | 9 |
| 5 | 2 | 9 | 4 | 3 | 8 | 1 | 7 | 6 |
| 7 | 3 | 1 | 2 | 6 | 9 | 5 | 4 | 8 |
| 3 | 6 | 4 | 9 | 8 | 7 | 2 | 5 | 1 |
| 9 | 1 | 2 | 6 | 4 | 5 | 8 | 3 | 7 |
| 8 | 5 | 7 | 3 | 1 | 2 | 6 | 9 | 4 |
| 6 | 7 | 3 | 1 | 2 | 4 | 9 | 8 | 5 |
| 1 | 9 | 8 | 7 | 5 | 3 | 4 | 6 | 2 |
| 2 | 4 | 5 | 8 | 9 | 6 | 7 | 1 | 3 |

**Puzzle 43**

| 9 | 2 | 4 | 7 | 8 | 1 | 3 | 6 | 5 |
| 3 | 5 | 1 | 9 | 6 | 2 | 7 | 4 | 8 |
| 6 | 7 | 8 | 4 | 5 | 3 | 9 | 2 | 1 |
| 1 | 4 | 9 | 2 | 7 | 5 | 8 | 3 | 6 |
| 5 | 8 | 7 | 1 | 3 | 6 | 4 | 9 | 2 |
| 2 | 6 | 3 | 8 | 9 | 4 | 5 | 1 | 7 |
| 4 | 9 | 5 | 6 | 1 | 7 | 2 | 8 | 3 |
| 7 | 1 | 2 | 3 | 4 | 8 | 6 | 5 | 9 |
| 8 | 3 | 6 | 5 | 2 | 9 | 1 | 7 | 4 |

**Puzzle 44**

| 9 | 8 | 3 | 2 | 7 | 4 | 1 | 6 | 5 |
| 1 | 6 | 4 | 8 | 5 | 9 | 3 | 7 | 2 |
| 7 | 5 | 2 | 1 | 3 | 6 | 4 | 8 | 9 |
| 5 | 9 | 7 | 6 | 4 | 2 | 8 | 3 | 1 |
| 2 | 3 | 1 | 5 | 8 | 7 | 9 | 4 | 6 |
| 6 | 4 | 8 | 9 | 1 | 3 | 5 | 2 | 7 |
| 3 | 7 | 6 | 4 | 9 | 1 | 2 | 5 | 8 |
| 8 | 2 | 9 | 3 | 6 | 5 | 7 | 1 | 4 |
| 4 | 1 | 5 | 7 | 2 | 8 | 6 | 9 | 3 |

**Puzzle 45**

| 2 | 1 | 8 | 4 | 5 | 9 | 3 | 6 | 7 |
| 4 | 7 | 3 | 8 | 6 | 1 | 5 | 9 | 2 |
| 9 | 5 | 6 | 7 | 2 | 3 | 8 | 1 | 4 |
| 3 | 4 | 2 | 5 | 1 | 6 | 7 | 8 | 9 |
| 7 | 6 | 9 | 2 | 3 | 8 | 1 | 4 | 5 |
| 5 | 8 | 1 | 9 | 4 | 7 | 6 | 2 | 3 |
| 8 | 3 | 5 | 6 | 9 | 2 | 4 | 7 | 1 |
| 1 | 2 | 7 | 3 | 8 | 4 | 9 | 5 | 6 |
| 6 | 9 | 4 | 1 | 7 | 5 | 2 | 3 | 8 |

**Puzzle 46**

| 2 | 8 | 5 | 7 | 1 | 9 | 6 | 3 | 4 |
| 9 | 3 | 1 | 8 | 4 | 6 | 5 | 7 | 2 |
| 7 | 6 | 4 | 3 | 5 | 2 | 8 | 1 | 9 |
| 6 | 5 | 9 | 2 | 3 | 4 | 7 | 8 | 1 |
| 1 | 7 | 2 | 5 | 9 | 8 | 4 | 6 | 3 |
| 8 | 4 | 3 | 6 | 7 | 1 | 9 | 2 | 5 |
| 5 | 1 | 8 | 4 | 6 | 3 | 2 | 9 | 7 |
| 3 | 2 | 7 | 9 | 8 | 5 | 1 | 4 | 6 |
| 4 | 9 | 6 | 1 | 2 | 7 | 3 | 5 | 8 |

**Puzzle 47**

| 2 | 8 | 9 | 3 | 4 | 1 | 5 | 7 | 6 |
| 3 | 4 | 1 | 5 | 6 | 7 | 2 | 8 | 9 |
| 5 | 7 | 6 | 2 | 9 | 8 | 4 | 1 | 3 |
| 8 | 9 | 4 | 7 | 1 | 6 | 3 | 2 | 5 |
| 7 | 3 | 5 | 4 | 2 | 9 | 1 | 6 | 8 |
| 1 | 6 | 2 | 8 | 3 | 5 | 9 | 4 | 7 |
| 6 | 5 | 3 | 1 | 8 | 2 | 7 | 9 | 4 |
| 9 | 2 | 7 | 6 | 5 | 4 | 8 | 3 | 1 |
| 4 | 1 | 8 | 9 | 7 | 3 | 6 | 5 | 2 |

**Puzzle 48**

| 9 | 3 | 8 | 2 | 6 | 5 | 1 | 7 | 4 |
| 4 | 2 | 6 | 7 | 1 | 8 | 5 | 3 | 9 |
| 7 | 1 | 5 | 3 | 9 | 4 | 6 | 2 | 8 |
| 1 | 6 | 4 | 8 | 7 | 3 | 2 | 9 | 5 |
| 5 | 9 | 2 | 1 | 4 | 6 | 3 | 8 | 7 |
| 3 | 8 | 7 | 9 | 5 | 2 | 4 | 1 | 6 |
| 6 | 7 | 9 | 4 | 2 | 1 | 8 | 5 | 3 |
| 2 | 5 | 3 | 6 | 8 | 7 | 9 | 4 | 1 |
| 8 | 4 | 1 | 5 | 3 | 9 | 7 | 6 | 2 |

**Puzzle 49**

| 2 | 7 | 1 | 5 | 8 | 4 | 3 | 6 | 9 |
|---|---|---|---|---|---|---|---|---|
| 9 | 3 | 8 | 6 | 2 | 1 | 7 | 5 | 4 |
| 5 | 6 | 4 | 3 | 7 | 9 | 1 | 8 | 2 |
| 4 | 1 | 5 | 8 | 9 | 2 | 6 | 3 | 7 |
| 8 | 2 | 3 | 1 | 6 | 7 | 9 | 4 | 5 |
| 6 | 9 | 7 | 4 | 3 | 5 | 2 | 1 | 8 |
| 3 | 4 | 2 | 7 | 5 | 6 | 8 | 9 | 1 |
| 7 | 5 | 6 | 9 | 1 | 8 | 4 | 2 | 3 |
| 1 | 8 | 9 | 2 | 4 | 3 | 5 | 7 | 6 |

**Puzzle 50**

| 8 | 1 | 5 | 9 | 4 | 7 | 6 | 3 | 2 |
|---|---|---|---|---|---|---|---|---|
| 9 | 4 | 6 | 2 | 8 | 3 | 1 | 7 | 5 |
| 2 | 3 | 7 | 5 | 6 | 1 | 9 | 8 | 4 |
| 6 | 7 | 4 | 3 | 2 | 5 | 8 | 1 | 9 |
| 1 | 9 | 2 | 4 | 7 | 8 | 3 | 5 | 6 |
| 3 | 5 | 8 | 1 | 9 | 6 | 2 | 4 | 7 |
| 4 | 2 | 1 | 7 | 3 | 9 | 5 | 6 | 8 |
| 5 | 6 | 9 | 8 | 1 | 4 | 7 | 2 | 3 |
| 7 | 8 | 3 | 6 | 5 | 2 | 4 | 9 | 1 |

**Puzzle 1**

| | 9 | | | | 7 | | | 6 |
|---|---|---|---|---|---|---|---|---|
| | | 4 | 9 | | | | | |
| 8 | | | | 2 | | | 5 | |
| | 4 | 9 | | | | 1 | 7 | 2 |
| 6 | | 1 | | | | 8 | | 9 |
| 7 | 3 | 8 | | | | 5 | 6 | |
| | 5 | | | 8 | | | | 1 |
| | | | | | 6 | 3 | | |
| 4 | | | 1 | | | | 9 | |

**Puzzle 2**

| | | | 8 | | | 1 | 5 | |
|---|---|---|---|---|---|---|---|---|
| | | 1 | 7 | | 6 | 4 | 3 | |
| | | | | 4 | 1 | | 7 | |
| | 9 | | | | | 3 | | 4 |
| | 3 | | | | | | 8 | |
| 4 | | 8 | | | | | 9 | |
| | 1 | | 9 | 6 | | | | |
| | 5 | 2 | 4 | | 7 | 8 | | |
| | 4 | 3 | | | 5 | | | |

**Puzzle 3**

| 6 | | | | 9 | 8 | | | 2 |
|---|---|---|---|---|---|---|---|---|
| 9 | | 2 | | | | | 4 | |
| | 1 | | 4 | | | | 9 | 6 |
| | | | 3 | | | | | 4 |
| | 9 | | 8 | | 1 | | 6 | |
| 7 | | | | 5 | | | | |
| 2 | 5 | | | | 4 | | 3 | |
| | 3 | | | | | 1 | | 9 |
| 8 | | | 2 | 3 | | | | 5 |

**Puzzle 4**

| 3 | | 4 | | | | | 1 | |
|---|---|---|---|---|---|---|---|---|
| 9 | 7 | | 1 | | | | | |
| | | | 7 | | 8 | | | 6 |
| 4 | 5 | | 6 | | | 2 | 3 | 9 |
| | | | | | | | | |
| 6 | 3 | 2 | | | 9 | | 7 | 4 |
| 7 | | | 4 | | 2 | | | |
| | | | | 7 | | | 2 | 3 |
| | 4 | | | | | 9 | | 7 |

**Puzzle 5**

| | | | 1 | | 7 | 3 | | |
|---|---|---|---|---|---|---|---|---|
| | | | 6 | | 8 | | | |
| | 3 | | | | | 7 | 2 | |
| | 4 | 5 | | 6 | 2 | | 8 | |
| 8 | 9 | | | | | 6 | | 5 |
| | 7 | | 8 | 5 | | 9 | 3 | |
| | 5 | 4 | | | | 1 | | |
| | | | 2 | | 6 | | | |
| | | 3 | 5 | | 9 | | | |

**Puzzle 6**

| | | | 2 | | | | | 7 |
|---|---|---|---|---|---|---|---|---|
| 6 | 2 | | 4 | | 8 | | | |
| | 1 | 3 | | 6 | | | | |
| 3 | 6 | | | | 4 | 8 | | |
| | 9 | 4 | | 2 | | 6 | 5 | |
| | | 2 | 8 | | | | 4 | 9 |
| | | | 4 | | | 2 | 3 | |
| | | | 6 | | 2 | | 1 | 4 |
| 2 | | | | | 5 | | | |

**Puzzle 7**

| 2 | | 4 | | 1 | | 8 | | |
|---|---|---|---|---|---|---|---|---|
| | 7 | | 6 | | 2 | | 3 | 4 |
| | | 1 | | | | | 2 | |
| | 4 | 6 | | | | | | 5 |
| | | | 9 | | 6 | | | |
| 3 | | | | | | 6 | 1 | |
| | 9 | | | | | 5 | | |
| 1 | 2 | | 4 | | 8 | | 6 | |
| | | 3 | | 7 | | 4 | | 1 |

**Puzzle 8**

| | 6 | | 8 | | 5 | 7 | | |
|---|---|---|---|---|---|---|---|---|
| | 8 | 9 | | 1 | | | | |
| | | 7 | | | | | | 6 |
| 8 | 7 | | | 6 | 4 | 5 | | |
| | | | 5 | | 1 | | | |
| | | 5 | 9 | 8 | | | 7 | 3 |
| 5 | | | | | | 2 | | |
| | | | 3 | | | 9 | 4 | |
| | | 4 | 1 | | 9 | | 6 | |

**Puzzle 9**

| | 5 | 8 | | 1 | | | | |
|---|---|---|---|---|---|---|---|---|
| | | 9 | | 8 | | 7 | 2 | |
| 7 | | | | | 6 | 1 | | |
| 9 | 8 | 7 | 4 | | | | | |
| | | 4 | | | | 2 | | |
| | | | | | 5 | 8 | 4 | 9 |
| | | 6 | 5 | | | | | 8 |
| | 7 | 5 | | 9 | | 3 | | |
| | | | | 4 | | 5 | 6 | |

**Puzzle 10**

| 6 | | 3 | | 9 | | 2 | | |
|---|---|---|---|---|---|---|---|---|
| | 4 | | | | 6 | | 9 | |
| 5 | 2 | 9 | | | | | | |
| | 3 | | | | 9 | 8 | | |
| 8 | 9 | | | 7 | | | 2 | 5 |
| | | 1 | 2 | | | | 3 | |
| | | | | | | 5 | 6 | 7 |
| | 6 | | 1 | | | | 8 | |
| | | 4 | | 6 | | 3 | | 2 |

**Puzzle 11**

| | 3 | | | 2 | 9 | | | |
|---|---|---|---|---|---|---|---|---|
| 4 | | 7 | 3 | | | 8 | 9 | |
| | | | 7 | | | 2 | | |
| | 6 | 3 | | 9 | 4 | | | 7 |
| | | | | | | | | |
| 5 | | | 1 | 7 | | 3 | 4 | |
| | | 6 | | | 7 | | | |
| | 1 | 8 | | | 2 | 4 | | 9 |
| | | | 9 | 3 | | | 8 | |

**Puzzle 12**

| 4 | | | 5 | | | 3 | 1 | |
|---|---|---|---|---|---|---|---|---|
| | | | | 1 | | 5 | | |
| 2 | | 1 | | | 3 | 8 | | 6 |
| | | | 8 | 9 | 2 | | 5 | |
| | | | | 5 | | | | |
| | 2 | | 4 | 3 | 6 | | | |
| 3 | | 6 | 2 | | | 1 | | 5 |
| | | 7 | | 8 | | | | |
| | 9 | 2 | | | 5 | | | 7 |

**Puzzle 13**

| 4 | 6 |   |   |   |   |   | 8 |   |
|---|---|---|---|---|---|---|---|---|
|   | 1 |   | 8 |   | 9 |   |   |   |
|   |   | 8 | 5 |   | 7 |   |   | 6 |
| 7 |   |   |   |   | 1 |   | 5 | 8 |
|   |   | 9 |   |   |   | 7 |   |   |
| 8 | 5 |   | 7 |   |   |   |   | 3 |
| 2 |   |   | 1 |   | 3 | 8 |   |   |
|   |   |   | 6 |   | 4 |   | 7 |   |
|   | 7 |   |   |   |   |   | 6 | 1 |

**Puzzle 14**

|   | 5 |   | 2 | 3 |   |   | 8 | 6 |
|---|---|---|---|---|---|---|---|---|
|   | 6 |   | 8 |   | 4 |   | 2 |   |
|   |   |   |   |   |   | 9 |   |   |
|   |   | 6 |   |   | 5 |   | 1 |   |
| 5 | 8 |   |   |   |   |   | 6 | 2 |
|   | 4 |   | 7 |   |   | 5 |   |   |
|   |   | 4 |   |   |   |   |   |   |
|   | 9 |   | 4 |   | 6 |   | 3 |   |
| 8 | 1 |   |   | 9 | 2 |   | 4 |   |

**Puzzle 15**

|   | 9 | 5 |   |   |   |   |   |   |
|---|---|---|---|---|---|---|---|---|
|   | 6 |   |   | 9 |   |   |   |   |
| 1 | 8 |   | 7 | 2 | 3 | 5 |   |   |
|   |   |   | 3 |   |   |   | 1 | 7 |
|   | 1 | 3 |   |   |   | 8 | 4 |   |
| 6 | 7 |   |   |   | 1 |   |   |   |
|   |   | 6 | 9 | 5 | 8 |   | 7 | 1 |
|   |   |   |   | 1 |   |   | 6 |   |
|   |   |   |   |   |   | 9 | 5 |   |

**Puzzle 16**

|   |   |   |   |   |   | 2 |   | 1 |
|---|---|---|---|---|---|---|---|---|
|   |   |   |   | 7 | 1 |   | 4 | 3 |
| 8 |   | 3 | 2 |   | 4 |   | 7 |   |
|   |   |   | 4 |   |   |   | 1 |   |
| 3 |   |   | 1 | 6 | 9 |   |   | 5 |
|   | 6 |   |   |   | 7 |   |   |   |
|   | 3 |   | 7 |   | 2 | 9 |   | 8 |
| 6 | 2 |   | 3 | 1 |   |   |   |   |
| 7 |   | 5 |   |   |   |   |   |   |

**Puzzle 17**

| 3 |   | 2 |   | 7 |   | 8 |   |   |
|---|---|---|---|---|---|---|---|---|
| 6 |   |   |   | 9 |   |   |   |   |
|   | 4 |   | 2 |   |   |   |   |   |
| 5 |   |   | 4 |   |   | 2 |   | 6 |
| 4 | 2 |   | 9 |   | 1 |   | 8 | 5 |
| 1 |   | 7 |   |   | 2 |   |   | 9 |
|   |   |   |   |   | 6 |   | 5 |   |
|   |   |   |   | 4 |   |   |   | 7 |
|   |   | 5 |   | 1 |   | 6 |   | 8 |

**Puzzle 18**

|   |   |   | 2 | 4 |   |   |   | 3 |
|---|---|---|---|---|---|---|---|---|
|   |   |   |   |   | 8 | 9 |   |   |
| 3 |   |   | 9 |   | 5 | 2 | 1 |   |
|   |   | 3 |   |   | 4 | 1 | 6 |   |
| 9 |   |   |   | 2 |   |   |   | 7 |
|   | 6 | 2 | 3 |   |   | 4 |   |   |
|   | 2 | 7 | 5 |   | 9 |   |   | 1 |
|   |   | 5 | 6 |   |   |   |   |   |
| 8 |   |   |   | 1 | 2 |   |   |   |

**Puzzle 19**

|   |   | 3 |   |   | 5 | 7 |   | 1 |
|---|---|---|---|---|---|---|---|---|
|   |   |   |   | 9 |   |   | 2 |   |
|   |   | 1 | 7 |   |   |   |   | 6 |
| 4 |   | 8 |   |   | 9 |   | 6 | 7 |
|   |   | 6 |   |   |   | 9 |   |   |
| 7 | 9 |   | 8 |   |   | 3 |   | 5 |
| 2 |   |   |   |   | 1 | 6 |   |   |
|   | 4 |   |   | 3 |   |   |   |   |
| 3 |   | 7 | 2 |   |   | 1 |   |   |

**Puzzle 20**

|   |   |   | 7 |   | 3 | 8 |   |   |
|---|---|---|---|---|---|---|---|---|
|   | 3 |   |   | 1 |   |   | 6 |   |
| 7 |   | 1 | 8 |   |   | 2 |   | 3 |
|   | 2 |   | 1 | 9 |   | 4 |   |   |
|   |   |   |   |   |   |   |   |   |
|   |   | 4 |   | 3 | 7 |   | 2 |   |
| 5 |   | 6 |   |   | 2 | 9 |   | 8 |
|   | 8 |   |   | 6 |   |   | 4 |   |
|   |   | 3 | 9 |   | 5 |   |   |   |

**Puzzle 21**

| | | | 3 | | | | 2 | |
|---|---|---|---|---|---|---|---|---|
| | | 7 | | | | 8 | | 4 |
| | 5 | | 9 | | | | 7 | 3 |
| 8 | | 3 | 4 | | | 1 | | 2 |
| | | | 3 | | 2 | | | |
| 9 | | 2 | | | 6 | 3 | | 7 |
| 7 | 2 | | | | 8 | | 3 | |
| 1 | | 4 | | | | 7 | | |
| | 3 | | | 6 | | | | |

**Puzzle 22**

| 7 | 5 | | | | | 8 | | 9 |
|---|---|---|---|---|---|---|---|---|
| | | 6 | | 9 | | 7 | | |
| | | | | 4 | | | 5 | 3 |
| | | 8 | 6 | | | | | 5 |
| | 2 | 1 | | | | 4 | 3 | |
| 3 | | | | | 4 | 9 | | |
| 2 | 8 | | | 7 | | | | |
| | | 7 | | 6 | | 5 | | |
| 5 | | 3 | | | | | 7 | 4 |

**Puzzle 23**

| | 8 | 3 | | | 4 | | | 5 |
|---|---|---|---|---|---|---|---|---|
| | 6 | 4 | | | | | | 2 |
| 7 | 5 | | 1 | 3 | | | | |
| | | | | 4 | | | 3 | 1 |
| | | | 5 | | 7 | | | |
| 6 | 4 | | | 1 | | | | |
| | | | | 9 | 1 | | 5 | 8 |
| 8 | | | | | | 7 | 1 | |
| 4 | | | 7 | | | 6 | 9 | |

**Puzzle 24**

| | | 8 | 1 | 5 | | 9 | | 2 |
|---|---|---|---|---|---|---|---|---|
| | 2 | | | | | | 5 | |
| | | | | 2 | | 1 | 6 | 4 |
| | 8 | | 6 | | | | | |
| | 3 | | 4 | | 8 | 2 | | |
| | | | | 9 | | 1 | | |
| 3 | 5 | 9 | | 8 | | | | |
| | 4 | | | | | 2 | | |
| 2 | | 6 | | 9 | 4 | 3 | | |

**Puzzle 25**

|   |   | 7 | 4 |   | 3 | 8 |   | 5 |
|---|---|---|---|---|---|---|---|---|
|   | 5 |   |   | 8 |   | 4 |   |   |
|   |   |   |   |   |   |   | 2 |   |
| 7 | 9 |   | 6 |   |   | 2 |   |   |
| 3 |   |   | 2 | 4 | 5 |   |   | 9 |
|   |   | 4 |   |   | 7 |   | 5 | 3 |
|   | 6 |   |   |   |   |   |   |   |
|   |   | 2 |   | 1 |   |   | 9 |   |
| 1 |   | 9 | 7 |   | 4 | 5 |   |   |

**Puzzle 26**

|   |   | 4 |   |   | 6 |   |   | 7 |
|---|---|---|---|---|---|---|---|---|
|   |   | 8 |   |   |   | 3 |   | 2 |
| 2 |   |   | 9 |   |   |   | 6 | 5 |
|   |   |   |   | 5 |   |   |   | 3 |
|   | 6 | 5 | 7 |   | 8 | 9 | 2 |   |
| 7 |   |   |   | 9 |   |   |   |   |
| 4 | 3 |   |   |   | 9 |   |   | 1 |
| 5 |   | 7 |   |   |   | 2 |   |   |
| 9 |   |   | 1 |   |   | 7 |   |   |

**Puzzle 27**

|   |   |   | 3 |   |   |   |   | 5 |
|---|---|---|---|---|---|---|---|---|
| 3 | 6 |   |   |   |   |   | 1 |   |
|   |   |   |   | 1 | 4 |   |   |   |
| 6 |   |   |   |   | 2 | 3 | 8 |   |
| 1 | 7 | 3 | 8 | 4 | 5 | 6 | 2 | 9 |
|   | 2 | 8 | 6 |   |   |   |   | 7 |
|   |   |   | 9 | 8 |   |   |   |   |
|   | 5 |   |   |   |   |   | 9 | 3 |
| 8 |   |   |   |   | 7 |   |   |   |

**Puzzle 28**

|   |   | 6 | 4 |   | 9 |   | 3 |   |
|---|---|---|---|---|---|---|---|---|
|   |   |   | 2 | 3 |   |   |   | 8 |
|   | 7 |   |   | 8 |   |   | 9 |   |
| 1 | 8 | 7 |   | 6 |   |   |   |   |
| 9 |   |   |   |   |   |   |   | 6 |
|   |   |   |   | 9 |   | 1 | 8 | 5 |
|   | 1 |   |   | 5 |   |   | 6 |   |
| 2 |   |   | 7 | 3 |   |   |   |   |
|   | 3 |   | 9 |   |   | 6 | 4 |   |

**Puzzle 29**

| 8 |   |   |   | 1 |   |   |   | 3 |
|---|---|---|---|---|---|---|---|---|
|   | 4 |   |   | 3 |   | 9 |   | 5 |
|   | 7 |   | 2 |   |   |   | 4 |   |
| 9 |   |   |   | 7 |   |   | 3 |   |
|   | 6 |   | 3 |   | 1 |   | 9 |   |
|   | 3 |   |   | 5 |   |   |   | 7 |
|   | 8 |   |   |   | 3 |   | 5 |   |
| 5 |   | 4 |   | 8 |   |   | 6 |   |
| 3 |   |   |   | 2 |   |   |   | 1 |

**Puzzle 30**

|   | 7 |   |   | 6 |   |   |   |   |
|---|---|---|---|---|---|---|---|---|
| 6 |   |   |   |   | 3 |   | 4 | 1 |
| 9 |   | 3 | 5 |   |   |   | 6 |   |
| 3 |   |   | 9 | 4 |   |   | 7 |   |
|   |   | 4 |   | 2 |   | 3 |   |   |
|   | 9 |   |   | 3 | 8 |   |   | 4 |
|   | 2 |   |   |   | 6 | 7 |   | 5 |
| 8 | 3 |   | 1 |   |   |   |   | 6 |
|   |   |   |   | 5 |   |   | 8 |   |

**Puzzle 31**

|   | 7 |   |   |   | 1 | 4 |   |   |
|---|---|---|---|---|---|---|---|---|
|   | 6 | 8 | 2 | 5 |   | 7 |   |   |
| 1 |   |   |   |   |   | 6 | 2 |   |
|   | 4 |   |   | 7 |   | 1 | 8 |   |
|   |   |   |   |   |   |   |   |   |
|   | 5 | 7 |   | 6 |   |   | 9 |   |
|   | 9 | 4 |   |   |   |   |   | 1 |
|   |   | 1 |   | 4 | 9 | 5 | 6 |   |
|   |   | 6 | 7 |   |   |   | 4 |   |

**Puzzle 32**

|   | 3 | 5 |   | 2 |   |   |   | 1 |
|---|---|---|---|---|---|---|---|---|
| 4 |   |   | 5 |   | 1 | 9 |   | 7 |
|   |   |   |   |   |   |   |   | 2 |
|   |   |   |   | 5 |   | 3 |   |   |
| 3 | 6 | 4 |   | 9 |   | 2 | 8 | 5 |
|   |   | 1 |   | 6 |   |   |   |   |
| 6 |   |   |   |   |   |   |   |   |
| 5 |   | 9 | 4 |   | 6 |   |   | 8 |
| 8 |   |   |   | 1 |   | 6 | 7 |   |

**Puzzle 33**

| | | | 2 | | | 3 | | 9 |
|---|---|---|---|---|---|---|---|---|
| | | | | 9 | | 6 | | 8 |
| | | | 3 | | 4 | | 2 | 7 |
| | 8 | | 1 | | | | | 4 |
| | 7 | 4 | | | | 8 | 1 | |
| 6 | | | | | 2 | | 9 | |
| 1 | 5 | | 9 | | 7 | | | |
| 8 | | 2 | | 1 | | | | |
| 4 | | 7 | | | 8 | | | |

**Puzzle 34**

| | 5 | | 7 | 9 | | | | |
|---|---|---|---|---|---|---|---|---|
| 8 | 7 | | | 2 | 1 | | | |
| 2 | | 9 | | | | | | |
| 1 | | 8 | 6 | | | 2 | | |
| 7 | 2 | | | | | | 6 | 4 |
| | | 4 | | | 2 | 7 | | 8 |
| | | | | | | 6 | | 3 |
| | | | 4 | 6 | | | 7 | 9 |
| | | | | 7 | 3 | | 8 | |

**Puzzle 35**

| | | 8 | | 7 | | | 1 | |
|---|---|---|---|---|---|---|---|---|
| | | 7 | 3 | | 2 | | 8 | |
| | | | 8 | 9 | 1 | | | |
| 2 | | | | 6 | | | | 5 |
| | | 4 | 9 | | 3 | 1 | | |
| 6 | | | | 8 | | | | 4 |
| | | | 7 | 3 | 9 | | | |
| | 3 | | 5 | | 6 | 9 | | |
| | 4 | | | 1 | | 5 | | |

**Puzzle 36**

| | 9 | | | | 6 | | 8 | 2 |
|---|---|---|---|---|---|---|---|---|
| | | 6 | | | 9 | | | 4 |
| | | | 4 | 3 | | | 1 | |
| 5 | | | 6 | | | | | |
| | 4 | 1 | 2 | | 5 | 8 | 3 | |
| | | | | | 1 | | | 7 |
| | 1 | | | 6 | 8 | | | |
| 7 | | | 5 | | | 1 | | |
| 9 | 2 | | 3 | | | | 6 | |

**Puzzle 37**

| | | | | | 8 | 6 | 4 | |
|---|---|---|---|---|---|---|---|---|
| 8 | 4 | 2 | 3 | 6 | | | | |
| 1 | | 7 | | | | | 3 | |
| | 1 | | | 5 | 3 | | | |
| | 3 | | | | | | 6 | |
| | | | 1 | 2 | | | 7 | |
| | 7 | | | | | 1 | | 9 |
| | | | | 7 | 5 | 4 | 2 | 6 |
| | 2 | 6 | 4 | | | | | |

**Puzzle 38**

| 8 | | | | | | | | 4 |
|---|---|---|---|---|---|---|---|---|
| | | | | 1 | 7 | 2 | | |
| 6 | | | 8 | 4 | | 3 | 7 | |
| 2 | | 8 | | 3 | 9 | | | |
| | 6 | | | | | | 8 | |
| | | | 4 | 8 | | 1 | | 3 |
| | 7 | 2 | | 6 | 4 | | | 5 |
| | 3 | | 5 | 9 | | | | |
| 5 | | | | | | | | 1 |

**Puzzle 39**

| | | | 5 | | | | 2 | 8 |
|---|---|---|---|---|---|---|---|---|
| | | | | 8 | 7 | 3 | 4 | 1 |
| | | | | | | 9 | | |
| 7 | 6 | 1 | 8 | | | 4 | | |
| 5 | | | | | | | | 6 |
| | | 9 | | | 6 | 1 | 5 | 7 |
| | | 5 | | | | | | |
| 4 | 1 | 6 | 2 | 5 | | | | |
| 9 | 7 | | | | 1 | | | |

**Puzzle 40**

| 1 | | | | | | | | 5 |
|---|---|---|---|---|---|---|---|---|
| | 5 | 2 | 9 | | 6 | | 8 | |
| | 9 | | | 1 | | 3 | | |
| 9 | 6 | | 7 | | | 4 | | |
| | | | 8 | | 2 | | | |
| | | 3 | | | 4 | | 5 | 8 |
| | | 9 | | 7 | | | 1 | |
| | 4 | | 3 | | 9 | 8 | 7 | |
| 7 | | | | | | | | 3 |

**Puzzle 41**

| | 8 | 1 | | | | | 5 | 6 |
|---|---|---|---|---|---|---|---|---|
| | 7 | | | 5 | | | | |
| 2 | | | 6 | | 3 | 1 | | |
| 4 | | | | 2 | | | | |
| 1 | 3 | | 7 | | 5 | | 6 | 2 |
| | | | | 4 | | | | 9 |
| | | 4 | 8 | | 2 | | | 5 |
| | | | | 1 | | | 2 | |
| 5 | 1 | | | | | 6 | 8 | |

**Puzzle 42**

| | | 8 | 1 | | | | 3 | |
|---|---|---|---|---|---|---|---|---|
| | 6 | | 2 | 4 | 3 | 8 | 9 | |
| | | 7 | | 5 | | 6 | | |
| | | | 7 | | | | 5 | |
| 8 | | | | | | | | 9 |
| | 3 | | | | 4 | | | |
| | | 6 | | 2 | | 9 | | |
| | 9 | 3 | 4 | 8 | 1 | | 7 | |
| | 8 | | | | 5 | 4 | | |

**Puzzle 43**

| 4 | | | 8 | 6 | | | | |
|---|---|---|---|---|---|---|---|---|
| 2 | | 7 | | | 1 | | | |
| 6 | | | | 5 | | 3 | | |
| | | 1 | 6 | 2 | 8 | | 9 | |
| 9 | | | | | | | | 3 |
| | 6 | | 7 | 9 | 3 | 2 | | |
| | | 9 | | 1 | | | | 6 |
| | | | 3 | | | 5 | | 4 |
| | | | | 8 | 6 | | | 2 |

**Puzzle 44**

| | | | | | | | 2 | 7 |
|---|---|---|---|---|---|---|---|---|
| | | 1 | | | 3 | | | 5 |
| | 2 | | 6 | 5 | 9 | 8 | | |
| | | | | 1 | 5 | | 4 | |
| | | 5 | 9 | 4 | 2 | 6 | | |
| | 4 | | | 3 | 6 | | | |
| | | 4 | 5 | 9 | 6 | | 8 | |
| 9 | | | | 4 | | | 1 | |
| 5 | 7 | | | | | | | |

**Puzzle 45**

| 5 |   |   | 9 |   |   |   | 6 | 2 |
|---|---|---|---|---|---|---|---|---|
|   | 9 | 1 |   | 2 | 6 | 7 |   |   |
|   |   |   | 1 |   |   |   |   |   |
|   |   |   |   |   | 8 |   | 2 |   |
| 1 |   | 6 | 2 |   | 4 | 9 |   | 7 |
|   | 5 |   | 3 |   |   |   |   |   |
|   |   |   |   |   | 2 |   |   |   |
|   |   | 2 | 4 | 3 |   | 6 | 7 |   |
| 4 | 6 |   |   |   | 9 |   |   | 8 |

**Puzzle 46**

|   | 9 |   |   | 4 | 5 | 8 |   |   |
|---|---|---|---|---|---|---|---|---|
| 3 |   |   | 8 |   |   |   |   |   |
|   |   | 8 | 9 |   | 7 | 5 | 2 |   |
| 6 |   |   |   | 1 |   |   |   | 8 |
|   |   | 1 |   |   |   | 3 |   |   |
| 4 |   |   |   | 9 |   |   |   | 5 |
|   | 6 | 4 | 2 |   | 3 | 7 |   |   |
|   |   |   |   |   | 9 |   |   | 3 |
|   |   | 3 | 6 | 5 |   |   | 8 |   |

**Puzzle 47**

|   | 6 | 9 | 7 |   |   |   |   |   |
|---|---|---|---|---|---|---|---|---|
| 8 |   |   |   |   |   | 6 | 7 |   |
|   |   | 3 | 8 | 6 | 4 | 5 |   |   |
|   | 9 | 5 |   | 7 |   |   |   |   |
|   |   | 7 |   |   |   | 8 |   |   |
|   |   |   |   | 9 |   | 7 | 2 |   |
|   |   | 1 | 6 | 3 | 7 | 4 |   |   |
|   | 4 | 8 |   |   |   |   |   | 7 |
|   |   |   |   |   | 9 | 1 | 3 |   |

**Puzzle 48**

| 8 |   |   | 9 |   |   |   | 7 |   |
|---|---|---|---|---|---|---|---|---|
|   |   | 5 |   | 1 |   | 4 |   |   |
|   |   | 1 |   | 8 | 6 | 9 |   |   |
|   |   |   |   |   | 2 |   | 9 | 7 |
| 7 |   | 2 |   |   |   | 1 |   | 6 |
| 3 | 6 |   | 1 |   |   |   |   |   |
|   |   | 8 | 7 | 5 |   | 6 |   |   |
|   |   | 7 |   | 4 |   | 2 |   |   |
|   | 9 |   |   |   | 8 |   |   | 4 |

**Puzzle 49**

| | 9 | | 8 | | 5 | | 4 | |
|---|---|---|---|---|---|---|---|---|
| 4 | | | | | 2 | 9 | | |
| | 2 | 3 | | 1 | | | | 6 |
| | | | 1 | 7 | | 5 | | |
| 9 | | | | | | | | 1 |
| | | 7 | | 2 | 9 | | | |
| 6 | | | | 9 | | 4 | 2 | |
| | | 8 | 6 | | | | | 9 |
| | 4 | | 2 | | 1 | | 6 | |

**Puzzle 50**

| | | | | | | | | |
|---|---|---|---|---|---|---|---|---|
| | 3 | 5 | 7 | | 9 | 4 | | |
| | 7 | | 5 | 2 | | | 9 | 6 |
| | | 2 | 8 | | | | 6 | 4 |
| | 4 | | | | | | 8 | |
| 3 | 6 | | | | 4 | 1 | | |
| 5 | 1 | | | 6 | 2 | | 3 | |
| | | 6 | 3 | | 5 | 9 | 1 | |
| | | | | | | | | |

**Puzzle 1**

| 2 | 9 | 5 | 8 | 3 | 7 | 4 | 1 | 6 |
| 3 | 6 | 4 | 9 | 5 | 1 | 2 | 8 | 7 |
| 8 | 1 | 7 | 6 | 2 | 4 | 9 | 5 | 3 |
| 5 | 4 | 9 | 3 | 6 | 8 | 1 | 7 | 2 |
| 6 | 2 | 1 | 7 | 4 | 5 | 8 | 3 | 9 |
| 7 | 3 | 8 | 2 | 1 | 9 | 5 | 6 | 4 |
| 9 | 5 | 6 | 4 | 8 | 3 | 7 | 2 | 1 |
| 1 | 7 | 2 | 5 | 9 | 6 | 3 | 4 | 8 |
| 4 | 8 | 3 | 1 | 7 | 2 | 6 | 9 | 5 |

**Puzzle 2**

| 7 | 2 | 4 | 8 | 3 | 9 | 1 | 5 | 6 |
| 5 | 8 | 1 | 7 | 2 | 6 | 4 | 3 | 9 |
| 3 | 6 | 9 | 5 | 4 | 1 | 2 | 7 | 8 |
| 1 | 9 | 5 | 6 | 7 | 8 | 3 | 2 | 4 |
| 2 | 3 | 6 | 1 | 9 | 4 | 7 | 8 | 5 |
| 4 | 7 | 8 | 3 | 5 | 2 | 6 | 9 | 1 |
| 8 | 1 | 7 | 9 | 6 | 3 | 5 | 4 | 2 |
| 9 | 5 | 2 | 4 | 1 | 7 | 8 | 6 | 3 |
| 6 | 4 | 3 | 2 | 8 | 5 | 9 | 1 | 7 |

**Puzzle 3**

| 6 | 4 | 3 | 1 | 9 | 8 | 7 | 5 | 2 |
| 9 | 7 | 2 | 6 | 5 | 3 | 8 | 4 | 1 |
| 5 | 1 | 8 | 4 | 7 | 2 | 3 | 9 | 6 |
| 1 | 2 | 5 | 3 | 6 | 7 | 9 | 8 | 4 |
| 3 | 9 | 4 | 8 | 2 | 1 | 5 | 6 | 7 |
| 7 | 8 | 6 | 9 | 4 | 5 | 2 | 1 | 3 |
| 2 | 5 | 9 | 7 | 1 | 4 | 6 | 3 | 8 |
| 4 | 3 | 7 | 5 | 8 | 6 | 1 | 2 | 9 |
| 8 | 6 | 1 | 2 | 3 | 9 | 4 | 7 | 5 |

**Puzzle 4**

| 3 | 8 | 4 | 2 | 9 | 6 | 7 | 1 | 5 |
| 9 | 7 | 6 | 1 | 5 | 3 | 8 | 4 | 2 |
| 5 | 2 | 1 | 7 | 4 | 8 | 3 | 9 | 6 |
| 4 | 5 | 8 | 6 | 7 | 1 | 2 | 3 | 9 |
| 1 | 9 | 7 | 3 | 2 | 4 | 6 | 5 | 8 |
| 6 | 3 | 2 | 5 | 8 | 9 | 1 | 7 | 4 |
| 7 | 6 | 9 | 4 | 3 | 2 | 5 | 8 | 1 |
| 8 | 1 | 5 | 9 | 6 | 7 | 4 | 2 | 3 |
| 2 | 4 | 3 | 8 | 1 | 5 | 9 | 6 | 7 |

**Puzzle 5**

| 4 | 8 | 9 | 1 | 2 | 7 | 3 | 5 | 6 |
| 5 | 2 | 7 | 6 | 3 | 8 | 4 | 9 | 1 |
| 1 | 3 | 6 | 4 | 9 | 5 | 7 | 2 | 8 |
| 3 | 4 | 5 | 9 | 6 | 2 | 1 | 8 | 7 |
| 8 | 9 | 1 | 3 | 7 | 4 | 2 | 6 | 5 |
| 6 | 7 | 2 | 8 | 5 | 1 | 9 | 3 | 4 |
| 2 | 5 | 4 | 7 | 8 | 3 | 6 | 1 | 9 |
| 9 | 1 | 8 | 2 | 4 | 6 | 5 | 7 | 3 |
| 7 | 6 | 3 | 5 | 1 | 9 | 8 | 4 | 2 |

**Puzzle 6**

| 4 | 5 | 8 | 2 | 3 | 9 | 1 | 6 | 7 |
| 6 | 2 | 7 | 4 | 1 | 8 | 5 | 9 | 3 |
| 9 | 1 | 3 | 5 | 6 | 7 | 4 | 2 | 8 |
| 3 | 6 | 5 | 1 | 9 | 4 | 8 | 7 | 2 |
| 8 | 9 | 4 | 7 | 2 | 3 | 6 | 5 | 1 |
| 1 | 7 | 2 | 8 | 5 | 6 | 3 | 4 | 9 |
| 7 | 8 | 6 | 9 | 4 | 1 | 2 | 3 | 5 |
| 5 | 3 | 9 | 6 | 8 | 2 | 7 | 1 | 4 |
| 2 | 4 | 1 | 3 | 7 | 5 | 9 | 8 | 6 |

**Puzzle 7**

| 2 | 6 | 4 | 3 | 1 | 9 | 8 | 5 | 7 |
| 5 | 7 | 9 | 6 | 8 | 2 | 1 | 3 | 4 |
| 8 | 3 | 1 | 5 | 4 | 7 | 9 | 2 | 6 |
| 9 | 4 | 6 | 8 | 3 | 1 | 2 | 7 | 5 |
| 7 | 1 | 2 | 9 | 5 | 6 | 3 | 4 | 8 |
| 3 | 5 | 8 | 7 | 2 | 4 | 6 | 1 | 9 |
| 4 | 9 | 7 | 1 | 6 | 3 | 5 | 8 | 2 |
| 1 | 2 | 5 | 4 | 9 | 8 | 7 | 6 | 3 |
| 6 | 8 | 3 | 2 | 7 | 5 | 4 | 9 | 1 |

**Puzzle 8**

| 4 | 6 | 1 | 8 | 2 | 5 | 7 | 3 | 9 |
| 3 | 8 | 9 | 7 | 1 | 6 | 4 | 5 | 2 |
| 2 | 5 | 7 | 4 | 9 | 3 | 1 | 8 | 6 |
| 8 | 7 | 2 | 3 | 6 | 4 | 5 | 9 | 1 |
| 9 | 3 | 6 | 5 | 7 | 1 | 8 | 2 | 4 |
| 1 | 4 | 5 | 9 | 8 | 2 | 6 | 7 | 3 |
| 5 | 9 | 3 | 6 | 4 | 8 | 2 | 1 | 7 |
| 6 | 1 | 8 | 2 | 3 | 7 | 9 | 4 | 5 |
| 7 | 2 | 4 | 1 | 5 | 9 | 3 | 6 | 8 |

**Puzzle 9**

| 3 | 5 | 8 | 2 | 1 | 7 | 4 | 9 | 6 |
| 1 | 6 | 9 | 3 | 8 | 4 | 7 | 2 | 5 |
| 7 | 4 | 2 | 9 | 5 | 6 | 1 | 8 | 3 |
| 9 | 8 | 7 | 4 | 3 | 2 | 6 | 5 | 1 |
| 5 | 1 | 4 | 8 | 6 | 9 | 2 | 3 | 7 |
| 6 | 2 | 3 | 1 | 7 | 5 | 8 | 4 | 9 |
| 4 | 3 | 6 | 5 | 2 | 1 | 9 | 7 | 8 |
| 2 | 7 | 5 | 6 | 9 | 8 | 3 | 1 | 4 |
| 8 | 9 | 1 | 7 | 4 | 3 | 5 | 6 | 2 |

**Puzzle 10**

| 6 | 1 | 3 | 4 | 9 | 7 | 2 | 5 | 8 |
| 7 | 4 | 8 | 5 | 2 | 6 | 1 | 9 | 3 |
| 5 | 2 | 9 | 8 | 1 | 3 | 7 | 4 | 6 |
| 2 | 3 | 5 | 6 | 4 | 9 | 8 | 7 | 1 |
| 8 | 9 | 6 | 3 | 7 | 1 | 4 | 2 | 5 |
| 4 | 7 | 1 | 2 | 8 | 5 | 6 | 3 | 9 |
| 1 | 8 | 2 | 9 | 3 | 4 | 5 | 6 | 7 |
| 3 | 6 | 7 | 1 | 5 | 2 | 9 | 8 | 4 |
| 9 | 5 | 4 | 7 | 6 | 8 | 3 | 1 | 2 |

**Puzzle 11**

| 8 | 3 | 1 | 6 | 2 | 9 | 7 | 5 | 4 |
| 4 | 2 | 7 | 3 | 1 | 5 | 8 | 9 | 6 |
| 6 | 9 | 5 | 7 | 4 | 8 | 2 | 3 | 1 |
| 2 | 6 | 3 | 8 | 9 | 4 | 5 | 1 | 7 |
| 1 | 7 | 4 | 2 | 5 | 3 | 9 | 6 | 8 |
| 5 | 8 | 9 | 1 | 7 | 6 | 3 | 4 | 2 |
| 9 | 5 | 6 | 4 | 8 | 7 | 1 | 2 | 3 |
| 3 | 1 | 8 | 5 | 6 | 2 | 4 | 7 | 9 |
| 7 | 4 | 2 | 9 | 3 | 1 | 6 | 8 | 5 |

**Puzzle 12**

| 4 | 6 | 8 | 5 | 2 | 7 | 3 | 1 | 9 |
| 9 | 7 | 3 | 6 | 1 | 8 | 5 | 2 | 4 |
| 2 | 5 | 1 | 9 | 4 | 3 | 8 | 7 | 6 |
| 7 | 3 | 4 | 8 | 9 | 2 | 6 | 5 | 1 |
| 6 | 8 | 9 | 7 | 5 | 1 | 2 | 4 | 3 |
| 1 | 2 | 5 | 4 | 3 | 6 | 7 | 9 | 8 |
| 3 | 4 | 6 | 2 | 7 | 9 | 1 | 8 | 5 |
| 5 | 1 | 7 | 3 | 8 | 4 | 9 | 6 | 2 |
| 8 | 9 | 2 | 1 | 6 | 5 | 4 | 3 | 7 |

**Puzzle 13**

| 4 | 6 | 5 | 3 | 1 | 2 | 9 | 8 | 7 |
|---|---|---|---|---|---|---|---|---|
| 3 | 1 | 7 | 8 | 6 | 9 | 5 | 2 | 4 |
| 9 | 2 | 8 | 5 | 4 | 7 | 1 | 3 | 6 |
| 7 | 4 | 2 | 9 | 3 | 1 | 6 | 5 | 8 |
| 6 | 3 | 9 | 4 | 8 | 5 | 7 | 1 | 2 |
| 8 | 5 | 1 | 7 | 2 | 6 | 4 | 9 | 3 |
| 2 | 9 | 6 | 1 | 7 | 3 | 8 | 4 | 5 |
| 1 | 8 | 3 | 6 | 5 | 4 | 2 | 7 | 9 |
| 5 | 7 | 4 | 2 | 9 | 8 | 3 | 6 | 1 |

**Puzzle 14**

| 4 | 5 | 7 | 2 | 3 | 9 | 1 | 8 | 6 |
|---|---|---|---|---|---|---|---|---|
| 9 | 6 | 1 | 8 | 7 | 4 | 3 | 2 | 5 |
| 2 | 3 | 8 | 6 | 5 | 1 | 9 | 7 | 4 |
| 3 | 7 | 6 | 9 | 2 | 5 | 4 | 1 | 8 |
| 5 | 8 | 9 | 1 | 4 | 3 | 7 | 6 | 2 |
| 1 | 4 | 2 | 7 | 6 | 8 | 5 | 9 | 3 |
| 6 | 2 | 4 | 3 | 1 | 7 | 8 | 5 | 9 |
| 7 | 9 | 5 | 4 | 8 | 6 | 2 | 3 | 1 |
| 8 | 1 | 3 | 5 | 9 | 2 | 6 | 4 | 7 |

**Puzzle 15**

| 3 | 9 | 5 | 1 | 6 | 4 | 7 | 8 | 2 |
|---|---|---|---|---|---|---|---|---|
| 2 | 6 | 7 | 8 | 9 | 5 | 1 | 3 | 4 |
| 1 | 8 | 4 | 7 | 2 | 3 | 5 | 9 | 6 |
| 5 | 4 | 2 | 3 | 8 | 9 | 6 | 1 | 7 |
| 9 | 1 | 3 | 6 | 7 | 2 | 8 | 4 | 5 |
| 6 | 7 | 8 | 5 | 4 | 1 | 3 | 2 | 9 |
| 4 | 3 | 6 | 9 | 5 | 8 | 2 | 7 | 1 |
| 8 | 5 | 9 | 2 | 1 | 7 | 4 | 6 | 3 |
| 7 | 2 | 1 | 4 | 3 | 6 | 9 | 5 | 8 |

**Puzzle 16**

| 4 | 7 | 6 | 8 | 3 | 5 | 2 | 9 | 1 |
|---|---|---|---|---|---|---|---|---|
| 5 | 9 | 2 | 6 | 7 | 1 | 8 | 4 | 3 |
| 8 | 1 | 3 | 2 | 9 | 4 | 5 | 7 | 6 |
| 2 | 5 | 7 | 4 | 8 | 3 | 6 | 1 | 9 |
| 3 | 4 | 8 | 1 | 6 | 9 | 7 | 2 | 5 |
| 9 | 6 | 1 | 5 | 2 | 7 | 3 | 8 | 4 |
| 1 | 3 | 4 | 7 | 5 | 2 | 9 | 6 | 8 |
| 6 | 2 | 9 | 3 | 1 | 8 | 4 | 5 | 7 |
| 7 | 8 | 5 | 9 | 4 | 6 | 1 | 3 | 2 |

**Puzzle 17**

| 3 | 9 | 2 | 1 | 7 | 5 | 8 | 6 | 4 |
|---|---|---|---|---|---|---|---|---|
| 6 | 5 | 1 | 8 | 9 | 4 | 3 | 7 | 2 |
| 7 | 4 | 8 | 2 | 6 | 3 | 5 | 9 | 1 |
| 5 | 3 | 9 | 4 | 8 | 7 | 2 | 1 | 6 |
| 4 | 2 | 6 | 9 | 3 | 1 | 7 | 8 | 5 |
| 1 | 8 | 7 | 6 | 5 | 2 | 4 | 3 | 9 |
| 8 | 1 | 4 | 7 | 2 | 6 | 9 | 5 | 3 |
| 9 | 6 | 3 | 5 | 4 | 8 | 1 | 2 | 7 |
| 2 | 7 | 5 | 3 | 1 | 9 | 6 | 4 | 8 |

**Puzzle 18**

| 5 | 9 | 6 | 2 | 4 | 1 | 7 | 8 | 3 |
|---|---|---|---|---|---|---|---|---|
| 2 | 4 | 1 | 7 | 3 | 8 | 9 | 5 | 6 |
| 3 | 7 | 8 | 9 | 6 | 5 | 2 | 1 | 4 |
| 7 | 5 | 3 | 8 | 9 | 4 | 1 | 6 | 2 |
| 9 | 8 | 4 | 1 | 2 | 6 | 5 | 3 | 7 |
| 1 | 6 | 2 | 3 | 5 | 7 | 4 | 9 | 8 |
| 6 | 2 | 7 | 5 | 8 | 9 | 3 | 4 | 1 |
| 4 | 1 | 5 | 6 | 7 | 3 | 8 | 2 | 9 |
| 8 | 3 | 9 | 4 | 1 | 2 | 6 | 7 | 5 |

**Puzzle 19**

| 8 | 2 | 3 | 6 | 4 | 5 | 7 | 9 | 1 |
|---|---|---|---|---|---|---|---|---|
| 6 | 7 | 4 | 1 | 9 | 3 | 5 | 2 | 8 |
| 9 | 5 | 1 | 7 | 8 | 2 | 4 | 3 | 6 |
| 4 | 3 | 8 | 5 | 1 | 9 | 2 | 6 | 7 |
| 5 | 1 | 6 | 3 | 2 | 7 | 9 | 8 | 4 |
| 7 | 9 | 2 | 8 | 6 | 4 | 3 | 1 | 5 |
| 2 | 8 | 9 | 4 | 7 | 1 | 6 | 5 | 3 |
| 1 | 4 | 5 | 9 | 3 | 6 | 8 | 7 | 2 |
| 3 | 6 | 7 | 2 | 5 | 8 | 1 | 4 | 9 |

**Puzzle 20**

| 6 | 4 | 9 | 7 | 2 | 3 | 8 | 5 | 1 |
|---|---|---|---|---|---|---|---|---|
| 2 | 3 | 8 | 5 | 1 | 9 | 7 | 6 | 4 |
| 7 | 5 | 1 | 8 | 4 | 6 | 2 | 9 | 3 |
| 3 | 2 | 5 | 1 | 9 | 8 | 4 | 7 | 6 |
| 1 | 6 | 7 | 2 | 5 | 4 | 3 | 8 | 9 |
| 8 | 9 | 4 | 6 | 3 | 7 | 1 | 2 | 5 |
| 5 | 1 | 6 | 4 | 7 | 2 | 9 | 3 | 8 |
| 9 | 8 | 2 | 3 | 6 | 1 | 5 | 4 | 7 |
| 4 | 7 | 3 | 9 | 8 | 5 | 6 | 1 | 2 |

**Puzzle 21**

| 6 | 4 | 1 | 8 | 3 | 7 | 5 | 2 | 9 |
|---|---|---|---|---|---|---|---|---|
| 3 | 9 | 7 | 6 | 2 | 5 | 8 | 1 | 4 |
| 2 | 5 | 8 | 9 | 4 | 1 | 6 | 7 | 3 |
| 8 | 6 | 3 | 4 | 7 | 9 | 1 | 5 | 2 |
| 4 | 7 | 5 | 3 | 1 | 2 | 9 | 6 | 8 |
| 9 | 1 | 2 | 5 | 8 | 6 | 3 | 4 | 7 |
| 7 | 2 | 6 | 1 | 9 | 8 | 4 | 3 | 5 |
| 1 | 8 | 4 | 2 | 5 | 3 | 7 | 9 | 6 |
| 5 | 3 | 9 | 7 | 6 | 4 | 2 | 8 | 1 |

**Puzzle 22**

| 7 | 5 | 2 | 3 | 1 | 6 | 8 | 4 | 9 |
|---|---|---|---|---|---|---|---|---|
| 4 | 3 | 6 | 8 | 9 | 5 | 7 | 2 | 1 |
| 8 | 1 | 9 | 7 | 4 | 2 | 6 | 5 | 3 |
| 9 | 4 | 8 | 6 | 3 | 7 | 2 | 1 | 5 |
| 6 | 2 | 1 | 9 | 5 | 8 | 4 | 3 | 7 |
| 3 | 7 | 5 | 1 | 2 | 4 | 9 | 6 | 8 |
| 2 | 8 | 4 | 5 | 7 | 1 | 3 | 9 | 6 |
| 1 | 9 | 7 | 4 | 6 | 3 | 5 | 8 | 2 |
| 5 | 6 | 3 | 2 | 8 | 9 | 1 | 7 | 4 |

**Puzzle 23**

| 9 | 8 | 3 | 2 | 7 | 4 | 1 | 6 | 5 |
|---|---|---|---|---|---|---|---|---|
| 1 | 6 | 4 | 8 | 5 | 9 | 3 | 7 | 2 |
| 7 | 5 | 2 | 1 | 3 | 6 | 4 | 8 | 9 |
| 5 | 9 | 7 | 6 | 4 | 2 | 8 | 3 | 1 |
| 2 | 3 | 1 | 5 | 8 | 7 | 9 | 4 | 6 |
| 6 | 4 | 8 | 9 | 1 | 3 | 5 | 2 | 7 |
| 3 | 7 | 6 | 4 | 9 | 1 | 2 | 5 | 8 |
| 8 | 2 | 9 | 3 | 6 | 5 | 7 | 1 | 4 |
| 4 | 1 | 5 | 7 | 2 | 8 | 6 | 9 | 3 |

**Puzzle 24**

| 4 | 7 | 8 | 1 | 5 | 6 | 9 | 3 | 2 |
|---|---|---|---|---|---|---|---|---|
| 6 | 2 | 1 | 9 | 4 | 3 | 7 | 5 | 8 |
| 9 | 3 | 5 | 8 | 2 | 7 | 1 | 6 | 4 |
| 1 | 8 | 2 | 6 | 7 | 5 | 4 | 9 | 3 |
| 5 | 9 | 3 | 4 | 1 | 8 | 2 | 7 | 6 |
| 7 | 6 | 4 | 2 | 3 | 9 | 8 | 1 | 5 |
| 3 | 5 | 9 | 7 | 8 | 2 | 6 | 4 | 1 |
| 8 | 4 | 7 | 3 | 6 | 1 | 5 | 2 | 9 |
| 2 | 1 | 6 | 5 | 9 | 4 | 3 | 8 | 7 |

**Puzzle 25**

| 9 | 2 | 7 | 4 | 6 | 3 | 8 | 1 | 5 |
|---|---|---|---|---|---|---|---|---|
| 6 | 5 | 1 | 9 | 8 | 2 | 4 | 3 | 7 |
| 8 | 4 | 3 | 5 | 7 | 1 | 9 | 2 | 6 |
| 7 | 9 | 5 | 6 | 3 | 8 | 2 | 4 | 1 |
| 3 | 1 | 6 | 2 | 4 | 5 | 7 | 8 | 9 |
| 2 | 8 | 4 | 1 | 9 | 7 | 6 | 5 | 3 |
| 4 | 6 | 8 | 3 | 5 | 9 | 1 | 7 | 2 |
| 5 | 7 | 2 | 8 | 1 | 6 | 3 | 9 | 4 |
| 1 | 3 | 9 | 7 | 2 | 4 | 5 | 6 | 8 |

**Puzzle 26**

| 1 | 5 | 4 | 3 | 2 | 6 | 8 | 9 | 7 |
|---|---|---|---|---|---|---|---|---|
| 6 | 9 | 8 | 5 | 4 | 7 | 3 | 1 | 2 |
| 2 | 7 | 3 | 9 | 8 | 1 | 4 | 6 | 5 |
| 8 | 4 | 9 | 6 | 5 | 2 | 1 | 7 | 3 |
| 3 | 6 | 5 | 7 | 1 | 8 | 9 | 2 | 4 |
| 7 | 2 | 1 | 4 | 9 | 3 | 6 | 5 | 8 |
| 4 | 3 | 6 | 2 | 7 | 9 | 5 | 8 | 1 |
| 5 | 1 | 7 | 8 | 6 | 4 | 2 | 3 | 9 |
| 9 | 8 | 2 | 1 | 3 | 5 | 7 | 4 | 6 |

**Puzzle 27**

| 4 | 9 | 1 | 3 | 6 | 8 | 2 | 7 | 5 |
|---|---|---|---|---|---|---|---|---|
| 3 | 6 | 2 | 5 | 7 | 9 | 4 | 1 | 8 |
| 5 | 8 | 7 | 2 | 1 | 4 | 9 | 3 | 6 |
| 6 | 4 | 5 | 7 | 9 | 2 | 3 | 8 | 1 |
| 1 | 7 | 3 | 8 | 4 | 5 | 6 | 2 | 9 |
| 9 | 2 | 8 | 6 | 3 | 1 | 5 | 4 | 7 |
| 2 | 1 | 6 | 9 | 8 | 3 | 7 | 5 | 4 |
| 7 | 5 | 4 | 1 | 2 | 6 | 8 | 9 | 3 |
| 8 | 3 | 9 | 4 | 5 | 7 | 1 | 6 | 2 |

**Puzzle 28**

| 8 | 2 | 6 | 4 | 7 | 9 | 5 | 3 | 1 |
|---|---|---|---|---|---|---|---|---|
| 5 | 9 | 4 | 1 | 2 | 3 | 6 | 7 | 8 |
| 3 | 7 | 1 | 6 | 8 | 5 | 2 | 9 | 4 |
| 1 | 8 | 7 | 5 | 6 | 2 | 9 | 4 | 3 |
| 9 | 5 | 3 | 8 | 4 | 1 | 7 | 2 | 6 |
| 6 | 4 | 2 | 3 | 9 | 7 | 1 | 8 | 5 |
| 4 | 1 | 9 | 2 | 5 | 8 | 3 | 6 | 7 |
| 2 | 6 | 5 | 7 | 3 | 4 | 8 | 1 | 9 |
| 7 | 3 | 8 | 9 | 1 | 6 | 4 | 5 | 2 |

**Puzzle 29**

| 8 | 5 | 9 | 4 | 1 | 6 | 2 | 7 | 3 |
|---|---|---|---|---|---|---|---|---|
| 6 | 4 | 2 | 7 | 3 | 8 | 9 | 1 | 5 |
| 1 | 7 | 3 | 2 | 9 | 5 | 8 | 4 | 6 |
| 9 | 1 | 5 | 8 | 7 | 2 | 6 | 3 | 4 |
| 2 | 6 | 7 | 3 | 4 | 1 | 5 | 9 | 8 |
| 4 | 3 | 8 | 6 | 5 | 9 | 1 | 2 | 7 |
| 7 | 8 | 1 | 9 | 6 | 3 | 4 | 5 | 2 |
| 5 | 2 | 4 | 1 | 8 | 7 | 3 | 6 | 9 |
| 3 | 9 | 6 | 5 | 2 | 4 | 7 | 8 | 1 |

**Puzzle 30**

| 4 | 7 | 1 | 2 | 6 | 9 | 8 | 5 | 3 |
|---|---|---|---|---|---|---|---|---|
| 6 | 5 | 2 | 8 | 7 | 3 | 9 | 4 | 1 |
| 9 | 8 | 3 | 5 | 1 | 4 | 2 | 6 | 7 |
| 3 | 1 | 8 | 9 | 4 | 5 | 6 | 7 | 2 |
| 5 | 6 | 4 | 7 | 2 | 1 | 3 | 9 | 8 |
| 2 | 9 | 7 | 6 | 3 | 8 | 5 | 1 | 4 |
| 1 | 2 | 9 | 4 | 8 | 6 | 7 | 3 | 5 |
| 8 | 3 | 5 | 1 | 9 | 7 | 4 | 2 | 6 |
| 7 | 4 | 6 | 3 | 5 | 2 | 1 | 8 | 9 |

**Puzzle 31**

| 9 | 7 | 2 | 6 | 8 | 1 | 4 | 3 | 5 |
|---|---|---|---|---|---|---|---|---|
| 4 | 6 | 8 | 2 | 5 | 3 | 7 | 1 | 9 |
| 1 | 3 | 5 | 4 | 9 | 7 | 6 | 2 | 8 |
| 2 | 4 | 3 | 9 | 7 | 5 | 1 | 8 | 6 |
| 6 | 1 | 9 | 8 | 3 | 4 | 2 | 5 | 7 |
| 8 | 5 | 7 | 1 | 6 | 2 | 3 | 9 | 4 |
| 3 | 9 | 4 | 5 | 2 | 6 | 8 | 7 | 1 |
| 7 | 8 | 1 | 3 | 4 | 9 | 5 | 6 | 2 |
| 5 | 2 | 6 | 7 | 1 | 8 | 9 | 4 | 3 |

**Puzzle 32**

| 7 | 3 | 5 | 6 | 2 | 9 | 8 | 4 | 1 |
|---|---|---|---|---|---|---|---|---|
| 4 | 2 | 6 | 5 | 8 | 1 | 9 | 3 | 7 |
| 1 | 9 | 8 | 7 | 4 | 3 | 5 | 6 | 2 |
| 9 | 8 | 7 | 2 | 5 | 4 | 3 | 1 | 6 |
| 3 | 6 | 4 | 1 | 9 | 7 | 2 | 8 | 5 |
| 2 | 5 | 1 | 3 | 6 | 8 | 7 | 9 | 4 |
| 6 | 1 | 3 | 8 | 7 | 2 | 4 | 5 | 9 |
| 5 | 7 | 9 | 4 | 3 | 6 | 1 | 2 | 8 |
| 8 | 4 | 2 | 9 | 1 | 5 | 6 | 7 | 3 |

**Puzzle 33**

| 7 | 4 | 1 | 2 | 8 | 6 | 3 | 5 | 9 |
|---|---|---|---|---|---|---|---|---|
| 3 | 2 | 5 | 7 | 9 | 1 | 6 | 4 | 8 |
| 9 | 6 | 8 | 3 | 5 | 4 | 1 | 2 | 7 |
| 5 | 8 | 9 | 1 | 7 | 3 | 2 | 6 | 4 |
| 2 | 7 | 4 | 5 | 6 | 9 | 8 | 1 | 3 |
| 6 | 1 | 3 | 8 | 4 | 2 | 7 | 9 | 5 |
| 1 | 5 | 6 | 9 | 3 | 7 | 4 | 8 | 2 |
| 8 | 3 | 2 | 4 | 1 | 5 | 9 | 7 | 6 |
| 4 | 9 | 7 | 6 | 2 | 8 | 5 | 3 | 1 |

**Puzzle 34**

| 6 | 5 | 1 | 7 | 9 | 4 | 8 | 3 | 2 |
|---|---|---|---|---|---|---|---|---|
| 8 | 7 | 3 | 5 | 2 | 1 | 9 | 4 | 6 |
| 2 | 4 | 9 | 8 | 3 | 6 | 1 | 5 | 7 |
| 1 | 3 | 8 | 6 | 4 | 7 | 2 | 9 | 5 |
| 7 | 2 | 5 | 1 | 8 | 9 | 3 | 6 | 4 |
| 9 | 6 | 4 | 3 | 5 | 2 | 7 | 1 | 8 |
| 4 | 8 | 7 | 9 | 1 | 5 | 6 | 2 | 3 |
| 3 | 1 | 2 | 4 | 6 | 8 | 5 | 7 | 9 |
| 5 | 9 | 6 | 2 | 7 | 3 | 4 | 8 | 1 |

**Puzzle 35**

| 9 | 5 | 8 | 6 | 7 | 4 | 2 | 1 | 3 |
|---|---|---|---|---|---|---|---|---|
| 4 | 1 | 7 | 3 | 5 | 2 | 6 | 8 | 9 |
| 3 | 2 | 6 | 8 | 9 | 1 | 4 | 5 | 7 |
| 2 | 8 | 1 | 4 | 6 | 7 | 3 | 9 | 5 |
| 5 | 7 | 4 | 9 | 2 | 3 | 1 | 6 | 8 |
| 6 | 9 | 3 | 1 | 8 | 5 | 7 | 2 | 4 |
| 1 | 6 | 5 | 7 | 3 | 9 | 8 | 4 | 2 |
| 8 | 3 | 2 | 5 | 4 | 6 | 9 | 7 | 1 |
| 7 | 4 | 9 | 2 | 1 | 8 | 5 | 3 | 6 |

**Puzzle 36**

| 4 | 9 | 7 | 1 | 5 | 6 | 3 | 8 | 2 |
|---|---|---|---|---|---|---|---|---|
| 1 | 3 | 6 | 8 | 2 | 9 | 5 | 7 | 4 |
| 8 | 5 | 2 | 4 | 3 | 7 | 9 | 1 | 6 |
| 5 | 7 | 9 | 6 | 8 | 3 | 4 | 2 | 1 |
| 6 | 4 | 1 | 2 | 7 | 5 | 8 | 3 | 9 |
| 2 | 8 | 3 | 9 | 4 | 1 | 6 | 5 | 7 |
| 3 | 1 | 4 | 7 | 6 | 8 | 2 | 9 | 5 |
| 7 | 6 | 8 | 5 | 9 | 2 | 1 | 4 | 3 |
| 9 | 2 | 5 | 3 | 1 | 4 | 7 | 6 | 8 |

**Puzzle 37**

| 5 | 9 | 3 | 7 | 1 | 8 | 6 | 4 | 2 |
|---|---|---|---|---|---|---|---|---|
| 8 | 4 | 2 | 3 | 6 | 9 | 7 | 1 | 5 |
| 1 | 6 | 7 | 5 | 4 | 2 | 9 | 3 | 8 |
| 7 | 1 | 8 | 6 | 5 | 3 | 2 | 9 | 4 |
| 2 | 3 | 4 | 8 | 9 | 7 | 5 | 6 | 1 |
| 6 | 5 | 9 | 1 | 2 | 4 | 8 | 7 | 3 |
| 4 | 7 | 5 | 2 | 3 | 6 | 1 | 8 | 9 |
| 3 | 8 | 1 | 9 | 7 | 5 | 4 | 2 | 6 |
| 9 | 2 | 6 | 4 | 8 | 1 | 3 | 5 | 7 |

**Puzzle 38**

| 8 | 5 | 7 | 9 | 2 | 3 | 6 | 1 | 4 |
|---|---|---|---|---|---|---|---|---|
| 4 | 3 | 9 | 6 | 1 | 7 | 2 | 5 | 8 |
| 6 | 2 | 1 | 8 | 4 | 5 | 3 | 7 | 9 |
| 2 | 1 | 8 | 7 | 3 | 9 | 5 | 4 | 6 |
| 3 | 6 | 4 | 2 | 5 | 1 | 9 | 8 | 7 |
| 7 | 9 | 5 | 4 | 8 | 6 | 1 | 2 | 3 |
| 9 | 7 | 2 | 1 | 6 | 4 | 8 | 3 | 5 |
| 1 | 4 | 3 | 5 | 9 | 8 | 7 | 6 | 2 |
| 5 | 8 | 6 | 3 | 7 | 2 | 4 | 9 | 1 |

**Puzzle 39**

| 1 | 9 | 3 | 5 | 6 | 4 | 7 | 2 | 8 |
|---|---|---|---|---|---|---|---|---|
| 6 | 5 | 2 | 9 | 8 | 7 | 3 | 4 | 1 |
| 8 | 4 | 7 | 3 | 1 | 2 | 9 | 6 | 5 |
| 7 | 6 | 1 | 8 | 2 | 5 | 4 | 9 | 3 |
| 5 | 3 | 4 | 1 | 7 | 9 | 2 | 8 | 6 |
| 2 | 8 | 9 | 4 | 3 | 6 | 1 | 5 | 7 |
| 3 | 2 | 5 | 7 | 9 | 8 | 6 | 1 | 4 |
| 4 | 1 | 6 | 2 | 5 | 3 | 8 | 7 | 9 |
| 9 | 7 | 8 | 6 | 4 | 1 | 5 | 3 | 2 |

**Puzzle 40**

| 1 | 8 | 4 | 2 | 3 | 7 | 9 | 6 | 5 |
|---|---|---|---|---|---|---|---|---|
| 3 | 5 | 2 | 9 | 4 | 6 | 1 | 8 | 7 |
| 6 | 9 | 7 | 5 | 1 | 8 | 3 | 4 | 2 |
| 9 | 6 | 8 | 7 | 5 | 3 | 4 | 2 | 1 |
| 4 | 1 | 5 | 8 | 6 | 2 | 7 | 3 | 9 |
| 2 | 7 | 3 | 1 | 9 | 4 | 6 | 5 | 8 |
| 8 | 3 | 9 | 6 | 7 | 5 | 2 | 1 | 4 |
| 5 | 4 | 1 | 3 | 2 | 9 | 8 | 7 | 6 |
| 7 | 2 | 6 | 4 | 8 | 1 | 5 | 9 | 3 |

**Puzzle 41**

| 3 | 8 | 1 | 2 | 9 | 4 | 7 | 5 | 6 |
|---|---|---|---|---|---|---|---|---|
| 9 | 7 | 6 | 1 | 5 | 8 | 2 | 4 | 3 |
| 2 | 4 | 5 | 6 | 7 | 3 | 1 | 9 | 8 |
| 4 | 5 | 7 | 9 | 2 | 6 | 8 | 3 | 1 |
| 1 | 3 | 9 | 7 | 8 | 5 | 4 | 6 | 2 |
| 6 | 2 | 8 | 3 | 4 | 1 | 5 | 7 | 9 |
| 7 | 9 | 4 | 8 | 6 | 2 | 3 | 1 | 5 |
| 8 | 6 | 3 | 5 | 1 | 7 | 9 | 2 | 4 |
| 5 | 1 | 2 | 4 | 3 | 9 | 6 | 8 | 7 |

**Puzzle 42**

| 9 | 4 | 8 | 1 | 7 | 6 | 2 | 3 | 5 |
|---|---|---|---|---|---|---|---|---|
| 1 | 6 | 5 | 2 | 4 | 3 | 8 | 9 | 7 |
| 3 | 2 | 7 | 8 | 5 | 9 | 6 | 4 | 1 |
| 6 | 1 | 2 | 7 | 9 | 8 | 3 | 5 | 4 |
| 8 | 7 | 4 | 5 | 3 | 2 | 1 | 6 | 9 |
| 5 | 3 | 9 | 6 | 1 | 4 | 7 | 8 | 2 |
| 4 | 5 | 6 | 3 | 2 | 7 | 9 | 1 | 8 |
| 2 | 9 | 3 | 4 | 8 | 1 | 5 | 7 | 6 |
| 7 | 8 | 1 | 9 | 6 | 5 | 4 | 2 | 3 |

**Puzzle 43**

| 4 | 3 | 5 | 8 | 6 | 7 | 1 | 2 | 9 |
|---|---|---|---|---|---|---|---|---|
| 2 | 9 | 7 | 4 | 3 | 1 | 6 | 5 | 8 |
| 6 | 1 | 8 | 9 | 5 | 2 | 3 | 4 | 7 |
| 3 | 7 | 1 | 6 | 2 | 8 | 4 | 9 | 5 |
| 9 | 8 | 2 | 1 | 4 | 5 | 7 | 6 | 3 |
| 5 | 6 | 4 | 7 | 9 | 3 | 2 | 8 | 1 |
| 7 | 5 | 9 | 2 | 1 | 4 | 8 | 3 | 6 |
| 8 | 2 | 6 | 3 | 7 | 9 | 5 | 1 | 4 |
| 1 | 4 | 3 | 5 | 8 | 6 | 9 | 7 | 2 |

**Puzzle 44**

| 6 | 5 | 3 | 1 | 8 | 4 | 9 | 2 | 7 |
|---|---|---|---|---|---|---|---|---|
| 8 | 9 | 1 | 2 | 7 | 3 | 4 | 6 | 5 |
| 4 | 2 | 7 | 6 | 5 | 9 | 8 | 1 | 3 |
| 3 | 6 | 8 | 7 | 1 | 5 | 2 | 4 | 9 |
| 7 | 1 | 5 | 9 | 4 | 2 | 6 | 3 | 8 |
| 2 | 4 | 9 | 3 | 6 | 8 | 5 | 7 | 1 |
| 1 | 3 | 4 | 5 | 9 | 6 | 7 | 8 | 2 |
| 9 | 8 | 2 | 4 | 3 | 7 | 1 | 5 | 6 |
| 5 | 7 | 6 | 8 | 2 | 1 | 3 | 9 | 4 |

**Puzzle 45**

| 5 | 4 | 7 | 9 | 8 | 3 | 1 | 6 | 2 |
|---|---|---|---|---|---|---|---|---|
| 3 | 9 | 1 | 5 | 2 | 6 | 7 | 8 | 4 |
| 6 | 2 | 8 | 1 | 4 | 7 | 3 | 9 | 5 |
| 7 | 3 | 4 | 6 | 9 | 8 | 5 | 2 | 1 |
| 1 | 8 | 6 | 2 | 5 | 4 | 9 | 3 | 7 |
| 2 | 5 | 9 | 3 | 7 | 1 | 8 | 4 | 6 |
| 9 | 7 | 5 | 8 | 6 | 2 | 4 | 1 | 3 |
| 8 | 1 | 2 | 4 | 3 | 5 | 6 | 7 | 9 |
| 4 | 6 | 3 | 7 | 1 | 9 | 2 | 5 | 8 |

**Puzzle 46**

| 2 | 9 | 6 | 1 | 4 | 5 | 8 | 3 | 7 |
|---|---|---|---|---|---|---|---|---|
| 3 | 5 | 7 | 8 | 2 | 6 | 1 | 4 | 9 |
| 1 | 4 | 8 | 9 | 3 | 7 | 5 | 2 | 6 |
| 6 | 3 | 9 | 5 | 1 | 2 | 4 | 7 | 8 |
| 5 | 8 | 1 | 7 | 6 | 4 | 3 | 9 | 2 |
| 4 | 7 | 2 | 3 | 9 | 8 | 6 | 1 | 5 |
| 9 | 6 | 4 | 2 | 8 | 3 | 7 | 5 | 1 |
| 8 | 1 | 5 | 4 | 7 | 9 | 2 | 6 | 3 |
| 7 | 2 | 3 | 6 | 5 | 1 | 9 | 8 | 4 |

**Puzzle 47**

| 5 | 6 | 9 | 7 | 1 | 3 | 2 | 4 | 8 |
|---|---|---|---|---|---|---|---|---|
| 8 | 1 | 4 | 9 | 5 | 2 | 6 | 7 | 3 |
| 7 | 2 | 3 | 8 | 6 | 4 | 5 | 9 | 1 |
| 4 | 9 | 5 | 2 | 7 | 8 | 3 | 1 | 6 |
| 2 | 3 | 7 | 1 | 4 | 6 | 8 | 5 | 9 |
| 1 | 8 | 6 | 3 | 9 | 5 | 7 | 2 | 4 |
| 9 | 5 | 1 | 6 | 3 | 7 | 4 | 8 | 2 |
| 3 | 4 | 8 | 5 | 2 | 1 | 9 | 6 | 7 |
| 6 | 7 | 2 | 4 | 8 | 9 | 1 | 3 | 5 |

**Puzzle 48**

| 8 | 2 | 6 | 9 | 3 | 4 | 5 | 7 | 1 |
|---|---|---|---|---|---|---|---|---|
| 9 | 3 | 5 | 2 | 1 | 7 | 4 | 6 | 8 |
| 4 | 7 | 1 | 5 | 8 | 6 | 9 | 2 | 3 |
| 1 | 5 | 4 | 8 | 6 | 2 | 3 | 9 | 7 |
| 7 | 8 | 2 | 4 | 9 | 3 | 1 | 5 | 6 |
| 3 | 6 | 9 | 1 | 7 | 5 | 8 | 4 | 2 |
| 2 | 4 | 8 | 7 | 5 | 1 | 6 | 3 | 9 |
| 6 | 1 | 7 | 3 | 4 | 9 | 2 | 8 | 5 |
| 5 | 9 | 3 | 6 | 2 | 8 | 7 | 1 | 4 |

**Puzzle 49**

| 1 | 9 | 6 | 8 | 3 | 5 | 2 | 4 | 7 |
|---|---|---|---|---|---|---|---|---|
| 4 | 8 | 5 | 7 | 6 | 2 | 9 | 1 | 3 |
| 7 | 2 | 3 | 9 | 1 | 4 | 8 | 5 | 6 |
| 8 | 3 | 4 | 1 | 7 | 6 | 5 | 9 | 2 |
| 9 | 6 | 2 | 4 | 5 | 8 | 3 | 7 | 1 |
| 5 | 1 | 7 | 3 | 2 | 9 | 6 | 8 | 4 |
| 6 | 7 | 1 | 5 | 9 | 3 | 4 | 2 | 8 |
| 2 | 5 | 8 | 6 | 4 | 7 | 1 | 3 | 9 |
| 3 | 4 | 9 | 2 | 8 | 1 | 7 | 6 | 5 |

**Puzzle 50**

| 8 | 2 | 9 | 4 | 3 | 6 | 5 | 7 | 1 |
|---|---|---|---|---|---|---|---|---|
| 6 | 3 | 5 | 7 | 1 | 9 | 4 | 2 | 8 |
| 4 | 7 | 1 | 5 | 2 | 8 | 3 | 9 | 6 |
| 1 | 5 | 2 | 8 | 9 | 3 | 7 | 6 | 4 |
| 9 | 4 | 7 | 6 | 5 | 1 | 2 | 8 | 3 |
| 3 | 6 | 8 | 2 | 7 | 4 | 1 | 5 | 9 |
| 5 | 1 | 4 | 9 | 6 | 2 | 8 | 3 | 7 |
| 7 | 8 | 6 | 3 | 4 | 5 | 9 | 1 | 2 |
| 2 | 9 | 3 | 1 | 8 | 7 | 6 | 4 | 5 |

**Puzzle 1**

| | | 4 | | | | | | |
|---|---|---|---|---|---|---|---|---|
| 9 | | | 6 | | 7 | 3 | 1 | |
| 3 | 7 | | 5 | | | | | 8 |
| 7 | | 8 | 4 | | | | | |
| | | 6 | 9 | | 3 | 8 | | |
| | | | | | 1 | 4 | | 7 |
| 4 | | | | | 5 | | 2 | 6 |
| | 9 | 2 | 7 | | 6 | | | 3 |
| | | | | | | 7 | | |

**Puzzle 2**

| | 4 | 7 | 6 | 1 | | 3 | | |
|---|---|---|---|---|---|---|---|---|
| | | | | | 4 | | | |
| 3 | 6 | | 5 | | | | 8 | 4 |
| 9 | | 8 | | | | | | 6 |
| | | | 1 | | 9 | | | |
| 4 | | | | | | 8 | | 2 |
| 2 | 8 | | | | 1 | | 4 | 7 |
| | | | 4 | | | | | |
| | | 4 | | 7 | 6 | 2 | 3 | |

**Puzzle 3**

| | 2 | 5 | | 9 | 4 | | | 7 |
|---|---|---|---|---|---|---|---|---|
| | | 4 | | | 1 | 9 | | |
| 6 | | | 7 | | | | 2 | |
| | | 4 | | 7 | | 2 | | |
| 9 | | | | | | | | 1 |
| | | 7 | 8 | | | 6 | | |
| | 7 | | | | 8 | | | 2 |
| | | 6 | 1 | | | | 3 | |
| 2 | | | 3 | 6 | | 7 | 4 | |

**Puzzle 4**

| 2 | | | | | | 8 | 3 | |
|---|---|---|---|---|---|---|---|---|
| | | 9 | 1 | 2 | | | 4 | |
| | | 7 | 6 | | | 5 | | |
| | 7 | | | 4 | | | | 8 |
| | | 4 | 3 | | 1 | 2 | | |
| 1 | | | | 8 | | | 6 | |
| | | 8 | | | 3 | 1 | | |
| | 9 | | | 5 | 2 | 4 | | |
| | 4 | 2 | | | | | | 3 |

**Puzzle 5**

|   | 5 |   | 1 |   | 6 |   |   |   |
|---|---|---|---|---|---|---|---|---|
|   |   | 2 | 7 | 4 |   |   | 6 | 1 |
|   |   | 4 |   |   |   |   |   |   |
|   | 8 |   |   |   | 4 |   | 2 | 5 |
|   | 1 | 9 |   |   |   | 4 | 8 |   |
| 2 | 4 |   | 5 |   |   |   | 3 |   |
|   |   |   |   |   |   | 2 |   |   |
| 4 | 9 |   |   | 5 | 1 | 3 |   |   |
|   |   |   | 4 |   | 7 |   | 1 |   |

**Puzzle 6**

|   |   |   |   | 5 | 8 | 2 | 3 | 7 |
|---|---|---|---|---|---|---|---|---|
|   |   |   |   |   |   | 1 |   |   |
| 3 |   |   |   | 1 |   |   |   | 8 |
|   |   | 2 | 7 | 4 |   |   |   |   |
| 4 |   | 8 | 5 | 2 | 9 | 6 |   | 1 |
|   |   |   | 6 | 3 |   | 4 |   |   |
| 2 |   |   | 8 |   |   |   |   | 6 |
|   |   | 1 |   |   |   |   |   |   |
| 9 | 6 | 7 | 2 | 3 |   |   |   |   |

**Puzzle 7**

|   |   | 8 | 1 | 5 |   | 9 |   | 2 |
|---|---|---|---|---|---|---|---|---|
|   | 2 |   |   |   |   |   |   | 5 |
|   |   |   |   | 2 |   | 1 | 6 | 4 |
|   | 8 |   | 6 |   |   |   |   |   |
|   |   | 3 | 4 |   | 8 | 2 |   |   |
|   |   |   |   |   | 9 |   | 1 |   |
| 3 | 5 | 9 |   | 8 |   |   |   |   |
|   | 4 |   |   |   |   |   | 2 |   |
| 2 |   | 6 |   | 9 | 4 | 3 |   |   |

**Puzzle 8**

| 1 |   |   | 5 |   | 3 |   | 4 | 6 |
|---|---|---|---|---|---|---|---|---|
|   |   | 5 |   | 6 |   | 1 |   |   |
|   | 3 |   |   |   |   |   | 8 |   |
|   |   | 7 | 6 |   | 9 |   |   | 4 |
|   |   | 6 |   |   |   | 5 |   |   |
| 3 |   |   | 1 |   | 4 | 6 |   |   |
|   | 9 |   |   |   |   |   | 6 |   |
|   |   | 3 |   | 1 |   | 7 |   |   |
| 7 | 5 |   | 3 |   | 6 |   |   | 2 |

**Puzzle 9**

| 5 |   |   |   |   | 3 |   | 7 |   |
|---|---|---|---|---|---|---|---|---|
|   |   | 1 |   | 6 |   |   |   | 5 |
|   |   | 2 | 7 | 5 |   | 3 |   | 4 |
|   | 2 |   |   | 4 |   | 5 |   |   |
|   |   |   | 6 |   | 8 |   |   |   |
|   |   | 3 |   | 9 |   |   | 6 |   |
| 1 |   | 5 |   | 2 | 6 | 7 |   |   |
| 2 |   |   |   | 3 |   | 8 |   |   |
|   | 3 |   | 1 |   |   |   |   | 6 |

**Puzzle 10**

| 2 |   |   |   |   |   |   | 3 |   |
|---|---|---|---|---|---|---|---|---|
|   |   | 9 | 1 | 2 |   | 6 |   |   |
|   |   | 7 | 6 | 3 |   |   |   |   |
|   | 7 |   | 2 |   |   |   |   | 8 |
|   | 8 | 4 | 3 |   | 1 | 2 | 7 |   |
| 1 |   |   |   | 7 |   |   | 6 |   |
|   |   |   | 9 | 3 |   | 1 |   |   |
|   |   | 1 |   | 5 | 2 | 4 |   |   |
|   | 4 |   |   |   |   |   |   | 3 |

**Puzzle 11**

|   |   |   |   |   |   |   |   | 4 |
|---|---|---|---|---|---|---|---|---|
|   |   | 3 |   | 9 |   | 1 | 6 |   |
| 6 |   |   | 1 | 5 |   |   | 8 |   |
|   |   | 2 | 3 |   | 5 | 4 |   |   |
| 8 | 1 |   |   |   |   |   | 3 | 2 |
|   |   | 5 | 2 |   | 6 | 8 |   |   |
|   | 5 |   |   | 6 | 7 |   |   | 8 |
|   | 6 | 8 |   | 3 |   | 9 |   |   |
| 7 |   |   |   |   |   |   |   |   |

**Puzzle 12**

|   |   | 7 |   |   | 4 |   | 5 |   |
|---|---|---|---|---|---|---|---|---|
| 4 | 3 | 5 |   |   |   |   |   | 6 |
| 6 | 9 |   |   |   |   |   |   |   |
|   | 2 |   |   | 6 | 3 | 7 |   |   |
|   |   | 1 | 5 |   | 7 | 6 |   |   |
|   |   | 6 | 4 | 8 |   |   | 3 |   |
|   |   |   |   |   |   |   | 1 | 3 |
| 8 |   |   |   |   |   | 4 | 7 | 5 |
|   | 5 |   | 3 |   |   | 9 |   |   |

**Puzzle 13**

| | | | 2 | | 6 | | | |
|---|---|---|---|---|---|---|---|---|
| | 5 | | | 3 | 7 | 1 | 2 | |
| | 6 | | | 8 | | | | 5 |
| | | 8 | | | | | 4 | 7 |
| 6 | | | 3 | | 8 | | | 9 |
| 1 | 7 | | | | | 8 | | |
| 3 | | | | 1 | | | 8 | |
| | 8 | 2 | 7 | 6 | | | 5 | |
| | | | 8 | | 9 | | | |

**Puzzle 14**

| | | | | | | 6 | | 7 |
|---|---|---|---|---|---|---|---|---|
| 2 | 3 | | 7 | | 9 | 8 | | 1 |
| | | | 1 | | | 3 | | |
| | 4 | | | | 3 | | | 5 |
| | 9 | | 4 | 5 | 2 | | 8 | |
| 5 | | | 9 | | | | 3 | |
| | | 7 | | 9 | | | | |
| 9 | | 5 | 1 | | 8 | | 7 | 3 |
| 3 | | 8 | | | | | | |

**Puzzle 15**

| | | | 9 | 5 | | 6 | | |
|---|---|---|---|---|---|---|---|---|
| | | | 7 | | 2 | | 8 | 9 |
| | | | | 8 | | | 2 | |
| 4 | | 6 | | | | | 3 | |
| 1 | 3 | | 6 | | 7 | | 9 | 8 |
| | 8 | | | | | 4 | | 6 |
| | 6 | | | 2 | | | | |
| 2 | 7 | | 1 | | 3 | | | |
| | | 8 | | 7 | 9 | | | |

**Puzzle 16**

| | | | 3 | 9 | | 1 | | |
|---|---|---|---|---|---|---|---|---|
| | 8 | | | | 5 | | | 9 |
| | | | 8 | 6 | 3 | | | |
| | | 3 | 9 | | 1 | | 2 | 4 |
| | 9 | | | | | | 1 | |
| 1 | 4 | | 2 | | 8 | 5 | | |
| | | 2 | 5 | 1 | | | | |
| 5 | | | 8 | | | | 7 | |
| | | 8 | | 2 | 4 | | | |

**Puzzle 17**

| | 9 | | 8 | 6 | 5 | 2 | | |
|---|---|---|---|---|---|---|---|---|
| | | 5 | | 1 | 2 | | 6 | 8 |
| | | | | | | | 4 | |
| | | | | | 8 | | 5 | 6 |
| | | 8 | | | 4 | | | |
| 4 | 5 | | 9 | | | | | |
| | 8 | | | | | | | |
| 2 | 4 | | 1 | 7 | | 5 | | |
| | | 7 | 2 | 8 | 3 | | 9 | |

**Puzzle 18**

| | 1 | | 5 | | 8 | | | 6 |
|---|---|---|---|---|---|---|---|---|
| | | 8 | 1 | | | | | |
| | 7 | 5 | | 6 | | 8 | 1 | |
| | 8 | | | | | 1 | 9 | |
| | 3 | | | | | | 6 | |
| | 5 | 2 | | | | | 8 | |
| | 6 | 7 | | 5 | | 4 | 3 | |
| | | | | | 9 | 7 | | |
| 8 | | | 7 | | 4 | | 5 | |

**Puzzle 19**

| | 1 | | 2 | | | 3 | 8 | |
|---|---|---|---|---|---|---|---|---|
| | | | | | 7 | | 5 | 1 |
| 5 | | 8 | | | 3 | | | |
| 6 | 4 | | 5 | | | | 2 | |
| 3 | | | | | | | | 5 |
| | 5 | | | | 2 | | 6 | 3 |
| | | | 4 | | | 6 | | 2 |
| 1 | 7 | | 3 | | | | | |
| | 6 | 9 | | | 8 | | 3 | |

**Puzzle 20**

| 5 | | 9 | | | 4 | 8 | 7 | |
|---|---|---|---|---|---|---|---|---|
| 8 | | | 1 | 7 | | | | |
| | | 7 | | | 6 | | | |
| | 8 | | 4 | | | 9 | | |
| | 2 | | 7 | | 9 | | 1 | |
| | | 5 | | | 1 | | 6 | |
| | | | 5 | | | 7 | | |
| | | | | 4 | 7 | | | 1 |
| | 7 | 2 | 6 | | | 3 | | 9 |

**Puzzle 21**

| | 7 | | 2 | 6 | | | | |
|---|---|---|---|---|---|---|---|---|
| 9 | | 6 | 8 | | | 1 | | |
| 1 | | | | | | | | 6 |
| 5 | | 9 | | 1 | 7 | 4 | | |
| | | 1 | | | | 8 | | |
| | | 7 | 3 | 8 | | 6 | | 5 |
| 8 | | | | | | | | 4 |
| | | 2 | | | 8 | 5 | | 1 |
| | | | | 2 | 6 | | 3 | |

**Puzzle 22**

| | | 4 | 7 | 5 | | | | |
|---|---|---|---|---|---|---|---|---|
| | 1 | | | 9 | 2 | | | 4 |
| | | 5 | | | | | | |
| | 9 | | 6 | 2 | | | 4 | 8 |
| 4 | 2 | | | 8 | | | 6 | 1 |
| 8 | 7 | | | 3 | 1 | | 9 | |
| | | | | | | 8 | | |
| 1 | | | 2 | 7 | | | 3 | |
| | | | | 6 | 3 | 5 | | |

**Puzzle 23**

| | | 1 | | | 7 | 5 | 3 | |
|---|---|---|---|---|---|---|---|---|
| | | | 2 | | 5 | | | 7 |
| | | | 9 | 3 | | 2 | | |
| | | 4 | | | | | 5 | 2 |
| | | 9 | 3 | | 1 | 8 | | |
| 8 | 6 | | | | | 9 | | |
| | | 2 | | 4 | 3 | | | |
| 4 | | | 7 | | 6 | | | |
| | 8 | 7 | 1 | | | 6 | | |

**Puzzle 24**

| 6 | 9 | 8 | | | | 3 | | |
|---|---|---|---|---|---|---|---|---|
| 4 | | 1 | | | 8 | | 2 | 5 |
| | | | | 4 | | 8 | | |
| | | | 3 | | | 2 | 6 | |
| | 1 | | | | | | 8 | |
| | 2 | 5 | | | 6 | | | |
| | | 7 | | 9 | | | | |
| 1 | 6 | | 5 | | | 9 | | 8 |
| | | 4 | | | | 1 | 5 | 2 |

**Puzzle 25**

|   |   |   |   |   |   | 4 |   |   |
|---|---|---|---|---|---|---|---|---|
| 2 |   | 7 |   | 6 | 1 |   | 8 |   |
|   | 5 | 1 |   | 8 | 3 |   | 7 |   |
|   | 6 | 5 |   | 2 |   |   |   |   |
| 9 |   |   |   |   |   |   |   | 7 |
|   |   |   |   | 9 |   | 1 | 5 |   |
|   | 4 |   | 8 | 5 |   | 7 | 6 |   |
|   | 7 |   | 9 | 1 |   | 8 |   | 4 |
|   |   | 6 |   |   |   |   |   |   |

**Puzzle 26**

|   | 2 |   | 6 | 7 |   | 3 |   |   |
|---|---|---|---|---|---|---|---|---|
| 6 |   |   |   |   | 3 |   |   |   |
| 9 |   | 3 |   | 8 |   | 1 |   | 6 |
| 3 |   | 9 |   |   |   | 7 |   |   |
|   |   |   | 1 | 5 | 9 |   |   |   |
|   |   | 5 |   |   |   | 9 |   | 2 |
| 1 |   | 7 |   | 2 |   | 5 |   | 9 |
|   |   |   | 5 |   |   |   |   | 1 |
|   |   | 4 |   | 1 | 6 |   | 7 |   |

**Puzzle 27**

|   |   | 2 |   |   | 3 |   | 7 |   |
|---|---|---|---|---|---|---|---|---|
|   |   | 5 |   | 6 |   |   | 2 |   |
| 1 |   |   |   | 2 | 7 |   |   | 8 |
|   |   | 7 |   |   | 5 | 6 | 4 |   |
|   | 6 |   |   |   |   |   | 9 |   |
|   | 4 | 8 | 6 |   |   | 5 |   |   |
| 7 |   |   | 3 | 5 |   |   |   | 6 |
|   | 5 |   |   | 1 |   | 2 |   |   |
|   | 3 |   | 4 |   |   | 7 |   |   |

**Puzzle 28**

| 3 | 6 | 8 |   |   |   |   |   |   |
|---|---|---|---|---|---|---|---|---|
|   |   |   |   | 6 |   |   |   | 3 |
| 1 | 7 |   | 2 |   | 3 |   |   |   |
|   | 1 |   | 7 | 5 |   | 3 | 2 |   |
|   |   | 4 |   |   |   | 9 |   |   |
|   | 8 | 3 |   | 1 | 6 |   | 4 |   |
|   |   |   | 4 |   | 8 |   | 6 | 2 |
| 8 |   |   |   | 9 |   |   |   |   |
|   |   |   |   |   |   | 8 | 9 | 5 |

**Puzzle 29**

| 6 | 2 |   | 8 |   |   | 3 |   |   |
|---|---|---|---|---|---|---|---|---|
|   |   |   | 2 |   |   |   |   |   |
|   |   | 5 | 9 |   | 4 |   |   | 2 |
| 8 |   |   |   | 9 | 5 |   |   | 4 |
| 2 | 1 |   |   | 4 |   |   | 9 | 5 |
| 5 |   |   | 7 | 2 |   |   |   | 1 |
| 3 |   |   | 4 |   | 9 | 2 |   |   |
|   |   |   |   |   | 2 |   |   |   |
|   |   | 2 |   |   | 1 |   | 8 | 7 |

**Puzzle 30**

|   |   |   |   |   | 6 | 8 |   | 5 |
|---|---|---|---|---|---|---|---|---|
| 3 |   |   | 2 |   | 5 | 7 |   |   |
|   | 5 | 4 |   |   |   |   | 6 |   |
| 4 |   | 1 | 6 |   |   |   | 8 |   |
|   |   | 7 |   |   |   | 6 |   |   |
|   | 3 |   |   |   | 9 | 4 |   | 7 |
|   | 2 |   |   |   |   | 1 | 4 |   |
|   |   | 3 | 1 |   | 2 |   |   | 8 |
| 8 |   |   | 5 | 3 |   |   |   |   |

**Puzzle 31**

|   |   | 7 |   |   |   |   |   | 3 |
|---|---|---|---|---|---|---|---|---|
|   |   |   |   |   | 1 | 7 | 9 |   |
| 3 | 6 |   |   | 9 |   |   | 4 |   |
|   | 3 |   | 1 |   |   | 9 |   |   |
|   | 2 | 5 | 6 | 7 | 9 | 8 | 3 |   |
|   |   | 6 |   |   | 3 |   | 2 |   |
|   | 8 |   |   | 4 |   |   | 6 | 2 |
|   | 4 | 2 | 8 |   |   |   |   |   |
| 5 |   |   |   |   |   | 4 |   |   |

**Puzzle 32**

| 8 |   |   |   | 4 | 6 |   | 3 | 9 |
|---|---|---|---|---|---|---|---|---|
| 3 |   |   | 5 |   |   | 7 |   |   |
|   | 6 |   |   |   | 3 | 4 |   |   |
|   |   |   | 3 |   |   |   | 2 | 8 |
| 9 |   |   |   |   |   |   |   | 1 |
| 6 | 2 |   |   |   | 1 |   |   |   |
|   |   | 3 | 6 |   |   |   | 9 |   |
|   |   | 6 |   |   | 9 |   |   | 7 |
| 2 | 9 |   | 4 | 1 |   |   |   | 5 |

**Puzzle 33**

| | 3 | | | 4 | | 5 | 2 | |
|---|---|---|---|---|---|---|---|---|
| | 2 | | 6 | | | 9 | | |
| | | | | 9 | 2 | | | 4 |
| 9 | | | | | | 1 | | 7 |
| | | 1 | 4 | | 9 | 8 | | |
| 5 | | 2 | | | | | | 3 |
| 8 | | | 5 | 2 | | | | |
| | | 3 | | | 1 | | 4 | |
| | 5 | 4 | | 7 | | | 8 | |

**Puzzle 34**

| 1 | | | | | 8 | | | 4 |
|---|---|---|---|---|---|---|---|---|
| | | 2 | | | | | 8 | |
| | | 4 | | 5 | 7 | | | |
| 5 | | 8 | 6 | | | | | 7 |
| | 2 | 6 | 4 | | 3 | 1 | 5 | |
| 4 | | | 5 | | | 2 | | 6 |
| | | 7 | 1 | | | 6 | | |
| | 8 | | | | | 4 | | |
| 2 | | | 7 | | | | | 9 |

**Puzzle 35**

| | 7 | 6 | | | | | 2 | 9 |
|---|---|---|---|---|---|---|---|---|
| | | | 2 | | 3 | | | 8 |
| | 8 | | 9 | | | 5 | | |
| | 5 | | | 2 | | 4 | | |
| | | 7 | 1 | | 4 | 8 | | |
| | | 4 | | 9 | | | 7 | |
| | | 8 | | | 2 | | 5 | |
| 1 | | | 4 | | 9 | | | |
| 7 | 3 | | | | | 9 | 1 | |

**Puzzle 36**

| 6 | | | 8 | 7 | | | | |
|---|---|---|---|---|---|---|---|---|
| | 7 | 3 | | | 9 | 6 | 8 | |
| | 8 | 9 | | 6 | | | | 5 |
| | 5 | | 9 | | | | | |
| 1 | | | | | | | | 9 |
| | | | | 6 | | | 5 | |
| 2 | | | | 5 | | 4 | 1 | |
| | 4 | 1 | 6 | | | 5 | 7 | |
| | | | | 8 | 4 | | | 2 |

**Puzzle 37**

| 8 |   |   |   |   | 4 | 2 | 6 |   |
|---|---|---|---|---|---|---|---|---|
|   |   | 6 | 8 |   | 3 |   | 9 |   |
|   |   | 1 |   |   | 9 |   | 3 | 8 |
| 4 |   | 2 |   |   |   |   | 1 |   |
|   |   |   |   |   |   |   |   |   |
|   | 1 |   |   |   |   | 5 |   | 3 |
| 2 | 7 |   | 6 |   |   | 3 |   |   |
|   | 6 |   | 4 |   | 1 | 9 |   |   |
|   | 9 | 5 | 7 |   |   |   |   | 6 |

**Puzzle 38**

| 4 |   | 1 |   | 8 |   |   | 9 |   |
|---|---|---|---|---|---|---|---|---|
|   | 5 | 9 |   |   | 7 | 1 | 8 |   |
|   |   | 7 |   | 6 |   |   | 2 |   |
| 9 | 7 |   |   |   |   | 4 |   |   |
|   |   |   |   | 5 |   |   |   |   |
|   |   | 5 |   |   |   |   | 7 | 8 |
|   | 3 |   |   | 9 |   | 8 |   |   |
|   | 9 | 8 | 2 |   |   | 7 | 3 |   |
|   | 4 |   |   | 7 |   | 2 |   | 9 |

**Puzzle 39**

|   | 3 |   |   | 2 | 9 |   |   |   |
|---|---|---|---|---|---|---|---|---|
| 4 |   | 7 | 3 |   |   | 8 | 9 |   |
|   |   |   | 7 |   |   | 2 |   |   |
|   | 6 | 3 |   | 9 | 4 |   |   | 7 |
|   |   |   |   |   |   |   |   |   |
| 5 |   |   | 1 | 7 |   | 3 | 4 |   |
|   |   | 6 |   |   | 7 |   |   |   |
|   | 1 | 8 |   |   | 2 | 4 |   | 9 |
|   |   |   | 9 | 3 |   |   | 8 |   |

**Puzzle 40**

|   |   |   |   |   | 9 |   | 3 |   |
|---|---|---|---|---|---|---|---|---|
|   |   |   | 6 | 3 |   | 9 | 8 | 1 |
|   |   |   |   |   |   | 7 |   |   |
|   | 9 | 4 |   | 1 |   | 3 |   | 8 |
| 2 |   |   | 3 |   | 4 |   |   | 9 |
| 7 |   | 1 |   | 5 |   | 2 | 6 |   |
|   |   | 6 |   |   |   |   |   |   |
| 1 | 4 | 3 |   | 8 | 7 |   |   |   |
|   | 5 |   | 4 |   |   |   |   |   |

**Puzzle 41**

|   |   |   |   | 1 | 2 |   | 4 | 5 |
|---|---|---|---|---|---|---|---|---|
|   |   | 5 |   |   |   |   |   | 1 |
| 4 | 8 |   |   |   |   |   | 9 |   |
|   | 4 |   | 9 | 5 | 1 | 3 |   |   |
|   |   | 8 |   |   |   | 4 |   |   |
|   |   | 2 | 4 | 8 | 7 |   | 6 |   |
|   | 5 |   |   |   |   |   | 8 | 6 |
| 1 |   |   |   |   |   | 7 |   |   |
| 8 | 2 |   | 7 | 3 |   |   |   |   |

**Puzzle 42**

| 7 |   |   |   |   | 6 |   |   |   |
|---|---|---|---|---|---|---|---|---|
|   | 9 | 1 |   | 5 | 8 | 4 |   |   |
| 4 | 8 |   |   |   |   |   |   | 2 |
| 8 |   |   |   | 7 |   | 2 |   |   |
|   | 2 |   | 9 |   | 3 |   | 7 |   |
|   |   | 5 |   | 4 |   |   |   | 3 |
| 5 |   |   |   |   |   |   | 8 | 1 |
|   |   | 8 | 5 | 1 |   | 3 | 4 |   |
|   |   |   | 8 |   |   |   |   | 5 |

**Puzzle 43**

|   |   |   | 2 | 4 |   |   |   | 3 |
|---|---|---|---|---|---|---|---|---|
|   |   |   |   |   | 8 | 9 |   |   |
| 3 |   |   | 9 |   | 5 | 2 | 1 |   |
|   |   | 3 |   |   | 4 | 1 | 6 |   |
| 9 |   |   |   | 2 |   |   |   | 7 |
|   | 6 | 2 | 3 |   |   | 4 |   |   |
|   | 2 | 7 | 5 |   | 9 |   |   | 1 |
|   |   | 5 | 6 |   |   |   |   |   |
| 8 |   |   |   | 1 | 2 |   |   |   |

**Puzzle 44**

|   |   |   | 4 | 2 |   |   |   |   |
|---|---|---|---|---|---|---|---|---|
|   | 6 |   |   |   |   |   | 2 |   |
| 5 | 9 |   |   |   | 1 | 8 |   | 7 |
| 6 | 7 |   | 2 | 8 | 4 | 3 |   |   |
|   |   |   |   |   |   |   |   |   |
|   |   | 1 | 9 | 7 | 3 |   | 5 | 6 |
| 4 |   | 9 | 1 |   |   |   | 7 | 5 |
|   | 1 |   |   |   |   |   | 3 |   |
|   |   |   |   | 9 | 2 |   |   |   |

**Puzzle 45**

| 5 |   |   | 9 | 2 |   | 6 |   |   |
|---|---|---|---|---|---|---|---|---|
|   |   | 3 | 1 |   |   |   | 9 |   |
|   | 7 |   |   |   | 6 |   |   | 5 |
|   |   |   | 7 |   | 9 | 8 |   | 6 |
|   |   | 7 |   | 8 |   | 9 |   |   |
| 9 |   | 2 | 6 |   | 4 |   |   |   |
| 1 |   |   | 4 |   |   |   | 7 |   |
|   | 9 |   |   |   | 1 | 3 |   |   |
|   |   | 6 |   | 9 | 2 |   |   | 1 |

**Puzzle 46**

|   | 4 | 1 |   |   | 6 |   |   | 8 |
|---|---|---|---|---|---|---|---|---|
| 5 |   |   |   |   | 1 |   | 2 |   |
|   |   | 2 |   | 7 |   |   |   |   |
| 4 |   | 5 | 3 |   |   | 9 |   |   |
|   | 3 | 7 |   | 9 |   | 1 | 5 |   |
|   |   | 9 |   |   | 4 | 2 |   | 3 |
|   |   |   | 8 |   |   | 7 |   |   |
|   | 7 |   | 4 |   |   |   |   | 9 |
| 9 |   |   | 7 |   |   | 4 | 6 |   |

**Puzzle 47**

| 6 |   | 9 | 5 | 8 |   | 4 |   |   |
|---|---|---|---|---|---|---|---|---|
| 8 |   |   |   | 4 | 7 |   |   |   |
|   |   | 1 | 2 |   |   |   |   |   |
|   | 3 | 8 |   |   |   |   |   |   |
| 5 |   | 7 | 8 |   | 6 | 9 |   | 3 |
|   |   |   |   |   |   | 7 | 8 |   |
|   |   |   |   |   |   | 6 | 2 |   |
|   |   |   | 3 | 9 |   |   |   | 4 |
|   |   | 1 |   | 6 | 5 | 3 |   | 8 |

**Puzzle 48**

|   |   |   | 4 |   |   |   | 1 | 5 |
|---|---|---|---|---|---|---|---|---|
|   |   |   |   | 9 |   |   | 7 | 6 |
|   |   |   | 8 |   | 2 | 4 |   |   |
|   |   | 5 |   | 8 | 9 |   |   |   |
| 9 | 1 | 2 |   |   |   | 3 | 4 | 8 |
|   |   |   | 2 | 4 |   | 5 |   |   |
|   |   | 1 | 5 |   | 8 |   |   |   |
| 6 | 5 |   |   | 3 |   |   |   |   |
| 2 | 8 |   |   |   | 4 |   |   |   |

**Puzzle 49**

|   |   |   | 2 | 4 |   | 1 |   | 5 |
|---|---|---|---|---|---|---|---|---|
| 3 |   |   |   |   | 1 |   | 8 |   |
|   |   | 1 | 8 |   |   | 6 |   |   |
| 9 |   | 3 |   | 1 |   |   | 2 |   |
|   |   | 4 |   | 2 |   | 7 |   |   |
|   | 2 |   |   | 6 |   | 5 |   | 1 |
|   |   | 9 |   |   | 4 | 2 |   |   |
|   | 7 |   | 1 |   |   |   |   | 6 |
| 1 |   | 2 |   | 3 | 6 |   |   |   |

**Puzzle 50**

|   |   |   |   |   | 5 | 7 | 6 |   |
|---|---|---|---|---|---|---|---|---|
|   |   |   |   |   | 1 | 2 |   | 5 |
|   | 5 | 3 |   | 7 |   | 4 |   | 1 |
|   | 2 | 6 | 9 |   | 8 |   |   |   |
|   |   |   |   |   |   |   |   |   |
|   |   |   | 6 |   | 3 | 8 | 1 |   |
| 1 |   | 5 |   | 4 |   | 3 | 2 |   |
| 7 |   | 2 | 1 |   |   |   |   |   |
|   | 3 | 4 | 5 |   |   |   |   |   |

**Puzzle 1**

| | | | | | | | | |
|---|---|---|---|---|---|---|---|---|
| 6 | 2 | 4 | 1 | 3 | 8 | 5 | 7 | 9 |
| 9 | 8 | 5 | 6 | 2 | 7 | 3 | 1 | 4 |
| 3 | 7 | 1 | 5 | 9 | 4 | 2 | 6 | 8 |
| 7 | 3 | 8 | 4 | 5 | 2 | 6 | 9 | 1 |
| 1 | 4 | 6 | 9 | 7 | 3 | 8 | 5 | 2 |
| 2 | 5 | 9 | 8 | 6 | 1 | 4 | 3 | 7 |
| 4 | 1 | 7 | 3 | 8 | 5 | 9 | 2 | 6 |
| 5 | 9 | 2 | 7 | 4 | 6 | 1 | 8 | 3 |
| 8 | 6 | 3 | 2 | 1 | 9 | 7 | 4 | 5 |

**Puzzle 2**

| | | | | | | | | |
|---|---|---|---|---|---|---|---|---|
| 5 | 4 | 7 | 6 | 1 | 8 | 3 | 2 | 9 |
| 8 | 2 | 9 | 7 | 3 | 4 | 5 | 6 | 1 |
| 3 | 6 | 1 | 5 | 9 | 2 | 7 | 8 | 4 |
| 9 | 3 | 8 | 2 | 4 | 5 | 1 | 7 | 6 |
| 6 | 7 | 2 | 1 | 8 | 9 | 4 | 5 | 3 |
| 4 | 1 | 5 | 3 | 6 | 7 | 8 | 9 | 2 |
| 2 | 8 | 3 | 9 | 5 | 1 | 6 | 4 | 7 |
| 7 | 5 | 6 | 4 | 2 | 3 | 9 | 1 | 8 |
| 1 | 9 | 4 | 8 | 7 | 6 | 2 | 3 | 5 |

**Puzzle 3**

| | | | | | | | | |
|---|---|---|---|---|---|---|---|---|
| 8 | 2 | 5 | 6 | 9 | 4 | 3 | 1 | 7 |
| 7 | 4 | 3 | 2 | 8 | 1 | 9 | 5 | 6 |
| 6 | 9 | 1 | 7 | 5 | 3 | 4 | 2 | 8 |
| 5 | 6 | 4 | 9 | 1 | 7 | 2 | 8 | 3 |
| 9 | 8 | 2 | 4 | 3 | 6 | 5 | 7 | 1 |
| 1 | 3 | 7 | 8 | 2 | 5 | 6 | 9 | 4 |
| 3 | 7 | 9 | 5 | 4 | 8 | 1 | 6 | 2 |
| 4 | 5 | 6 | 1 | 7 | 2 | 8 | 3 | 9 |
| 2 | 1 | 8 | 3 | 6 | 9 | 7 | 4 | 5 |

**Puzzle 4**

| | | | | | | | | |
|---|---|---|---|---|---|---|---|---|
| 2 | 5 | 6 | 9 | 7 | 4 | 8 | 3 | 1 |
| 8 | 3 | 9 | 1 | 2 | 5 | 6 | 4 | 7 |
| 4 | 1 | 7 | 6 | 3 | 8 | 5 | 2 | 9 |
| 6 | 7 | 5 | 2 | 4 | 9 | 3 | 1 | 8 |
| 9 | 8 | 4 | 3 | 6 | 1 | 2 | 7 | 5 |
| 1 | 2 | 3 | 5 | 8 | 7 | 9 | 6 | 4 |
| 7 | 6 | 8 | 4 | 9 | 3 | 1 | 5 | 2 |
| 3 | 9 | 1 | 7 | 5 | 2 | 4 | 8 | 6 |
| 5 | 4 | 2 | 8 | 1 | 6 | 7 | 9 | 3 |

**Puzzle 5**

| | | | | | | | | |
|---|---|---|---|---|---|---|---|---|
| 9 | 5 | 7 | 1 | 2 | 6 | 8 | 4 | 3 |
| 8 | 3 | 2 | 7 | 4 | 9 | 5 | 6 | 1 |
| 1 | 6 | 4 | 3 | 8 | 5 | 7 | 9 | 2 |
| 7 | 8 | 3 | 9 | 1 | 4 | 6 | 2 | 5 |
| 5 | 1 | 9 | 6 | 3 | 2 | 4 | 8 | 7 |
| 2 | 4 | 6 | 5 | 7 | 8 | 1 | 3 | 9 |
| 6 | 7 | 1 | 8 | 9 | 3 | 2 | 5 | 4 |
| 4 | 9 | 8 | 2 | 5 | 1 | 3 | 7 | 6 |
| 3 | 2 | 5 | 4 | 6 | 7 | 9 | 1 | 8 |

**Puzzle 6**

| | | | | | | | | |
|---|---|---|---|---|---|---|---|---|
| 1 | 9 | 6 | 4 | 5 | 8 | 2 | 3 | 7 |
| 8 | 2 | 5 | 3 | 7 | 6 | 1 | 4 | 9 |
| 3 | 7 | 4 | 9 | 1 | 2 | 5 | 6 | 8 |
| 6 | 5 | 2 | 7 | 4 | 1 | 9 | 8 | 3 |
| 4 | 3 | 8 | 5 | 2 | 9 | 6 | 7 | 1 |
| 7 | 1 | 9 | 8 | 6 | 3 | 4 | 5 | 2 |
| 2 | 4 | 3 | 1 | 8 | 5 | 7 | 9 | 6 |
| 5 | 8 | 1 | 6 | 9 | 7 | 3 | 2 | 4 |
| 9 | 6 | 7 | 2 | 3 | 4 | 8 | 1 | 5 |

**Puzzle 7**

| | | | | | | | | |
|---|---|---|---|---|---|---|---|---|
| 4 | 7 | 8 | 1 | 5 | 6 | 9 | 3 | 2 |
| 6 | 2 | 1 | 9 | 4 | 3 | 7 | 5 | 8 |
| 9 | 3 | 5 | 8 | 2 | 7 | 1 | 6 | 4 |
| 1 | 8 | 2 | 6 | 7 | 5 | 4 | 9 | 3 |
| 5 | 9 | 3 | 4 | 1 | 8 | 2 | 7 | 6 |
| 7 | 6 | 4 | 2 | 3 | 9 | 8 | 1 | 5 |
| 3 | 5 | 9 | 7 | 8 | 2 | 6 | 4 | 1 |
| 8 | 4 | 7 | 3 | 6 | 1 | 5 | 2 | 9 |
| 2 | 1 | 6 | 5 | 9 | 4 | 3 | 8 | 7 |

**Puzzle 8**

| | | | | | | | | |
|---|---|---|---|---|---|---|---|---|
| 1 | 7 | 8 | 5 | 9 | 3 | 2 | 4 | 6 |
| 9 | 2 | 5 | 4 | 6 | 8 | 1 | 7 | 3 |
| 6 | 3 | 4 | 2 | 7 | 1 | 9 | 8 | 5 |
| 5 | 1 | 7 | 6 | 2 | 9 | 8 | 3 | 4 |
| 2 | 4 | 6 | 8 | 3 | 7 | 5 | 1 | 9 |
| 3 | 8 | 9 | 1 | 5 | 4 | 6 | 2 | 7 |
| 8 | 9 | 2 | 7 | 4 | 5 | 3 | 6 | 1 |
| 4 | 6 | 3 | 9 | 1 | 2 | 7 | 5 | 8 |
| 7 | 5 | 1 | 3 | 8 | 6 | 4 | 9 | 2 |

**Puzzle 9**

| | | | | | | | | |
|---|---|---|---|---|---|---|---|---|
| 5 | 9 | 4 | 8 | 1 | 3 | 6 | 7 | 2 |
| 3 | 7 | 1 | 2 | 6 | 4 | 9 | 8 | 5 |
| 8 | 6 | 2 | 7 | 5 | 9 | 3 | 1 | 4 |
| 6 | 2 | 8 | 3 | 4 | 1 | 5 | 9 | 7 |
| 4 | 5 | 9 | 6 | 7 | 8 | 1 | 2 | 3 |
| 7 | 1 | 3 | 5 | 9 | 2 | 4 | 6 | 8 |
| 1 | 8 | 5 | 4 | 2 | 6 | 7 | 3 | 9 |
| 2 | 4 | 6 | 9 | 3 | 7 | 8 | 5 | 1 |
| 9 | 3 | 7 | 1 | 8 | 5 | 2 | 4 | 6 |

**Puzzle 10**

| | | | | | | | | |
|---|---|---|---|---|---|---|---|---|
| 2 | 5 | 6 | 9 | 7 | 4 | 8 | 3 | 1 |
| 8 | 3 | 9 | 1 | 2 | 5 | 6 | 4 | 7 |
| 4 | 1 | 7 | 6 | 3 | 8 | 5 | 2 | 9 |
| 6 | 7 | 5 | 2 | 4 | 9 | 3 | 1 | 8 |
| 9 | 8 | 4 | 3 | 6 | 1 | 2 | 7 | 5 |
| 1 | 2 | 3 | 5 | 8 | 7 | 9 | 6 | 4 |
| 7 | 6 | 8 | 4 | 9 | 3 | 1 | 5 | 2 |
| 3 | 9 | 1 | 7 | 5 | 2 | 4 | 8 | 6 |
| 5 | 4 | 2 | 8 | 1 | 6 | 7 | 9 | 3 |

**Puzzle 11**

| | | | | | | | | |
|---|---|---|---|---|---|---|---|---|
| 5 | 8 | 1 | 6 | 2 | 3 | 7 | 9 | 4 |
| 4 | 2 | 3 | 7 | 9 | 8 | 1 | 6 | 5 |
| 6 | 9 | 7 | 1 | 5 | 4 | 2 | 8 | 3 |
| 9 | 7 | 2 | 3 | 8 | 5 | 4 | 1 | 6 |
| 8 | 1 | 6 | 4 | 7 | 9 | 5 | 3 | 2 |
| 3 | 4 | 5 | 2 | 1 | 6 | 8 | 7 | 9 |
| 1 | 5 | 4 | 9 | 6 | 7 | 3 | 2 | 8 |
| 2 | 6 | 8 | 5 | 3 | 1 | 9 | 4 | 7 |
| 7 | 3 | 9 | 8 | 4 | 2 | 6 | 5 | 1 |

**Puzzle 12**

| | | | | | | | | |
|---|---|---|---|---|---|---|---|---|
| 1 | 8 | 7 | 6 | 3 | 4 | 2 | 5 | 9 |
| 4 | 3 | 5 | 2 | 7 | 9 | 1 | 8 | 6 |
| 6 | 9 | 2 | 8 | 5 | 1 | 3 | 4 | 7 |
| 5 | 2 | 8 | 1 | 6 | 3 | 7 | 9 | 4 |
| 3 | 4 | 1 | 5 | 9 | 7 | 6 | 2 | 8 |
| 9 | 7 | 6 | 4 | 8 | 2 | 5 | 3 | 1 |
| 2 | 6 | 9 | 7 | 4 | 5 | 8 | 1 | 3 |
| 8 | 1 | 3 | 9 | 2 | 6 | 4 | 7 | 5 |
| 7 | 5 | 4 | 3 | 1 | 8 | 9 | 6 | 2 |

**Puzzle 13**

| | | | | | | | | |
|---|---|---|---|---|---|---|---|---|
| 7 | 4 | 1 | 2 | 5 | 6 | 3 | 9 | 8 |
| 8 | 5 | 9 | 4 | 3 | 7 | 1 | 2 | 6 |
| 2 | 6 | 3 | 9 | 8 | 1 | 4 | 7 | 5 |
| 9 | 3 | 8 | 1 | 2 | 5 | 6 | 4 | 7 |
| 6 | 2 | 4 | 3 | 7 | 8 | 5 | 1 | 9 |
| 1 | 7 | 5 | 6 | 9 | 4 | 8 | 3 | 2 |
| 3 | 9 | 6 | 5 | 1 | 2 | 7 | 8 | 4 |
| 4 | 8 | 2 | 7 | 6 | 3 | 9 | 5 | 1 |
| 5 | 1 | 7 | 8 | 4 | 9 | 2 | 6 | 3 |

**Puzzle 14**

| | | | | | | | | |
|---|---|---|---|---|---|---|---|---|
| 8 | 5 | 1 | 2 | 3 | 4 | 6 | 9 | 7 |
| 2 | 3 | 4 | 7 | 6 | 9 | 8 | 5 | 1 |
| 6 | 7 | 9 | 8 | 1 | 5 | 3 | 4 | 2 |
| 7 | 4 | 2 | 6 | 8 | 3 | 9 | 1 | 5 |
| 1 | 9 | 3 | 4 | 5 | 2 | 7 | 8 | 6 |
| 5 | 8 | 6 | 9 | 7 | 1 | 2 | 3 | 4 |
| 4 | 1 | 7 | 3 | 9 | 6 | 5 | 2 | 8 |
| 9 | 6 | 5 | 1 | 2 | 8 | 4 | 7 | 3 |
| 3 | 2 | 8 | 5 | 4 | 7 | 1 | 6 | 9 |

**Puzzle 15**

| | | | | | | | | |
|---|---|---|---|---|---|---|---|---|
| 8 | 2 | 3 | 9 | 5 | 1 | 6 | 4 | 7 |
| 6 | 1 | 4 | 7 | 3 | 2 | 5 | 8 | 9 |
| 9 | 5 | 7 | 4 | 8 | 6 | 3 | 2 | 1 |
| 4 | 9 | 6 | 2 | 1 | 8 | 7 | 3 | 5 |
| 1 | 3 | 5 | 6 | 4 | 7 | 2 | 9 | 8 |
| 7 | 8 | 2 | 3 | 9 | 5 | 4 | 1 | 6 |
| 5 | 6 | 1 | 8 | 2 | 4 | 9 | 7 | 3 |
| 2 | 7 | 9 | 1 | 6 | 3 | 8 | 5 | 4 |
| 3 | 4 | 8 | 5 | 7 | 9 | 1 | 6 | 2 |

**Puzzle 16**

| | | | | | | | | |
|---|---|---|---|---|---|---|---|---|
| 4 | 5 | 6 | 3 | 9 | 2 | 1 | 8 | 7 |
| 3 | 8 | 1 | 4 | 7 | 5 | 2 | 6 | 9 |
| 7 | 2 | 9 | 1 | 8 | 6 | 3 | 4 | 5 |
| 8 | 6 | 3 | 9 | 5 | 1 | 7 | 2 | 4 |
| 2 | 9 | 5 | 6 | 4 | 7 | 8 | 1 | 3 |
| 1 | 4 | 7 | 2 | 3 | 8 | 5 | 9 | 6 |
| 6 | 7 | 2 | 5 | 1 | 9 | 4 | 3 | 8 |
| 5 | 1 | 4 | 8 | 6 | 3 | 9 | 7 | 2 |
| 9 | 3 | 8 | 7 | 2 | 4 | 6 | 5 | 1 |

**Puzzle 17**

| | | | | | | | | |
|---|---|---|---|---|---|---|---|---|
| 1 | 9 | 4 | 8 | 6 | 5 | 2 | 3 | 7 |
| 7 | 3 | 5 | 4 | 1 | 2 | 9 | 6 | 8 |
| 8 | 6 | 2 | 3 | 9 | 7 | 1 | 4 | 5 |
| 9 | 2 | 1 | 7 | 4 | 8 | 3 | 5 | 6 |
| 6 | 7 | 8 | 5 | 3 | 1 | 4 | 2 | 9 |
| 4 | 5 | 3 | 9 | 2 | 6 | 8 | 7 | 1 |
| 3 | 8 | 9 | 6 | 5 | 4 | 7 | 1 | 2 |
| 2 | 4 | 6 | 1 | 7 | 9 | 5 | 8 | 3 |
| 5 | 1 | 7 | 2 | 8 | 3 | 6 | 9 | 4 |

**Puzzle 18**

| | | | | | | | | |
|---|---|---|---|---|---|---|---|---|
| 3 | 1 | 4 | 5 | 9 | 8 | 2 | 7 | 6 |
| 6 | 2 | 8 | 1 | 7 | 3 | 9 | 4 | 5 |
| 9 | 7 | 5 | 4 | 6 | 2 | 8 | 1 | 3 |
| 7 | 8 | 6 | 3 | 4 | 5 | 1 | 9 | 2 |
| 1 | 3 | 9 | 2 | 8 | 7 | 5 | 6 | 4 |
| 4 | 5 | 2 | 9 | 1 | 6 | 3 | 8 | 7 |
| 2 | 6 | 7 | 8 | 5 | 1 | 4 | 3 | 9 |
| 5 | 4 | 1 | 6 | 3 | 9 | 7 | 2 | 8 |
| 8 | 9 | 3 | 7 | 2 | 4 | 6 | 5 | 1 |

**Puzzle 19**

| | | | | | | | | |
|---|---|---|---|---|---|---|---|---|
| 7 | 1 | 6 | 2 | 4 | 5 | 3 | 8 | 9 |
| 4 | 9 | 3 | 8 | 6 | 7 | 2 | 5 | 1 |
| 5 | 2 | 8 | 9 | 1 | 3 | 7 | 4 | 6 |
| 6 | 4 | 1 | 5 | 3 | 9 | 8 | 2 | 7 |
| 3 | 8 | 2 | 6 | 7 | 4 | 9 | 1 | 5 |
| 9 | 5 | 7 | 1 | 8 | 2 | 4 | 6 | 3 |
| 8 | 3 | 5 | 4 | 9 | 1 | 6 | 7 | 2 |
| 1 | 7 | 4 | 3 | 2 | 6 | 5 | 9 | 8 |
| 2 | 6 | 9 | 7 | 5 | 8 | 1 | 3 | 4 |

**Puzzle 20**

| | | | | | | | | |
|---|---|---|---|---|---|---|---|---|
| 5 | 1 | 9 | 3 | 2 | 4 | 8 | 7 | 6 |
| 8 | 4 | 6 | 1 | 7 | 5 | 2 | 9 | 3 |
| 2 | 3 | 7 | 9 | 8 | 6 | 1 | 4 | 5 |
| 6 | 8 | 1 | 4 | 5 | 2 | 9 | 3 | 7 |
| 3 | 2 | 4 | 7 | 6 | 9 | 5 | 1 | 8 |
| 7 | 9 | 5 | 8 | 3 | 1 | 4 | 6 | 2 |
| 1 | 6 | 8 | 5 | 9 | 3 | 7 | 2 | 4 |
| 9 | 5 | 3 | 2 | 4 | 7 | 6 | 8 | 1 |
| 4 | 7 | 2 | 6 | 1 | 8 | 3 | 5 | 9 |

**Puzzle 21**

| | | | | | | | | |
|---|---|---|---|---|---|---|---|---|
| 4 | 7 | 5 | 2 | 6 | 1 | 3 | 8 | 9 |
| 9 | 3 | 6 | 8 | 7 | 4 | 1 | 5 | 2 |
| 1 | 2 | 8 | 9 | 5 | 3 | 7 | 4 | 6 |
| 5 | 8 | 9 | 6 | 1 | 7 | 4 | 2 | 3 |
| 3 | 6 | 1 | 5 | 4 | 2 | 8 | 9 | 7 |
| 2 | 4 | 7 | 3 | 8 | 9 | 6 | 1 | 5 |
| 8 | 1 | 3 | 7 | 9 | 5 | 2 | 6 | 4 |
| 6 | 9 | 2 | 4 | 3 | 8 | 5 | 7 | 1 |
| 7 | 5 | 4 | 1 | 2 | 6 | 9 | 3 | 8 |

**Puzzle 22**

| | | | | | | | | |
|---|---|---|---|---|---|---|---|---|
| 9 | 8 | 4 | 7 | 5 | 6 | 1 | 2 | 3 |
| 3 | 1 | 7 | 8 | 9 | 2 | 6 | 5 | 4 |
| 2 | 6 | 5 | 3 | 1 | 4 | 9 | 8 | 7 |
| 5 | 9 | 1 | 6 | 2 | 7 | 3 | 4 | 8 |
| 4 | 2 | 3 | 5 | 8 | 9 | 7 | 6 | 1 |
| 8 | 7 | 6 | 4 | 3 | 1 | 2 | 9 | 5 |
| 6 | 3 | 2 | 1 | 4 | 5 | 8 | 7 | 9 |
| 1 | 5 | 9 | 2 | 7 | 8 | 4 | 3 | 6 |
| 7 | 4 | 8 | 9 | 6 | 3 | 5 | 1 | 2 |

**Puzzle 23**

| | | | | | | | | |
|---|---|---|---|---|---|---|---|---|
| 2 | 4 | 1 | 8 | 6 | 7 | 5 | 3 | 9 |
| 9 | 3 | 6 | 2 | 1 | 5 | 4 | 8 | 7 |
| 7 | 5 | 8 | 9 | 3 | 4 | 2 | 1 | 6 |
| 1 | 7 | 4 | 6 | 9 | 8 | 3 | 5 | 2 |
| 5 | 2 | 9 | 3 | 7 | 1 | 8 | 6 | 4 |
| 8 | 6 | 3 | 4 | 5 | 2 | 9 | 7 | 1 |
| 6 | 1 | 2 | 5 | 4 | 3 | 7 | 9 | 8 |
| 4 | 9 | 5 | 7 | 8 | 6 | 1 | 2 | 3 |
| 3 | 8 | 7 | 1 | 2 | 9 | 6 | 4 | 5 |

**Puzzle 24**

| | | | | | | | | |
|---|---|---|---|---|---|---|---|---|
| 6 | 9 | 8 | 1 | 5 | 2 | 3 | 4 | 7 |
| 4 | 7 | 1 | 9 | 3 | 8 | 6 | 2 | 5 |
| 5 | 3 | 2 | 6 | 4 | 7 | 8 | 1 | 9 |
| 7 | 4 | 9 | 3 | 8 | 5 | 2 | 6 | 1 |
| 3 | 1 | 6 | 2 | 7 | 9 | 5 | 8 | 4 |
| 8 | 2 | 5 | 4 | 1 | 6 | 7 | 9 | 3 |
| 2 | 5 | 7 | 8 | 9 | 1 | 4 | 3 | 6 |
| 1 | 6 | 3 | 5 | 2 | 4 | 9 | 7 | 8 |
| 9 | 8 | 4 | 7 | 6 | 3 | 1 | 5 | 2 |

**Puzzle 25**

| 6 | 3 | 8 | 5 | 7 | 9 | 4 | 1 | 2 |
|---|---|---|---|---|---|---|---|---|
| 2 | 9 | 7 | 4 | 6 | 1 | 5 | 8 | 3 |
| 4 | 5 | 1 | 2 | 8 | 3 | 9 | 7 | 6 |
| 1 | 6 | 5 | 7 | 2 | 8 | 3 | 4 | 9 |
| 9 | 8 | 4 | 1 | 3 | 5 | 6 | 2 | 7 |
| 7 | 2 | 3 | 6 | 9 | 4 | 1 | 5 | 8 |
| 3 | 4 | 9 | 8 | 5 | 2 | 7 | 6 | 1 |
| 5 | 7 | 2 | 9 | 1 | 6 | 8 | 3 | 4 |
| 8 | 1 | 6 | 3 | 4 | 7 | 2 | 9 | 5 |

**Puzzle 26**

| 4 | 2 | 8 | 6 | 7 | 1 | 3 | 9 | 5 |
|---|---|---|---|---|---|---|---|---|
| 6 | 5 | 1 | 9 | 4 | 3 | 8 | 2 | 7 |
| 9 | 7 | 3 | 2 | 8 | 5 | 1 | 4 | 6 |
| 3 | 1 | 9 | 8 | 6 | 2 | 7 | 5 | 4 |
| 7 | 4 | 2 | 1 | 5 | 9 | 6 | 8 | 3 |
| 8 | 6 | 5 | 7 | 3 | 4 | 9 | 1 | 2 |
| 1 | 3 | 7 | 4 | 2 | 8 | 5 | 6 | 9 |
| 2 | 8 | 6 | 5 | 9 | 7 | 4 | 3 | 1 |
| 5 | 9 | 4 | 3 | 1 | 6 | 2 | 7 | 8 |

**Puzzle 27**

| 6 | 8 | 2 | 9 | 4 | 3 | 1 | 7 | 5 |
|---|---|---|---|---|---|---|---|---|
| 4 | 7 | 5 | 8 | 6 | 1 | 3 | 2 | 9 |
| 1 | 9 | 3 | 5 | 2 | 7 | 4 | 6 | 8 |
| 9 | 2 | 7 | 1 | 8 | 5 | 6 | 4 | 3 |
| 5 | 6 | 1 | 2 | 3 | 4 | 8 | 9 | 7 |
| 3 | 4 | 8 | 6 | 7 | 9 | 5 | 1 | 2 |
| 7 | 1 | 4 | 3 | 5 | 2 | 9 | 8 | 6 |
| 8 | 5 | 9 | 7 | 1 | 6 | 2 | 3 | 4 |
| 2 | 3 | 6 | 4 | 9 | 8 | 7 | 5 | 1 |

**Puzzle 28**

| 3 | 6 | 8 | 1 | 7 | 9 | 2 | 5 | 4 |
|---|---|---|---|---|---|---|---|---|
| 9 | 4 | 2 | 8 | 6 | 5 | 1 | 7 | 3 |
| 1 | 7 | 5 | 2 | 4 | 3 | 6 | 8 | 9 |
| 6 | 1 | 9 | 7 | 5 | 4 | 3 | 2 | 8 |
| 7 | 5 | 4 | 3 | 8 | 2 | 9 | 1 | 6 |
| 2 | 8 | 3 | 9 | 1 | 6 | 5 | 4 | 7 |
| 5 | 9 | 1 | 4 | 3 | 8 | 7 | 6 | 2 |
| 8 | 2 | 6 | 5 | 9 | 7 | 4 | 3 | 1 |
| 4 | 3 | 7 | 6 | 2 | 1 | 8 | 9 | 5 |

**Puzzle 29**

| 6 | 2 | 4 | 8 | 1 | 7 | 3 | 5 | 9 |
|---|---|---|---|---|---|---|---|---|
| 9 | 3 | 1 | 2 | 5 | 6 | 4 | 7 | 8 |
| 7 | 8 | 5 | 9 | 3 | 4 | 1 | 6 | 2 |
| 8 | 6 | 3 | 1 | 9 | 5 | 7 | 2 | 4 |
| 2 | 1 | 7 | 6 | 4 | 3 | 8 | 9 | 5 |
| 5 | 4 | 9 | 7 | 2 | 8 | 6 | 3 | 1 |
| 3 | 5 | 8 | 4 | 7 | 9 | 2 | 1 | 6 |
| 1 | 7 | 6 | 5 | 8 | 2 | 9 | 4 | 3 |
| 4 | 9 | 2 | 3 | 6 | 1 | 5 | 8 | 7 |

**Puzzle 30**

| 1 | 7 | 2 | 9 | 4 | 6 | 8 | 3 | 5 |
|---|---|---|---|---|---|---|---|---|
| 3 | 6 | 8 | 2 | 1 | 5 | 7 | 9 | 4 |
| 9 | 5 | 4 | 7 | 8 | 3 | 2 | 6 | 1 |
| 4 | 9 | 1 | 6 | 5 | 7 | 3 | 8 | 2 |
| 2 | 8 | 7 | 4 | 3 | 1 | 6 | 5 | 9 |
| 5 | 3 | 6 | 8 | 2 | 9 | 4 | 1 | 7 |
| 7 | 2 | 9 | 5 | 6 | 8 | 1 | 4 | 3 |
| 6 | 4 | 3 | 1 | 9 | 2 | 5 | 7 | 8 |
| 8 | 1 | 5 | 3 | 7 | 4 | 9 | 2 | 6 |

**Puzzle 31**

| 8 | 9 | 7 | 5 | 2 | 4 | 6 | 1 | 3 |
|---|---|---|---|---|---|---|---|---|
| 2 | 5 | 4 | 3 | 6 | 1 | 7 | 9 | 8 |
| 3 | 6 | 1 | 7 | 9 | 8 | 2 | 4 | 5 |
| 4 | 3 | 8 | 1 | 5 | 2 | 9 | 7 | 6 |
| 1 | 2 | 5 | 6 | 7 | 9 | 8 | 3 | 4 |
| 9 | 7 | 6 | 4 | 8 | 3 | 5 | 2 | 1 |
| 7 | 8 | 3 | 9 | 4 | 5 | 1 | 6 | 2 |
| 6 | 4 | 2 | 8 | 1 | 7 | 3 | 5 | 9 |
| 5 | 1 | 9 | 2 | 3 | 6 | 4 | 8 | 7 |

**Puzzle 32**

| 8 | 5 | 2 | 7 | 4 | 6 | 1 | 3 | 9 |
|---|---|---|---|---|---|---|---|---|
| 3 | 1 | 4 | 5 | 9 | 2 | 7 | 8 | 6 |
| 7 | 6 | 9 | 1 | 8 | 3 | 4 | 5 | 2 |
| 4 | 7 | 1 | 3 | 6 | 5 | 9 | 2 | 8 |
| 9 | 3 | 5 | 8 | 2 | 4 | 6 | 7 | 1 |
| 6 | 2 | 8 | 9 | 7 | 1 | 5 | 4 | 3 |
| 1 | 8 | 3 | 6 | 5 | 7 | 2 | 9 | 4 |
| 5 | 4 | 6 | 2 | 3 | 9 | 8 | 1 | 7 |
| 2 | 9 | 7 | 4 | 1 | 8 | 3 | 6 | 5 |

**Puzzle 33**

| 1 | 3 | 9 | 7 | 4 | 8 | 5 | 2 | 6 |
|---|---|---|---|---|---|---|---|---|
| 4 | 2 | 7 | 6 | 1 | 5 | 9 | 3 | 8 |
| 6 | 8 | 5 | 3 | 9 | 2 | 7 | 1 | 4 |
| 9 | 4 | 8 | 2 | 3 | 6 | 1 | 5 | 7 |
| 3 | 7 | 1 | 4 | 5 | 9 | 8 | 6 | 2 |
| 5 | 6 | 2 | 1 | 8 | 7 | 4 | 9 | 3 |
| 8 | 1 | 6 | 5 | 2 | 4 | 3 | 7 | 9 |
| 7 | 9 | 3 | 8 | 6 | 1 | 2 | 4 | 5 |
| 2 | 5 | 4 | 9 | 7 | 3 | 6 | 8 | 1 |

**Puzzle 34**

| 1 | 7 | 9 | 3 | 2 | 8 | 5 | 6 | 4 |
|---|---|---|---|---|---|---|---|---|
| 3 | 5 | 2 | 6 | 7 | 4 | 9 | 8 | 1 |
| 8 | 6 | 4 | 9 | 1 | 5 | 7 | 2 | 3 |
| 5 | 9 | 8 | 2 | 6 | 1 | 3 | 4 | 7 |
| 7 | 2 | 6 | 4 | 9 | 3 | 1 | 5 | 8 |
| 4 | 1 | 3 | 8 | 5 | 7 | 2 | 9 | 6 |
| 9 | 4 | 7 | 1 | 8 | 2 | 6 | 3 | 5 |
| 6 | 8 | 1 | 5 | 3 | 9 | 4 | 7 | 2 |
| 2 | 3 | 5 | 7 | 4 | 6 | 8 | 1 | 9 |

**Puzzle 35**

| 4 | 7 | 6 | 5 | 8 | 1 | 3 | 2 | 9 |
|---|---|---|---|---|---|---|---|---|
| 5 | 1 | 9 | 2 | 4 | 3 | 7 | 6 | 8 |
| 2 | 8 | 3 | 9 | 7 | 6 | 5 | 4 | 1 |
| 8 | 5 | 1 | 3 | 2 | 7 | 4 | 9 | 6 |
| 6 | 9 | 7 | 1 | 5 | 4 | 8 | 3 | 2 |
| 3 | 2 | 4 | 6 | 9 | 8 | 1 | 7 | 5 |
| 9 | 4 | 8 | 7 | 1 | 2 | 6 | 5 | 3 |
| 1 | 6 | 5 | 4 | 3 | 9 | 2 | 8 | 7 |
| 7 | 3 | 2 | 8 | 6 | 5 | 9 | 1 | 4 |

**Puzzle 36**

| 6 | 1 | 2 | 8 | 7 | 5 | 3 | 9 | 4 |
|---|---|---|---|---|---|---|---|---|
| 5 | 7 | 3 | 2 | 4 | 9 | 6 | 8 | 1 |
| 4 | 8 | 9 | 3 | 6 | 1 | 7 | 2 | 5 |
| 3 | 5 | 7 | 9 | 1 | 8 | 2 | 4 | 6 |
| 1 | 6 | 4 | 5 | 2 | 7 | 8 | 3 | 9 |
| 9 | 2 | 8 | 4 | 3 | 6 | 1 | 5 | 7 |
| 2 | 9 | 6 | 7 | 5 | 3 | 4 | 1 | 8 |
| 8 | 4 | 1 | 6 | 9 | 2 | 5 | 7 | 3 |
| 7 | 3 | 5 | 1 | 8 | 4 | 9 | 6 | 2 |

**Puzzle 37**

| 8 | 3 | 9 | 1 | 7 | 4 | 2 | 6 | 5 |
|---|---|---|---|---|---|---|---|---|
| 5 | 4 | 6 | 8 | 2 | 3 | 1 | 9 | 7 |
| 7 | 2 | 1 | 5 | 6 | 9 | 4 | 3 | 8 |
| 4 | 5 | 2 | 3 | 8 | 7 | 6 | 1 | 9 |
| 6 | 8 | 3 | 9 | 1 | 5 | 7 | 2 | 4 |
| 9 | 1 | 7 | 2 | 4 | 6 | 5 | 8 | 3 |
| 2 | 7 | 4 | 6 | 9 | 8 | 3 | 5 | 1 |
| 3 | 6 | 8 | 4 | 5 | 1 | 9 | 7 | 2 |
| 1 | 9 | 5 | 7 | 3 | 2 | 8 | 4 | 6 |

**Puzzle 38**

| 4 | 2 | 1 | 5 | 8 | 3 | 6 | 9 | 7 |
|---|---|---|---|---|---|---|---|---|
| 6 | 5 | 9 | 4 | 2 | 7 | 1 | 8 | 3 |
| 3 | 8 | 7 | 9 | 6 | 1 | 5 | 2 | 4 |
| 9 | 7 | 3 | 8 | 1 | 2 | 4 | 6 | 5 |
| 8 | 6 | 4 | 7 | 5 | 9 | 3 | 1 | 2 |
| 2 | 1 | 5 | 6 | 3 | 4 | 9 | 7 | 8 |
| 7 | 3 | 2 | 1 | 9 | 5 | 8 | 4 | 6 |
| 5 | 9 | 8 | 2 | 4 | 6 | 7 | 3 | 1 |
| 1 | 4 | 6 | 3 | 7 | 8 | 2 | 5 | 9 |

**Puzzle 39**

| 8 | 3 | 1 | 6 | 2 | 9 | 7 | 5 | 4 |
|---|---|---|---|---|---|---|---|---|
| 4 | 2 | 7 | 3 | 1 | 5 | 8 | 9 | 6 |
| 6 | 9 | 5 | 7 | 4 | 8 | 2 | 3 | 1 |
| 2 | 6 | 3 | 8 | 9 | 4 | 5 | 1 | 7 |
| 1 | 7 | 4 | 2 | 5 | 3 | 9 | 6 | 8 |
| 5 | 8 | 9 | 1 | 7 | 6 | 3 | 4 | 2 |
| 9 | 5 | 6 | 4 | 8 | 7 | 1 | 2 | 3 |
| 3 | 1 | 8 | 5 | 6 | 2 | 4 | 7 | 9 |
| 7 | 4 | 2 | 9 | 3 | 1 | 6 | 8 | 5 |

**Puzzle 40**

| 5 | 1 | 8 | 2 | 7 | 9 | 4 | 3 | 6 |
|---|---|---|---|---|---|---|---|---|
| 4 | 7 | 2 | 6 | 3 | 5 | 9 | 8 | 1 |
| 3 | 6 | 9 | 8 | 4 | 1 | 7 | 2 | 5 |
| 6 | 9 | 4 | 7 | 1 | 2 | 3 | 5 | 8 |
| 2 | 8 | 5 | 3 | 6 | 4 | 1 | 7 | 9 |
| 7 | 3 | 1 | 9 | 5 | 8 | 2 | 6 | 4 |
| 8 | 2 | 6 | 1 | 9 | 3 | 5 | 4 | 7 |
| 1 | 4 | 3 | 5 | 8 | 7 | 6 | 9 | 2 |
| 9 | 5 | 7 | 4 | 2 | 6 | 8 | 1 | 3 |

**Puzzle 41**

| 9 | 7 | 6 | 3 | 1 | 2 | 8 | 4 | 5 |
|---|---|---|---|---|---|---|---|---|
| 2 | 3 | 5 | 8 | 4 | 9 | 6 | 7 | 1 |
| 4 | 8 | 1 | 6 | 7 | 5 | 2 | 9 | 3 |
| 6 | 4 | 7 | 9 | 5 | 1 | 3 | 2 | 8 |
| 5 | 9 | 8 | 2 | 6 | 3 | 4 | 1 | 7 |
| 3 | 1 | 2 | 4 | 8 | 7 | 5 | 6 | 9 |
| 7 | 5 | 3 | 1 | 2 | 4 | 9 | 8 | 6 |
| 1 | 6 | 4 | 5 | 9 | 8 | 7 | 3 | 2 |
| 8 | 2 | 9 | 7 | 3 | 6 | 1 | 5 | 4 |

**Puzzle 42**

| 7 | 5 | 2 | 4 | 9 | 6 | 1 | 3 | 8 |
|---|---|---|---|---|---|---|---|---|
| 3 | 9 | 1 | 2 | 5 | 8 | 4 | 6 | 7 |
| 4 | 8 | 6 | 7 | 3 | 1 | 9 | 5 | 2 |
| 8 | 3 | 9 | 6 | 7 | 5 | 2 | 1 | 4 |
| 1 | 2 | 4 | 9 | 8 | 3 | 5 | 7 | 6 |
| 6 | 7 | 5 | 1 | 4 | 2 | 8 | 9 | 3 |
| 5 | 4 | 7 | 3 | 2 | 9 | 6 | 8 | 1 |
| 2 | 6 | 8 | 5 | 1 | 7 | 3 | 4 | 9 |
| 9 | 1 | 3 | 8 | 6 | 4 | 7 | 2 | 5 |

**Puzzle 43**

| 5 | 9 | 6 | 2 | 4 | 1 | 7 | 8 | 3 |
|---|---|---|---|---|---|---|---|---|
| 2 | 4 | 1 | 7 | 3 | 8 | 9 | 5 | 6 |
| 3 | 7 | 8 | 9 | 6 | 5 | 2 | 1 | 4 |
| 7 | 5 | 3 | 8 | 9 | 4 | 1 | 6 | 2 |
| 9 | 8 | 4 | 1 | 2 | 6 | 5 | 3 | 7 |
| 1 | 6 | 2 | 3 | 5 | 7 | 4 | 9 | 8 |
| 6 | 2 | 7 | 5 | 8 | 9 | 3 | 4 | 1 |
| 4 | 1 | 5 | 6 | 7 | 3 | 8 | 2 | 9 |
| 8 | 3 | 9 | 4 | 1 | 2 | 6 | 7 | 5 |

**Puzzle 44**

| 1 | 8 | 7 | 4 | 2 | 9 | 5 | 6 | 3 |
|---|---|---|---|---|---|---|---|---|
| 3 | 6 | 4 | 8 | 5 | 7 | 1 | 2 | 9 |
| 5 | 9 | 2 | 6 | 3 | 1 | 8 | 4 | 7 |
| 6 | 7 | 5 | 2 | 8 | 4 | 3 | 9 | 1 |
| 9 | 4 | 3 | 5 | 1 | 6 | 7 | 8 | 2 |
| 8 | 2 | 1 | 9 | 7 | 3 | 4 | 5 | 6 |
| 4 | 3 | 9 | 1 | 6 | 8 | 2 | 7 | 5 |
| 2 | 1 | 6 | 7 | 4 | 5 | 9 | 3 | 8 |
| 7 | 5 | 8 | 3 | 9 | 2 | 6 | 1 | 4 |

**Puzzle 45**

| 5 | 4 | 1 | 9 | 2 | 7 | 6 | 3 | 8 |
|---|---|---|---|---|---|---|---|---|
| 2 | 6 | 3 | 1 | 5 | 8 | 7 | 9 | 4 |
| 8 | 7 | 9 | 3 | 4 | 6 | 2 | 1 | 5 |
| 3 | 5 | 4 | 7 | 1 | 9 | 8 | 2 | 6 |
| 6 | 1 | 7 | 2 | 8 | 5 | 9 | 4 | 3 |
| 9 | 8 | 2 | 6 | 3 | 4 | 1 | 5 | 7 |
| 1 | 2 | 8 | 4 | 6 | 3 | 5 | 7 | 9 |
| 4 | 9 | 5 | 8 | 7 | 1 | 3 | 6 | 2 |
| 7 | 3 | 6 | 5 | 9 | 2 | 4 | 8 | 1 |

**Puzzle 46**

| 7 | 4 | 1 | 2 | 3 | 6 | 5 | 9 | 8 |
|---|---|---|---|---|---|---|---|---|
| 5 | 8 | 6 | 9 | 4 | 1 | 3 | 2 | 7 |
| 3 | 9 | 2 | 5 | 7 | 8 | 6 | 4 | 1 |
| 4 | 2 | 5 | 3 | 1 | 7 | 9 | 8 | 6 |
| 8 | 3 | 7 | 6 | 9 | 2 | 1 | 5 | 4 |
| 1 | 6 | 9 | 8 | 5 | 4 | 2 | 7 | 3 |
| 6 | 5 | 4 | 1 | 8 | 9 | 7 | 3 | 2 |
| 2 | 7 | 3 | 4 | 6 | 5 | 8 | 1 | 9 |
| 9 | 1 | 8 | 7 | 2 | 3 | 4 | 6 | 5 |

**Puzzle 47**

| 6 | 7 | 9 | 5 | 8 | 1 | 4 | 3 | 2 |
|---|---|---|---|---|---|---|---|---|
| 8 | 5 | 3 | 2 | 4 | 7 | 1 | 9 | 6 |
| 4 | 1 | 2 | 6 | 3 | 9 | 8 | 5 | 7 |
| 9 | 3 | 8 | 7 | 5 | 4 | 2 | 6 | 1 |
| 5 | 2 | 7 | 8 | 1 | 6 | 9 | 4 | 3 |
| 1 | 6 | 4 | 9 | 2 | 3 | 7 | 8 | 5 |
| 3 | 4 | 5 | 1 | 7 | 8 | 6 | 2 | 9 |
| 7 | 8 | 6 | 3 | 9 | 2 | 5 | 1 | 4 |
| 2 | 9 | 1 | 4 | 6 | 5 | 3 | 7 | 8 |

**Puzzle 48**

| 3 | 2 | 9 | 4 | 7 | 6 | 8 | 1 | 5 |
|---|---|---|---|---|---|---|---|---|
| 5 | 4 | 8 | 1 | 9 | 3 | 2 | 7 | 6 |
| 1 | 7 | 6 | 8 | 5 | 2 | 4 | 9 | 3 |
| 4 | 6 | 5 | 3 | 8 | 9 | 7 | 2 | 1 |
| 9 | 1 | 2 | 7 | 6 | 5 | 3 | 4 | 8 |
| 8 | 3 | 7 | 2 | 4 | 1 | 5 | 6 | 9 |
| 7 | 9 | 1 | 5 | 2 | 8 | 6 | 3 | 4 |
| 6 | 5 | 4 | 9 | 3 | 7 | 1 | 8 | 2 |
| 2 | 8 | 3 | 6 | 1 | 4 | 9 | 5 | 7 |

## ) Puzzle 49

| 8 | 9 | 6 | 2 | 4 | 3 | 1 | 7 | 5 |
|---|---|---|---|---|---|---|---|---|
| 3 | 4 | 7 | 6 | 5 | 1 | 9 | 8 | 2 |
| 2 | 5 | 1 | 8 | 9 | 7 | 6 | 4 | 3 |
| 9 | 6 | 3 | 7 | 1 | 5 | 8 | 2 | 4 |
| 5 | 1 | 4 | 3 | 2 | 8 | 7 | 6 | 9 |
| 7 | 2 | 8 | 4 | 6 | 9 | 5 | 3 | 1 |
| 6 | 3 | 9 | 5 | 7 | 4 | 2 | 1 | 8 |
| 4 | 7 | 5 | 1 | 8 | 2 | 3 | 9 | 6 |
| 1 | 8 | 2 | 9 | 3 | 6 | 4 | 5 | 7 |

## Puzzle 50

| 2 | 9 | 1 | 4 | 8 | 5 | 7 | 6 | 3 |
|---|---|---|---|---|---|---|---|---|
| 6 | 4 | 7 | 3 | 9 | 1 | 2 | 8 | 5 |
| 8 | 5 | 3 | 2 | 7 | 6 | 4 | 9 | 1 |
| 3 | 2 | 6 | 9 | 1 | 8 | 5 | 4 | 7 |
| 5 | 1 | 8 | 7 | 2 | 4 | 9 | 3 | 6 |
| 4 | 7 | 9 | 6 | 5 | 3 | 8 | 1 | 2 |
| 1 | 6 | 5 | 8 | 4 | 7 | 3 | 2 | 9 |
| 7 | 8 | 2 | 1 | 3 | 9 | 6 | 5 | 4 |
| 9 | 3 | 4 | 5 | 6 | 2 | 1 | 7 | 8 |

# WORD SEARCH

## 01

```
E R T H S H R W Y V F E G D F C X D P Y J G J
P V K J S M E R C Y H Z Z N W U E Q U I P B N
M Z H I R O N C G Z V T Z I S N E N E T O V G
N H B Y I B S F A V O R J K Z R V U S Z C J P
P F L O A T V I W R Y E A R N M W E E D P C T
G E K Q S M E P U N U L A C A W V J M Z D U G
S M L U Z Q K F J C C Y D N A H R N W P Q R X
O O H B H O S L E Z B P M O A N X B L Z Q V B
F H K Q I R F O P P H E F A C U N Y O D M E A
H D A Z D P V C D Z V X Z G B P I J S J T R C
W D L N E O S M U G W U Q R A X G W R B M O K
R S E J G S Z I R W I I S A M V H P O B B U N
E Y W H H S L Q Y J I D X Q G V T F P K T G P
C O O L P L D N T T P G Z D I C G Y T S G H E
N T B Y X N C R V U S U U N U E E M S G V O V
Y T B Q D F F L J X J L O P I R T S R M V F J
```

Find the following words in the puzzle.
Words are hidden ↑ ↓ → ← and ↘ .

| | | |
|---|---|---|
| EQUIP | FAVOR | HOME |
| YEARN | ROUGH | VOTE |
| BOWEL | CURVE | WEED |
| HANDY | MERCY | CAFE |
| FLOAT | HIDE | MUG |
| STRIP | IRON | |
| NIGHT | BACK | |

## 01

```
.  .  .  .  .  .  M  E  R  C  Y  .  .  .  .  .  .  E  Q  U  I  P  .  .
.  .  .  I  R  O  N  .  .  .  .  .  .  .  .  .  .  E  T  O  V  .
.  .  .  .  .  .  F  A  V  O  R  .  .  .  .  .  .  .  .  .  .  .
.  F  L  O  A  T  .  .  .  .  Y  E  A  R  N  .  W  E  E  D  .  C  .
.  E  .  .  .  .  .  .  .  .  .  .  .  .  .  .  .  .  .  .  U  .
.  M  .  .  .  .  .  .  .  Y  D  N  A  H  .  .  .  .  .  R  .
.  O  .  H  .  .  .  .  .  .  .  .  .  .  .  .  .  .  V  B
.  H  .  I  .  .  .  .  .  E  F  A  C  .  N  .  .  .  E  A
.  .  .  D  .  .  .  .  .  .  .  .  .  I  .  .  .  R  C
.  .  L  .  E  .  .  M  U  G  .  .  .  .  .  G  .  .  .  O  K
.  E  .  .  .  .  .  .  .  .  .  .  H  .  .  U  .
.  .  W  .  .  .  .  .  .  .  .  .  T  .  .  .  G  .
.  .  O  .  .  .  .  .  .  .  .  .  .  .  .  H  .
.  .  B  .  .  .  .  .  .  .  .  .  .  .  .  .  .  .
.  .  .  .  .  .  .  .  .  .  .  P  I  R  T  S  .  .  .  .  .
```

Word directions and start points are formatted: (Direction, X, Y)

EQUIP (E,17,2)           FAVOR (E,8,4)           HOME (N,2,9)
YEARN (E,11,5)           ROUGH (S,22,10)         VOTE (W,22,3)
BOWEL (N,3,15)           CURVE (S,22,5)          WEED (E,17,5)
HANDY (W,16,7)           MERCY (E,6,2)           CAFE (W,15,9)
FLOAT (E,2,5)            HIDE (S,5,8)            MUG (E,8,11)
STRIP (W,18,16)          IRON (E,4,3)
NIGHT (S,17,9)           BACK (S,23,8)

```
K E C S K H B B A C X U S N W X M B K R A Y C
S U K A K B F A Q C L G A A U G E F H I E D L
E U V V B D R B O C H Z Y X Y O R L Y R S A N
B O E E V L K R J H H E N A V B G D Z T K P L
A H O V R A Q S M O T D W B P X O P K N U H X
L G C G Y B V E F R M X X N B Q A W I N K O I
U U X F K U X N B D S V D T P E Y R E F B N A
N O L O Q M J S J Y F O B A S I N I M L A U U
L T R H E Y Z E K O K O N P G B A L E R R T G
H E R B O C F Y R N Z S R P W U S N P P D S H
T J Z Y V Q K D G L N B I K A L G Y B L K G U
W V M T P B M I Q G Z H C U Y R Q N A A V H P
P X F G E U D E B B B B A Q Y B B O L R F Q Y
R Q K M B J O T U E P X X U B P E S T G W D T
U M H W S C I S A B G Q Z H O L Q X O E K E Q
R G W M U U E L H H Y H T V C S M B N U V I H
```

Find the following words in the puzzle.
Words are hidden ↑ ↓ → ← and ↘ .

BASIN       LOBBY       STUN
LARGE       PEST        FORK
BOWEL       DIET        REAL
BASIC       HERB        VAN
SENSE       SAVE        BAR
TOUGH       CHEW        SAY
CHORD       BALD

# SOLUTION

## 02

```
.  .  .  S  .  .  .  .  .  .  .  .  S  .  .  .  .  .  R  .  .  .
.  .  .  A  .  .  .  .  .  C  .  .  .  A  .  .  .  .  .  E  .  .
.  .  .  V  .  D  .  .  .  C  H  .  .  .  Y  .  .  .  .  .  A  .
.  .  .  E  .  L  .  .  .  H  .  E  N  A  V  B  .  .  .  .  .  L
.  H  .  .  .  A  .  S  .  O  .  .  W  .  .  .  O  .  .  .  .  .
.  G  .  .  .  B  .  E  .  R  .  .  .  .  .  .  .  W  .  .  .  .
.  U  .  .  .  .  .  N  .  D  .  .  .  .  .  .  .  .  E  .  B  N  .
.  O  .  .  .  .  .  S  .  .  F  .  B  A  S  I  N  .  .  L  A  U  .
.  T  .  .  .  .  .  E  .  .  .  O  .  .  .  .  .  .  .  .  R  T  .
H  E  R  B  .  .  .  .  .  .  .  .  R  .  .  .  .  .  .  .  .  S  .
.  .  .  .  .  .  .  D  .  .  .  .  .  K  .  .  .  .  .  L  .  .  .
.  .  .  .  .  .  .  I  .  .  .  .  .  .  .  .  .  .  .  A  .  .  .
.  .  .  .  .  .  .  E  .  .  .  .  .  .  Y  B  B  O  L  R  .  .  .
.  .  .  .  .  .  .  T  .  .  .  .  .  .  .  P  E  S  T  G  .  .  .
.  .  .  .  .  C  I  S  A  B  .  .  .  .  .  .  .  .  .  E  .  .  .
.  .  .  .  .  .  .  .  .  .  .  .  .  .  .  .  .  .  .  .  .  .  .
```

Word directions and start points are formatted: (Direction, X, Y)

| | | |
|---|---|---|
| BASIN (E,13,8) | LOBBY (W,19,13) | STUN (N,22,10) |
| LARGE (S,20,11) | PEST (E,16,14) | FORK (SE,11,8) |
| BOWEL (SE,16,4) | DIET (S,8,11) | REAL (SE,20,1) |
| BASIC (W,10,15) | HERB (E,1,10) | VAN (W,15,4) |
| SENSE (S,8,5) | SAVE (S,4,1) | BAR (S,21,7) |
| TOUGH (N,2,9) | CHEW (SE,10,2) | SAY (SE,13,1) |
| CHORD (S,10,3) | BALD (N,6,6) | |

# 03

```
Z B D G N F Y O N P F Z V Y Y T A E B C I Y X
D P V M G N Z I T Q Q I K H U M O R P E V I D
U O L M V P T W H U X K Q A X I S Z J W I G D
U R W P F S L B R A U R Q P H N F F M E B D I
U E M M Z I Z F U B O W E L A Q B N I I U R A
M V N K T S N H T P O U R C U E C L M G J T M
W E S H U H Z E A Y T L V L W E J Y X H R G B
P F H X R M L R F Q K C B F H L N E P I T F I
U X O I W R M X Y D U U T X I A R N K F Q J X
R F O F W J E D Q O V Y J C L C F C S T O L F
E R T P G I A N T R R G J B F S B A E Z Y H I
O P A G F P K K B V W D C W E H N X T O V G S
S X E L P A T C N D U G E R S P S S S I M M T
P H F N M R A H C N R W D R Y L O Q X K R H C
V E O S S F T Q A T O B D F I E C K I J T A Q
Y Q M V S U S U Z U Y Z L O W H C S E T L M C
```

Find the following words in the puzzle.

Words are hidden ↑ ↓ → ← and ↘ .

| | | |
|---|---|---|
| ORDER | SHOOT | HELP |
| GIANT | BOWEL | PURE |
| CHARM | DIVE | MAID |
| WEIGH | BEAT | TIP |
| SCALE | FIST | OF |
| HUMOR | MISS | SO |
| FEVER | FINE | |

## 03

```
.  .  .  .  .  .  .  .  .  .  .  .  .  .  T  A  E  B  .  .  .  .
.  .  .  .  .  .  .  .  .  .  .  .  .  H  U  M  O  R  .  E  V  I  D
.  .  .  .  .  .  .  .  .  .  .  .  .  .  .  .  .  W  .  .  D
.  R  .  .  F  .  .  .  .  .  .  .  .  .  .  .  E  .  .  I
.  E  .  .  I  .  .  .  B  O  W  E  L  .  .  .  .  I  .  A
.  V  .  .  .  N  .  .  .  .  .  .  .  .  .  .  G  .  .  M
.  E  S  .  .  .  .  E  .  .  .  .  .  E  .  .  H  .  .
P  F  H  .  .  .  .  .  .  .  .  .  L  .  P  I  T  .
U  .  O  .  .  .  .  .  .  .  .  A  .  .  .  .  .
R  .  O  .  .  .  .  O  .  .  .  .  C  .  .  .  .  F
E  .  T  .  G  I  A  N  T  .  R  .  .  .  S  .  .  .  I
.  .  .  .  .  .  .  .  .  D  .  .  .  .  .  .  .  S
.  .  .  .  .  .  .  .  E  .  .  P  S  S  I  M  .  T
.  .  F  .  M  R  A  H  C  .  .  .  R  .  L  O  .  .
.  .  O  .  .  .  .  .  .  .  .  .  E  .  .  .  .
.  .  .  .  .  .  .  .  .  .  .  H  .  .  .  .
```

Word directions and start points are formatted: (Direction, X, Y)

ORDER (SE,10,10)  SHOOT (S,3,7)  HELP (N,16,16)
GIANT (E,5,11)  BOWEL (E,10,5)  PURE (S,1,8)
CHARM (W,9,14)  DIVE (W,23,2)  MAID (N,23,6)
WEIGH (S,20,3)  BEAT (W,19,1)  TIP (W,21,8)
SCALE (N,16,11)  FIST (S,23,10)  OF (N,3,15)
HUMOR (E,14,2)  MISS (W,21,13)  SO (S,17,13)
FEVER (N,2,8)  FINE (SE,5,4)

# 04

```
G D M L C N F R C F C G W C W Q Q S S F I R P
W Y F D P F I U H Y K D U I L U R Q H L E T T
E L C B T L B U L O W J K B E T W A D O I I A
Y I M Y O U H E R A L W J Y V D L T J O R M H
T B M X E L E C T F C F C I E D L R T F D T E
V E Y O G N S O T E A E H Z L B L A X P O I S
K W R A U T Z N Q K T E J D S Q I I R A X V L
N N T E E S O K I J Y T T N F K T L X W Q T N
M L N J M O E J J B L R E U Y P S B E B R T F
A K E E X V A L K T I Q C F B U I B L X L Z I
V T E C S U R I V I W H M F B R A L X I Z N A
O H C T A M D N A L B A L G O A N V F F N H D
K M Q M W I X U F U I N C B L S K K B L I D D
X G A R W J E V O K E I K D H K P L H Q X B B
G O H V F R L L E T P B G B P N T O V Q X P M
K B M B R S N M S H A K E G R I E F F C E H Z
```

Find the following words in the puzzle.
Words are hidden ↑ ↓ → ← and ↘ .

| | | |
|---|---|---|
| SHORT | MATCH | STILL |
| BLIND | TRAIL | BLAND |
| VIRUS | ELECT | FUND |
| MOUSE | LOBBY | LACE |
| LEVEL | EVOKE | FOLK |
| SHAKE | EJECT | TELL |
| SLIME | ENTRY | |

# SOLUTION

## 04

```
.  .  .  .  .  .  .  .  .  .  .  .  .  .  .  .  S  S  .  .  .  .
.  .  .  .  .  .  .  .  .  .  .  .  .  .  L  .  .  H  L  .  .  .
.  .  .  .  .  .  .  .  L  .  .  .  .  E  .  .  .  O  I  .  .
.  .  .  .  .  .  .  .  A  .  .  .  V  .  T  .  R  M  .
.  .  M  .  E  L  E  C  T  .  C  .  .  .  E  .  L  R  .  .  T  E
.  .  Y  O  .  .  .  .  .  .  E  .  .  E  .  L  .  L  A  .  .  .
.  .  R  .  U  .  .  .  .  .  .  .  D  .  .  I  .  I  .  .  .  .
.  .  T  E  .  S  .  .  .  .  .  .  N  .  .  T  L  .  .  .  .
.  .  N  J  .  .  E  .  .  .  .  U  Y  .  S  B  .  .  .  .
.  .  E  E  .  .  .  .  .  .  .  F  B  .  .  .  L  .  .  .
.  .  .  C  S  U  R  I  V  .  .  .  .  B  .  .  .  .  I  .  .
.  H  C  T  A  M  D  N  A  L  B  .  .  O  .  .  .  .  .  N  .  .
.  .  .  .  .  .  .  .  .  .  .  .  L  .  K  .  .  D  .
.  .  .  .  .  .  E  V  O  K  E  .  .  .  .  L  .  .  .  .
.  .  .  .  .  .  L  L  E  T  .  .  .  .  .  O  .  .  .  .
.  .  .  .  .  .  S  H  A  K  E  .  .  .  F  .  .  .  .
```

Word directions and start points are formatted: (Direction, X, Y)

| | | |
|---|---|---|
| SHORT (SE,18,1) | MATCH (W,6,12) | STILL (N,17,9) |
| BLIND (SE,18,9) | TRAIL (S,18,4) | BLAND (W,11,12) |
| VIRUS (W,9,11) | ELECT (E,5,5) | FUND (N,14,10) |
| MOUSE (SE,3,5) | LOBBY (N,15,13) | LACE (SE,9,3) |
| LEVEL (S,15,2) | EVOKE (E,7,14) | FOLK (N,18,16) |
| SHAKE (E,9,16) | EJECT (S,4,8) | TELL (W,10,15) |
| SLIME (SE,19,1) | ENTRY (N,3,10) | |

```
P H H P D Z O X U I O Y Z X J G V M X O E M E
W R E L E Z W S Z F T U N E A T O Q P D M P F
T T I Z I Y B N I Y X T P A H R H C N U L L C
N C L C R N I G B U Y N B Y G C V C A H Y E N
A R T R E E E C T M N C E O R D H W W Y K P T
C J Y D C Y O Z K S K Q Z L G D E P O P B S D
S E A Z C A O A F P J R U X Y L L E B N E M T
D L O A S A W K N U S N V L E Z S S R P K W A
U E V M B D Q C J G N S O W Q B U M R I F I Y
R D S E V S W A G A L C F E G S N S H B T G M
B E N A X Q U R G W L E R I U I E Z R P P J M
B R E L T H W S S A L G W V I C V Q H Z S S B
X E F A C V B X W G W C U K L L F N B E R U P
K T V Y P L P E Q E Y B Y R S E O R A L Z M K
J Z R Y U W O W D S K B F D M Y W O Y F J K D
U X E K M S N L E U Y E L H D W R P G M V C S
```

Find the following words in the puzzle.
Words are hidden ↑ ↓ → ← and ↘ .

| | | |
|---|---|---|
| ANGLE | SCAN | LINE |
| VENUS | PURE | MEAL |
| GLASS | ORAL | FIRM |
| LUNCH | VIEW | FUN |
| PRICE | RACK | BED |
| BELLY | TUNE | POP |
| DEER | CAFE | |

## 05

```
P   .   .   .   .   .   .   .   .   .   .   .   .   .   .   .   .   .   .   .   .
.   R   .   L   .   .   .   .   .   .   T   U   N   E   .   .   .   .   .   .   .
.   .   I   .   I   .   .   .   .   .   .   .   .   .   .   H   C   N   U   L   .   .
N   .   C   .   N   .   .   .   .   .   .   .   .   .   .   .   .   .   .   .
A   .   .   .   E   .   E   .   .   .   .   .   .   .   D   .   .   .   .   .
C   .   .   .   .   .   .   .   .   .   .   .   .   E   P   O   P   .   .   .
S   .   .   .   .   .   .   A   F   .   .   .   .   Y   L   L   E   B   .   .   .   .
.   .   .   .   .   .   K   N   U   .   .   .   .   .   S   .   R   .   .   .   .
.   .   .   M   .   .   C   .   G   N   .   .   W   .   .   U   M   R   I   F   .   .
.   .   .   E   .   .   A   .   L   .   E   .   N   .   .   .   .   .   .
.   .   .   A   .   .   R   .   .   E   .   I   .   .   E   .   .   .   .   .
.   .   .   L   .   .   .   S   S   A   L   G   .   V   .   .   V   .   .   .   .   .
.   E   F   A   C   .   B   .   .   .   .   .   .   .   .   .   .   .   .   E   R   U   P
.   .   .   .   .   .   E   .   .   .   .   .   .   O   R   A   L   .   .   .
.   .   .   .   .   .   .   .   D   .   .   .   .   .   .   .   .   .   .   .   .
```

Word directions and start points are formatted: (Direction, X, Y)

ANGLE (SE,8,7)          SCAN (N,1,7)          LINE (SE,4,2)
VENUS (N,17,12)         PURE (W,23,13)        MEAL (S,4,9)
GLASS (W,12,12)         ORAL (E,17,14)        FIRM (W,21,9)
LUNCH (W,21,3)          VIEW (N,14,12)        FUN (SE,9,7)
PRICE (SE,1,1)          RACK (N,8,11)         BED (SE,7,13)
BELLY (W,19,7)          TUNE (E,11,2)         POP (E,18,6)
DEER (SE,16,5)          CAFE (W,5,13)

# 06

```
M  P  U  T  E  S  P  U  S  Z  L  E  Q  U  R  S  A  F  A  R  I  B  C
L  V  U  E  Z  T  W  D  S  Q  X  B  E  X  E  I  S  U  G  O  P  C  G
L  W  N  A  T  N  U  S  N  I  G  W  Q  L  B  X  K  T  B  J  S  L  D
A  Z  M  Y  Q  E  L  B  A  I  V  J  E  L  B  A  I  L  E  R  K  P  M
F  Q  G  Y  E  C  N  A  R  A  E  L  C  O  R  E  Z  D  Y  B  E  A  D
R  B  G  U  X  D  A  S  L  G  T  G  R  V  G  G  S  W  O  B  K  E  S
E  K  J  E  M  D  A  I  J  N  Y  P  P  H  Q  V  F  U  G  J  I  H  F
T  U  O  S  Y  F  O  S  C  V  E  M  A  N  T  I  D  E  R  C  L  C  J
A  K  O  A  R  V  C  E  Y  L  B  M  E  S  S  A  L  Z  S  V  K  T  O
W  W  W  W  D  N  T  H  Y  U  O  J  W  N  N  E  G  A  T  I  V  E  W
I  W  L  C  Q  P  C  T  D  I  S  C  R  I  M  I  N  A  T  I  O  N  O
T  W  I  N  G  S  D  O  G  Q  M  E  K  T  B  D  P  P  U  R  C  P  Z
N  R  P  V  R  V  A  P  Q  T  T  N  A  R  O  N  G  I  S  M  B  Q  H
I  C  O  L  C  S  U  Y  K  J  W  J  P  D  Y  L  Y  Q  G  Z  U  L  M
U  A  A  X  D  U  F  H  T  G  V  E  B  R  N  V  Z  W  M  Y  X  Y  R
D  K  A  T  X  N  G  F  W  O  L  L  A  W  S  W  R  S  L  C  R  W  Q
```

Find the following words in the puzzle.
Words are hidden ↑ ↓ → ← and ↘ .

| | | |
|---|---|---|
| DISCRIMINATION | IGNORANT | ZERO |
| HYPOTHESIS | SWALLOW | NAME |
| CLEARANCE | CREDIT | LIKE |
| WATERFALL | SUNTAN | TWIN |
| ASSEMBLY | SAFARI | TIN |
| NEGATIVE | VIABLE | OWL |
| RELIABLE | UPSET | |

# SOLUTION

## 06

```
.   .   .   .   T   E   S   P   U   .   .   .   .   .   .   .   S   A   F   A   R   I   .   .
L   .   .   .   .   .   .   .   .   .   .   .   .   .   .   .   .   .   .   .   .   .   .   .
L   .   N   A   T   N   U   S   .   .   .   .   .   .   .   .   .   .   .   .   .   .   .   .
A   .   .   .   .   E   L   B   A   I   V   .   E   L   B   A   I   L   E   R   .   .   .
F   .   .   .   E   C   N   A   R   A   E   L   C   O   R   E   Z   .   .   .   E   .   .
R   .   .   .   .   .   .   S   .   .   .   .   .   .   .   .   .   .   .   .   K   .   .
E   .   .   .   .   .   .   I   .   .   .   .   .   .   .   .   .   .   .   .   I   .   .
T   .   .   .   .   .   .   S   .   .   E   M   A   N   T   I   D   E   R   C   L   .   .
A   .   O   .   .   .   .   E   Y   L   B   M   E   S   S   A   .   .   .   .   .   .   .
W   .   W   .   .   .   .   H   .   .   .   .   N   N   E   G   A   T   I   V   E   .
.   .   L   .   .   .   .   T   D   I   S   C   R   I   M   I   N   A   T   I   O   N   .
T   W   I   N   .   .   .   O   .   .   .   .   T   .   .   .   .   .   .   .   .   .
.   .   .   .   .   .   .   P   .   .   T   N   A   R   O   N   G   I   .   .   .   .
.   .   .   .   .   .   .   Y   .   .   .   .   .   .   .   .   .   .   .   .   .   .
.   .   .   .   .   .   .   H   .   .   .   .   .   .   .   .   .   .   .   .   .   .
.   .   .   .   .   .   .   .   W   O   L   L   A   W   S   .   .   .   .   .   .   .
```

Word directions and start points are formatted: (Direction, X, Y)

DISCRIMINATION (E,9,11)     IGNORANT (W,18,13)     ZERO (W,17,5)
HYPOTHESIS (N,8,15)         SWALLOW (W,15,16)      NAME (W,14,8)
CLEARANCE (W,13,5)          CREDIT (W,20,8)        LIKE (N,21,8)
WATERFALL (N,1,10)          SUNTAN (W,8,3)         TWIN (E,1,12)
ASSEMBLY (W,16,9)           SAFARI (E,16,1)        TIN (N,14,12)
NEGATIVE (E,15,10)          VIABLE (W,11,4)        OWL (S,3,9)
RELIABLE (W,20,4)           UPSET (W,8,1)

```
H O M E E V B A R G A I N W G P R O D U C E J
E Y W F T Y X Z Y P P E R C E N T F C W M K M
S B U A B F L A F H R A R R E S U O R T U I E
I L U E A Z J D D I Q O P H T R J J C O U T K
T T S E T O R P D S N L S C D L E U X B U D V
A N Y L J O N Y I Y U A W E Q D E J D F J E V
T T I O W Q E I A R A F N H C V X W U T Y F Z
E P X O G T Y C M V E M F C C U T P O D A E N
P D E P C M W Y Z D Q L L E I M T A N U R N Z
Q D O G T U J S S J A J E K R A V I M Z Q D C
K X Z O M F D A E L P W S V V I L R O S R A G
P W J C R O S P Q E D Z R O A N N G V N D N M
L J E V I T C U D O R P J V S N G G R G Y T Y
H E I W F D N E M M O C E R D S C E A V F O H
A H P H Z F V K V N K N A M O W G E V L Z D D
V G N T E S T I F Y C E S K J A H G H P Z G O
```

Find the following words in the puzzle.
Words are hidden ↑ ↓ → ← and ↘ .

PROSECUTION
PRODUCTIVE
RELEVANCE
RECOMMEND
SUFFERING
DEFENDANT
FINANCIAL

HESITATE
BARGAIN
PROTEST
PERCENT
PRODUCE
TROUSER
TESTIFY

ADOPT
WOMAN
POOL
DOOR
MAID
KIT

## SOLUTION

### 07

```
H . . . . . B A R G A I N . . P R O D U C E .
E . . . . . . . P P E R C E N T . . . . K .
S . . . . . . F . R . . R E S U O R T . I .
I . . . . . . . I . O . . . . . . . T .
T T S E T O R P D S N . S . . . . . . . D .
A . L . . . . I . U A . E . . . . . . E .
T . . O . . . . A R . F N . C . . . . . F .
E . . O . . . . M . E . F C . U T P O D A E .
. D . P . . . . . . L . E I . T . . . N .
. . O . . . . . . . . E . R A . I . . D .
. . . O . . . . . . . . V . I L . O . . A .
. . . . R . . . . . . . . . A . N . N . N .
. . E V I T C U D O R P . . . N . G . . T .
. . . . . D N E M M O C E R . . C . . . . .
. . . . . . . . . . . N A M O W . E . . . . .
. . . T E S T I F Y . . . . . . . . . .
```

Word directions and start points are formatted: (Direction, X, Y)

PROSECUTION (SE,10,2)        HESITATE (S,1,1)        ADOPT (W,21,8)
PRODUCTIVE (W,12,13)         BARGAIN (E,7,1)         WOMAN (W,16,15)
RELEVANCE (SE,10,7)          PROTEST (W,8,5)         POOL (N,4,9)
RECOMMEND (W,14,14)          PERCENT (E,11,2)        DOOR (SE,2,9)
SUFFERING (SE,10,5)          PRODUCE (E,16,1)        MAID (N,9,8)
DEFENDANT (S,22,5)           TROUSER (W,20,3)        KIT (S,22,2)
FINANCIAL (SE,9,3)           TESTIFY (E,4,16)

```
Y E L Q Q S F K Z P U P I L R E I C D C Z D O
S B W M J O L E A K Z X N N L E N Z Z G Q T D
T U L M K A R X N T E M P L E C T E A B G E C
R E U E C P B C C A S J B D O M E N J N B M U
A A F G G J N J B A K E R S O Y N F P N U L E
I P G A D E H J V N L K A I X J S T A Z S E W
G A N S S P S U L K M C V K M W I A T K E H Y
H E L S Q T E T O P H O U I C Z F E T T Q A B
T H A A Y Y Z B U O P R N L S I Y R E B S L D
Z C B P O S K F Y R V T F O A I U T N Q S G R
M C O M I C Y R B W E D Y F P T T E T N T L A
K S L A K M J E S Z K S H F M O I R I M D L W
N Y G H U G E P K B T S W T R Z L O O K R F D
R E V I E W M O D G O Y S W A F I Y N T Q B R
S F K H I H W R W G Z M X N H A T J Y K C I Y
I H R J Q U P P T E A R T R C B S M W E E E K
```

Find the following words in the puzzle.
Words are hidden ↑ ↓ → ← and ↘ .

CALCULATION
INTENSIFY
ATTENTION
MONOPOLY
STRAIGHT
PASSAGE
GESTURE

RETREAT
GLOBAL
PROPER
REVIEW
TEMPLE
HELMET
CHARM

CHEAP
VISIT
PUPIL
LEAK
TEAR
DRY

# SOLUTION

## 08

```
.  .  .  .  .  .  .  .  .  .  P  U  P  I  L  .  .  I  .  .  .  .  .  .  .
S  .  .  .  .  .  L  E  A  K  .  .  .  .  .  .  .  N  .  .  .  .  T  .
T  .  .  .  .  .  .  .  T  E  M  P  L  E  .  T  .  .  .  .  .  E  .
R  .  .  E  .  .  .  C  .  .  .  .  .  .  .  E  .  .  .  .  M  .
A  .  .  G  G  .  .  .  A  .  .  .  .  .  N  .  .  .  .  L  .
I  P  .  A  .  E  .  .  .  L  .  .  .  .  S  T  A  .  .  E  .
G  A  .  S  .  .  S  .  .  .  M  C  V  .  .  .  I  A  T  .  .  H  .
H  E  L  S  .  .  T  .  .  .  O  U  I  .  .  F  E  T  .  .  .  .
T  H  A  A  .  .  .  .  U  .  .  .  N  L  S  .  Y  R  E  .  .  .  .
.  C  B  P  .  .  .  .  R  .  .  .  O  A  I  .  T  N  .  .  .  .
.  .  O  .  .  .  .  R  .  E  .  .  .  P  T  T  E  T  .  .  .  .
.  .  L  .  .  .  .  E  .  .  .  .  M  O  I  R  I  .  .  .  .
.  .  G  .  .  .  .  P  .  .  .  .  .  R  .  L  O  O  .  .  .  D
R  E  V  I  E  W  .  O  .  .  .  .  .  A  .  .  Y  N  .  .  .  R
.  .  .  .  .  .  .  R  .  .  .  .  .  H  .  .  .  .  .  .  .  Y
.  .  .  .  .  .  .  P  T  E  A  R  .  .  C  .  .  .  .  .  .  .
```

Word directions and start points are formatted: (Direction, X, Y)

CALCULATION (SE,9,4)    RETREAT (N,18,12)    CHEAP (N,2,10)
INTENSIFY (S,17,1)      GLOBAL (N,3,13)      VISIT (SE,13,7)
ATTENTION (S,19,6)      PROPER (N,8,16)      PUPIL (E,10,1)
MONOPOLY (SE,11,7)      REVIEW (E,1,14)      LEAK (E,7,2)
STRAIGHT (S,1,2)        TEMPLE (E,10,3)      TEAR (E,9,16)
PASSAGE (N,4,10)        HELMET (N,22,7)      DRY (S,23,13)
GESTURE (SE,5,5)        CHARM (N,15,16)

```
R J O L G I R L F R I E N D R Q K W A R C B C
G Z E T U T I T S B U S C U T I N B A R E Z N
L C O G N L U Y P N C R R Y A Y Y S Z B H B T
I G N X D A N R A R T P S E C R O V I D D Y E
V Y Q D E C C R R L O L J V J F N U P A A T A
Q H U I I E C A J X S N B F A D O P T V Q U
S E Z M U D R O U N T K E E L P P O T Y Q X S
E M V X P A T Q S U D L C V R D E A D J D W
T Y L T S R A Y X N S O X K U Q E E M C X L I
A W V M J H I H A N D M M H S T Q S F W D U M
T G K D O Q N Y B T E G D U B D I Q T Y J D M
S O V Z X B T V L Z G M G W V I F O F R W O T
E W V L I I Y L L L I M H X D S W J N P I Z W
D I S O R D E R H N M V I T V C L I N I C C X
G X J Y E Z K E B S B D K H I O K J E W U B T
A Y T Z P A P R E C E D E N T E T E R C N O C
```

Find the following words in the puzzle.
Words are hidden ↑ ↓ → ← and ↘ .

UNCERTAINTY
PROSECUTION
SUBSTITUTE
GIRLFRIEND
PRECEDENT
DISORDER
RESTRICT

CONCRETE
RADICAL
DIVORCE
CLINIC
ESTATE
TOPPLE
BUDGET

RANDOM
ADOPT
DISCO
HAND
MILL
DEAD

## 09

```
. . . . G I R L F R I E N D . . . . . . . . .
. . E T U T I T S B U S . . . . . . . . .
. . . . . L U . P . . . . . . . . . .
. . . . . A N . . R . . . E C R O V I D . . .
. . . . . C C R . . O . . . . . . . . .
. . . . . I E . A . . S . . . A D O P T . . .
. . . . . D R . . N . . E E L P P O T . . . .
E . . . . A T . . D . . C . R D E A D . . .
T . . . . R A . . . . O . . U . E . . . . .
A . . . . . I H A N D . M . . T . S . . . . .
T . . . . . N . . T E G D U B D I . T . . . .
S . . . . . T . . . . . . . I . O . R . . .
E . . . . . Y . L L I M . . . S . . N . I . .
D I S O R D E R . . . . . . . C L I N I C C .
. . . . . . . . . . . . . O . . . . . T
. . . . . . P R E C E D E N T E T E R C N O C
```

Word directions and start points are formatted: (Direction, X, Y)

UNCERTAINTY (S,7,3)          CONCRETE (W,23,16)          RANDOM (SE,8,5)
PROSECUTION (SE,9,3)         RADICAL (N,6,9)             ADOPT (E,16,6)
SUBSTITUTE (W,12,2)          DIVORCE (W,20,4)            DISCO (S,16,11)
GIRLFRIEND (E,5,1)           CLINIC (E,16,14)            HAND (E,8,10)
PRECEDENT (E,7,16)           ESTATE (N,1,13)             MILL (W,12,13)
DISORDER (E,1,14)            TOPPLE (W,19,7)             DEAD (E,17,8)
RESTRICT (SE,16,8)           BUDGET (W,15,11)

# 10

```
X N M X Y L X C S E T A R E G G A X E R M Q T
N Z J M T D M E E K E Z Z J A B H U M O R Z W
H Q N G Z Z F N F M X R G S R E C S M P U C Y
T C G K F D Q S A G C E D A F A V J X D S P G
Q N T E I U Q O C G E L T P T N F P E O R R F
Z W A J Q N W R H Y P A C T H G I L K J P A T
P A U A F G O S X T T E F E S M Z U N N U E F
L P P D V C O H H B I D W D R D T S E Y G P M
H M D V I K Y I H L O I U A O T D K O J U P V
D U S I R S T P D A N A X S A R A O U I R A Q
U F E S P P I F L D R L T T R F S I E Q L U W
E Q A E W D N X E E L V F V O T F N N I M M
K Z T R N D A I I B K K E R M Q P O T P P M A
A N H A B C M A F A J O F S C Y U D R F P A A
S O V C G G U I L O U W U J T N U E H D N Z D
X K K Q U J H S I X W S P E Q E S L A F D V F
```

Find the following words in the puzzle.

Words are hidden ↑ ↓ → ← and ↘ .

| | | |
|---|---|---|
| EXAGGERATE | DEALER | FIELD |
| CENSORSHIP | AFFORD | BEAN |
| EXCEPTION | APPEAR | PAWN |
| HUMANITY | FALSE | CAFE |
| CERTAIN | HUMOR | SEAT |
| ADVISER | LIGHT | SOIL |
| HARVEST | QUIET | |

## 10

```
.  .  .  .  .  .  .  .  C  .  E  T  A  R  E  G  G  A  X  E  .  .  .  .
.  .  .  .  .  .  .  E  E  .  E  .  .  .  .  B  H  U  M  O  R  .  .  .
.  .  .  .  .  .  .  N  F  .  X  R  .  .  .  E  .  .  .  .  .  .  .  .
.  .  .  .  .  .  .  S  A  .  C  E  .  .  .  A  .  .  .  .  .  .  .  .
.  N  T  E  I  U  Q  O  C  .  E  L  .  .  .  N  .  .  .  .  .  R  .  .
.  W  .  .  .  .  R  .  .  P  A  C  T  H  G  I  L  .  .  .  A  .  .  .
.  A  .  A  .  .  S  .  .  T  E  .  E  .  .  .  .  .  .  .  E  .  .  .
.  P  .  D  .  .  H  .  .  I  D  .  .  R  .  .  S  .  .  .  P  .  .  .
.  .  .  V  .  Y  I  H  .  O  .  .  .  .  T  .  .  O  .  .  P  .  .  .
.  .  S  I  .  .  T  P  D  A  N  .  .  .  A  .  A  .  .  I  .  A  .  .
.  .  E  S  .  .  I  .  L  .  R  .  .  .  F  .  I  .  L  .  .  .  .  .
.  .  A  E  .  .  N  .  E  .  V  .  .  .  F  .  N  .  .  .  .  .  .  .
.  .  T  R  .  .  A  .  I  .  .  E  .  .  .  O  .  .  .  .  .  .  .  .
.  .  .  .  .  .  M  .  F  .  .  .  S  .  .  .  R  .  .  .  .  .  .  .
.  .  .  .  .  .  U  .  .  .  .  .  T  .  .  .  .  D  .  .  .  .  .  .
.  .  .  .  .  .  H  .  .  .  .  E  S  L  A  F  .  .  .  .  .  .  .  .
```

Word directions and start points are formatted: (Direction, X, Y)

| | | |
|---|---|---|
| EXAGGERATE (W,19,1) | DEALER (N,12,8) | FIELD (N,9,14) |
| CENSORSHIP (S,8,1) | AFFORD (SE,15,10) | BEAN (S,16,2) |
| EXCEPTION (S,11,2) | APPEAR (N,22,10) | PAWN (N,2,8) |
| HUMANITY (N,7,16) | FALSE (W,20,16) | CAFE (N,9,5) |
| CERTAIN (SE,13,6) | HUMOR (E,17,2) | SEAT (S,3,10) |
| ADVISER (S,4,7) | LIGHT (W,18,6) | SOIL (SE,18,8) |
| HARVEST (SE,9,9) | QUIET (W,7,5) | |

```
L G R R L L S J V W C W J E X Z W Y U T G Z L
R E E C N E L A V E R P T Q B J R V H K W Z C
G C C C D A Z U O N A R P O S X E B P N T H E
V A I K X E J R E C N A C W R P C R T O T V Z
K L E V C W W I D E N Y V X L F O E I I U Y R
K P P S P E V A H S G A D O U V M H M T O X S
Y E A O T Q V Q O B I B X Q F D M M D E I S I
K R C G U O N A C L O V K W W U E W A R P S L
P I S V V T E L B I X E L F A T N H B C U E D
R F E X G D Y C B N D G D S L L D I V E F N D
P U H N T G E A P Q I R V J N E A P V S V R A
F F V Q W Z L R Y C A S B G U W T O M F C E R
D S K I F M L D F X M P J J H O I H W G M D Z
P H B P E A S A N T W O J U Q B O S F D Q L A
P X C D I T Q I W N U J M P N Y N I U V J I R
Y O D T D D P N T D D D Z U Y S Z B H M S W Z
```

Find the following words in the puzzle.
Words are hidden ↑ ↓ → ← and ↘ .

RECOMMENDATION
WILDERNESS
PREVALENCE
SECRETION
FIREPLACE
FLEXIBLE
UNLAWFUL

PEASANT
VOLCANO
SOPRANO
CANCER
ESCAPE
BISHOP
ADMIT

WIDEN
BOWEL
MAID
CARD
HAVE
HERB

## 11

```
.   .   .   .   .   .   .   .   .   .   .   .   .   .   .   .   .   .   .   .   .
.   E   E   C   N   E   L   A   V   E   R   P   .   .   .   .   R   .   .   .   .
.   C   .   .   .   .   .   O   N   A   R   P   O   S   .   E   B   .   N   .   .
.   A   .   .   .   .   R   E   C   N   A   C   .   .   .   C   R   T   O   .   .
.   L   E   .   .   W   I   D   E   N   .   .   .   L   .   O   E   I   I   .   .
.   P   P   .   .   E   V   A   H   .   .   .   .   U   .   M   H   M   T   .   .
.   E   A   .   .   .   .   .   .   .   .   .   .   F   .   M   .   D   E   .   S
.   R   C   .   .   O   N   A   C   L   O   V   .   .   W   .   E   .   A   R   .   S   .
.   I   S   .   .   .   E   L   B   I   X   E   L   F   A   .   N   .   .   C   .   E   .
.   F   E   .   .   .   C   .   D   .   .   L   L   D   .   .   E   .   N
.   .   .   .   .   .   A   .   I   .   .   N   E   A   P   .   S   .   R
.   .   .   .   .   .   R   .   A   .   .   U   W   T   O   .   .   .   E
.   .   .   .   .   .   D   .   .   M   .   .   .   O   I   H   .   .   .   D   .
.   .   .   P   E   A   S   A   N   T   .   .   .   .   .   B   O   S   .   .   .   L   .
.   .   .   .   .   .   .   .   .   .   .   .   .   .   N   I   .   .   .   I   .
.   .   .   .   .   .   .   .   .   .   .   .   .   .   B   .   .   .   W   .
```

Word directions and start points are formatted: (Direction, X, Y)

RECOMMENDATION (S,17,2)  PEASANT (E,4,14)      WIDEN (E,7,5)
WILDERNESS (N,22,16)     VOLCANO (W,12,8)      BOWEL (N,16,14)
PREVALENCE (W,12,2)      SOPRANO (W,15,3)      MAID (N,11,13)
SECRETION (N,20,11)      CANCER (W,13,4)       CARD (S,8,10)
FIREPLACE (N,2,10)       ESCAPE (N,3,10)       HAVE (W,9,6)
FLEXIBLE (W,14,9)        BISHOP (N,18,16)      HERB (N,18,6)
UNLAWFUL (N,15,12)       ADMIT (N,19,8)

```
J N K L B D Y Q R M Z U N L A W F U L O R B E
T K O Z T A E S J E C P R E V A L E N C E B W
G H X S L E U Y U R C S O P R A N O L V U S Y
W A E S J N V O W I R O K C R C P W E O L L X
B O P E Z V G X J G Y K M E Q O J M S T Z Q N
Q N W N F L E X I B L E K M M Q I X C U A S E
S A M R K T W N P C T S M G E S W W A B D C V
Z C A E J F I R E P L A C E G N O D P O R A A
B L I D L F E Y F Z W I D E N U D I E W N R H
Y O D L M O Z B U Q C P B I A R B A S E T D G
A V R I Z C A N C E R B W T J U I M T L M N M
D H M W D R T J P U M R G X X J S R J I T F X
M X V S E C R E T I O N L G F H R E J T O W U
I X N E W U M L I E U S B P E A S A N T G N K
T A G U S H J U K R B I S H O P M Y Q N R H J
V B R H E R B Z N S L G V J B Q B H D S P L Z
```

Find the following words in the puzzle.
Words are hidden ↑ ↓ → ← and ↘ .

| | | |
|---|---|---|
| RECOMMENDATION | PEASANT | WIDEN |
| WILDERNESS | VOLCANO | BOWEL |
| PREVALENCE | SOPRANO | MAID |
| SECRETION | CANCER | CARD |
| FIREPLACE | ESCAPE | HAVE |
| FLEXIBLE | BISHOP | HERB |
| UNLAWFUL | ADMIT | |

## 12

```
.   .   .   .   .   .   .   .   R   .   .   U  N  L  A  W  F  U  L   .   .   .   .
.   .   .   .   .   .   .   .   E   .   P   R  E  V  A  L  E  N  C  E   .   .
.   .   .   S   .   .   .   .   .   C   S   O  P  R  A  N  O   .   .   .   .   .
.   .   .   S   .   .   .   .   .   O   .   .   .   .   .   E   .   .
.   O   .   E   .   .   .   .   .   M   .   .   .   .   S   .   .   .
.   N   .   N   F   L   E   X   I   B   L   E   .   M   .   .   .   .   C   .   .   .   E
.   A   M   R   .   .   .   .   .   .   .   .   E   .   .   .   A   B   .   C  V
.   C   A   E   .   F   I   R   E   P   L   A   C   E   .   N   .   .   P   O   .   A   A
.   L   I   D   .   .   .   .   .   .   W   I   D   E   N   .   D   .   E   W   .   R   H
.   O   D   L   .   .   .   .   .   .   .   .   .   .   A   .   E   .   D   .
A   V   .   I   .   C   A   N   C   E   R   .   .   .   .   .   .   .   T   L   .   .   .
D   .   W   .   .   .   .   .   .   .   .   .   .   .   .   .   .   .   I   .   .
M   .   .   S   E   C   R   E   T   I   O   N   .   .   .   .   .   .   O   .   .
I   .   .   .   .   .   .   .   .   .   .   .   P   E  A  S  A  N  T   .   N   .
T   .   .   .   .   .   .   .   .   B   I   S   H  O  P   .   .   .   .   .   .
.   .   .   H   E   R   B   .   .   .   .   .   .   .   .   .   .   .   .   .   .
```

Word directions and start points are formatted: (Direction, X, Y)

| | | |
|---|---|---|
| RECOMMENDATION (SE,9,1) | PEASANT (E,14,14) | WIDEN (E,11,9) |
| WILDERNESS (N,4,12) | VOLCANO (N,2,11) | BOWEL (S,20,7) |
| PREVALENCE (E,12,2) | SOPRANO (E,12,3) | MAID (S,3,7) |
| SECRETION (E,4,13) | CANCER (E,6,11) | CARD (S,22,7) |
| FIREPLACE (E,6,8) | ESCAPE (S,19,4) | HAVE (N,23,9) |
| FLEXIBLE (E,5,6) | BISHOP (E,11,15) | HERB (E,4,16) |
| UNLAWFUL (E,12,1) | ADMIT (S,1,11) | |

# 13

```
F K E E S H J V E P I S O D E E J L E A S E L
Y A C V G B N M I R N S K D I I T E P P Z D A
E G O C A D V E R T I S E H J F Q T L I D F G
K N U S H Q E T M Z Y G N E K L F L C B S J E
E O R D Z Z D K Q G T N E W L P F I E K A T S
K I A H V O U Z H A H Z I A V F T W C G Y F C
A T G G G K C I O Y C F M L R Z Y T J U B P A
C A E N G G A M M C D H Y N L D J I M N L I C
F C N I N W T N S P E C I E S N B H J D B T T
F I R S U Q I T R A N S M I S S I O N U Z O Y
T L E S L C O U R T E S Y P C P O P R Z D I H
Y P G E O D N O S E F E Z R S N X X W R C A K
W M I R V H J E T N E R E F F I D C B P W N U
O I T D R Y I B C U V F U E W K D N E B T S R
P Q L R Q F V P H D B E T B G A C L T S A W W
I X V L V A N A Q R P T A U F A T W Z F M O S
```

Find the following words in the puzzle.
Words are hidden ↑ ↓ → ← and ↘ .

| TRANSMISSION | DRESSING | LUNG |
| IMPLICATION | COURAGE | CAKE |
| DIFFICULTY | SPECIES | SEEK |
| DIFFERENT | EPISODE | GEAR |
| EDUCATION | LEASE | LID |
| ADVERTISE | STAKE | END |
| COURTESY | TIGER | |

## SOLUTION

## 13

```
.  K  E  E  S  .  .  .  E  P  I  S  O  D  E  .  .  L  E  A  S  E  .
.  .  C  .  .  .  .  .  .  .  .  .  .  I  .  .  .  .  .  .  .  .
.  .  O  .  A  D  V  E  R  T  I  S  E  .  .  F  .  .  L  I  D  .  .
.  N  U  .  .  E  .  .  .  G  .  .  .  F  .  .  .  .  .
E  O  R  .  .  .  D  .  .  .  .  .  E  .  .  .  .  I  E  K  A  T  S
K  I  A  .  .  U  .  .  .  .  .  .  A  .  .  .  C  .  .  .  .
A  T  G  G  .  .  C  .  .  .  .  .  .  R  .  .  .  U  .  .  .
C  A  E  N  G  .  A  .  .  .  .  .  .  .  .  .  .  L  .  .
.  C  .  I  N  .  T  .  S  P  E  C  I  E  S  .  .  .  .  .  T  .
.  I  R  S  U  .  I  T  R  A  N  S  M  I  S  S  I  O  N  .  .  .  Y
.  L  E  S  L  C  O  U  R  T  E  S  Y  .  .  .  .  .  .
.  P  G  E  .  N  .  .  .  .  .  .  .  .  .  .  .  .
.  M  I  R  .  .  .  .  T  N  E  R  E  F  F  I  D  .  .  .  .  .
.  I  T  D  .  .  .  .  .  .  .  .  .  .  D  N  E  .  .  .  .
.  .  .  .  .  .  .  .  .  .  .  .  .  .  .  .  .  .  .  .  .  .
.  .  .  .  .  .  .  .  .  .  .  .  .  .  .  .  .  .  .  .  .  .
```

Word directions and start points are formatted: (Direction, X, Y)

TRANSMISSION (E,8,10)
IMPLICATION (N,2,14)
DIFFICULTY (SE,14,1)
DIFFERENT (W,17,13)
EDUCATION (S,7,4)
ADVERTISE (E,5,3)
COURTESY (E,6,11)

DRESSING (N,4,14)
COURAGE (S,3,2)
SPECIES (E,9,9)
EPISODE (E,9,1)
LEASE (E,18,1)
STAKE (W,23,5)
TIGER (N,3,14)

LUNG (N,5,11)
CAKE (N,1,8)
SEEK (W,5,1)
GEAR (SE,12,4)
LID (E,19,3)
END (W,19,14)

# 14

```
V  I  R  Y  O  N  H  A  V  Z  D  P  Z  E  M  G  G  I  P  C  Y  R  B
R  W  N  Y  Y  E  O  V  R  O  Q  W  W  E  K  J  V  C  M  Q  P  T  Z
X  N  P  T  N  D  E  B  Q  U  G  X  T  V  B  P  Z  X  W  S  L  K  L
G  Q  G  O  R  M  X  I  K  T  Y  N  Z  A  Y  Q  A  R  O  U  K  Z  E
F  O  U  F  G  O  G  O  D  S  I  C  V  L  Y  E  R  S  R  I  S  S  D
Q  F  P  M  Q  W  D  W  H  I  N  Q  E  U  B  V  B  R  S  P  I  A  O
B  V  O  E  Y  P  S  U  D  D  H  M  Z  A  C  I  L  E  R  R  C  L  M
R  S  G  U  N  O  O  U  C  E  A  D  V  T  U  T  B  S  T  O  A  P  K
A  S  M  N  N  A  E  J  Y  T  B  V  Q  E  G  A  Z  T  P  V  J  L  U
K  E  B  R  U  T  L  Z  W  Y  I  B  F  D  R  I  H  L  B  I  Y  A  S
E  R  P  X  A  R  A  T  N  R  T  O  P  F  M  T  K  E  F  N  L  N  R
O  D  M  S  E  D  A  I  Y  P  A  N  N  E  B  I  A  S  N  C  O  I  I
B  D  O  V  Y  X  L  K  N  X  N  U  T  Z  A  N  N  S  U  I  X  M  E
L  A  J  Z  O  S  L  U  J  Q  T  S  S  J  C  I  W  F  Z  A  N  I  G
J  C  E  S  R  I  Y  R  O  Y  A  L  T  Y  E  X  S  T  C  L  W  R  Z
V  A  C  O  N  F  I  N  E  V  L  D  I  S  T  O  R  T  I  O  N  C  W
```

Find the following words in the puzzle.
Words are hidden ↑ ↓ → ← and ↘ .

| | | |
|---|---|---|
| INTRODUCTION | CRIMINAL | MODEL |
| INITIATIVE | EVALUATE | BRAKE |
| PROVINCIAL | ROYALTY | ALLY |
| DISTORTION | OUTSIDE | PASS |
| INHABITANT | ADDRESS | DOG |
| FOUNTAIN | CONFINE | BED |
| RESTLESS | PENALTY | |

# SOLUTION

## 14

```
.  I  .  .  .  .  .  .  .  .  .  .  O  .  .  .  E  .  .  .  .  .  .  .  .
.  .  N  .  .  .  .  .  .  .  O  .  .  .  E  .  .  .  .  .  .  .  .  .
.  .  .  T  .  D  E  B  .  U  .  .  .  V  .  P  .  .  .  .  .  .  L
.  .  .  .  R  .  .  .  T  .  .  A  .  .  A  .  .  .  .  .  E
.  .  .  .  .  O  G  O  D  S  I  .  .  L  .  E  .  S  .  .  .  .  D
.  F  P  .  .  .  D  .  .  I  N  .  .  U  .  V  .  R  S  P  .  .  O
B  .  O  E  .  .  .  U  .  D  H  .  .  A  .  I  .  E  R  .  .  M
R  S  .  U  N  .  .  .  C  E  A  .  .  T  .  T  .  S  O  .  .  .
A  S  .  .  N  A  .  .  .  T  B  .  .  E  .  A  .  T  .  V  .  L  .
K  E  .  .  .  T  L  .  .  .  I  .  .  .  .  I  .  L  .  I  .  A  .
E  R  .  .  .  .  A  T  .  .  T  O  .  .  .  T  .  E  .  N  .  N  .
.  D  .  .  .  .  A  I  Y  .  A  .  N  .  .  I  .  S  .  C  .  I  .
.  D  .  .  .  .  L  .  N  .  N  .  .  .  .  N  .  S  .  I  .  M  .
.  A  .  .  .  .  L  .  .  T  .  .  .  .  .  I  .  .  .  A  .  I  .
.  .  .  .  .  .  .  Y  R  O  Y  A  L  T  Y  .  .  .  .  .  L  .  R  .
.  .  C  O  N  F  I  N  E  .  .  D  I  S  T  O  R  T  I  O  N  C  .
```

Word directions and start points are formatted: (Direction, X, Y)

| | | |
|---|---|---|
| INTRODUCTION (SE,12,4) | CRIMINAL (SE,15,5) | MODEL (SE,15,4) |
| INITIATIVE (E,4,15) | EVALUATE (W,23,4) | BRAKE (N,12,14) |
| PROVINCIAL (E,4,1) | ROYALTY (S,1,3) | ALLY (SE,4,11) |
| DISTORTION (S,8,5) | OUTSIDE (N,4,9) | PASS (SE,19,6) |
| INHABITANT (S,10,2) | ADDRESS (W,8,2) | DOG (E,18,3) |
| FOUNTAIN (S,23,8) | CONFINE (N,17,16) | BED (S,3,6) |
| RESTLESS (SE,15,3) | PENALTY (E,14,1) | |

## 15

```
H S E G A R E D R Q R F Y W E V T P E C N O C
Z N B C B N O K Q V O R I A G N I K R A P H Y
S E O B S P L U N A Y E N N S M W T G C X T
U H Z N L T S N A L P C S O O W X W R V O K V
O M G D R O A K V I W K P I Q X E T E U M S I
U C H U E E V S Z K K L I T L R A G V D M T E
G C W K V W M F Y R H E R A J T S Y O I U A K
I P W E O Z M I N E V Q A L Y O O B K F N C A
B O I C X E N Q T T R B T L U E R Q E F I O R
M S T O M A C H N T R K I E C Y U H Q I S Y B
A L H O X A V Z M I A R O T V A N Z R C T N X
S N E S V W V A L B G L N S R C G E K U J M W
P P E N I G R A M W V O G N A C H S J L J A G
X G E P N P M O T O M A F O P I L T F T Q C Y
U U E X P A N D J F C X V C N M Y Q B Y S Y V
W J T M B R O K E N H V O L Q D F U D N M U G
```

Find the following words in the puzzle.
Words are hidden ↑ ↓ → ← and ↘ .

CONSTELLATION
INSPIRATION
NONREMITTAL
DIFFICULTY
AMBIGUOUS
COMMUNIST
FRECKLE

STOMACH
PARKING
ECSTASY
CONCEPT
MARGIN
EXPAND
REVOKE

BITTER
BROKEN
BRAKE
PLAN
DUKE
CAT

## SOLUTION

## 15

```
. . E . . . . . . . F . . . . T P E C N O C
. N . C . . . . . . R I . G N I K R A P . .
S . O . S . . . . . E N N . . . . . . C . .
U . N . T . N A L P C S O . . . R . O . .
O . . D R . A . . . . K P I . . . . E . M . .
U . U . E . S . . L I T . . . . V D M T E
G . . K . M . Y R . E R A . . . . O I U A K
I . E . . I . E . A L . . K F N C A
B . . . . . . T T . . T L . . . . E F I . R
M S T O M A C H . T . . I E . . . . . I S . B
A . . . . . . . . I A . O T . . . . . C T . .
. . . . . . . . . B . L N S . . . . . U . .
. . . N I G R A M . . . . N . . . . . L . .
. . . . . . . . . . . . . O . . . . . T . . .
. . E X P A N D . . . . . C . . . . . Y . .
. . . . B R O K E N . . . . . . . . .
```

Word directions and start points are formatted: (Direction, X, Y)

CONSTELLATION (N,14,15)   STOMACH (E,2,10)   BITTER (N,10,12)
INSPIRATION (S,13,2)   PARKING (W,21,2)   BROKEN (E,5,16)
NONREMITTAL (SE,2,2)   ECSTASY (SE,3,1)   BRAKE (N,23,10)
DIFFICULTY (S,20,6)   CONCEPT (W,23,1)   PLAN (W,11,4)
AMBIGUOUS (N,1,11)   MARGIN (W,9,13)   DUKE (S,4,5)
COMMUNIST (S,21,3)   EXPAND (E,3,15)   CAT (N,22,8)
FRECKLE (S,12,1)   REVOKE (S,19,4)

```
A  S  C  A  P  N  G  A  P  E  S  T  U  H  Z  T  H  M  C  J  N  U  B
O  Y  I  X  B  U  B  O  T  P  B  G  S  J  B  H  C  O  T  Q  U  E  A
L  Y  O  I  S  F  B  L  A  S  I  A  C  O  O  K  H  A  I  D  S  A  O
Z  U  C  V  F  G  E  L  R  L  E  Y  S  A  C  Q  A  V  I  C  D  N  Y
B  S  H  R  I  N  K  F  I  M  K  U  I  I  K  K  R  R  P  H  U  E  P
D  P  Q  I  S  X  Q  C  G  S  H  E  U  F  S  M  A  W  X  X  J  D  D
V  E  G  E  T  A  T  I  O  N  H  P  E  M  L  D  C  H  O  N  N  I  E
N  H  I  Y  I  U  F  C  Z  E  Z  E  S  P  J  J  T  Z  I  R  U  W  P
A  H  N  O  R  B  Y  A  D  N  Z  N  C  B  E  C  E  K  T  E  V  B  A
P  R  S  P  T  H  G  I  E  R  F  M  I  B  K  R  R  N  I  P  X  L  R
Y  E  P  B  G  G  U  L  Z  D  M  W  D  V  D  X  W  I  D  P  G  C  T
R  E  I  C  E  C  A  X  P  N  O  I  N  O  I  C  C  N  N  X  A  N  U
H  N  R  G  O  B  S  C  U  R  E  L  L  O  P  F  W  L  P  U  C  M  R
R  O  E  E  F  D  K  H  F  F  I  U  Y  D  S  N  A  S  O  L  U  R  E
C  I  T  K  B  C  Y  I  N  P  V  N  B  I  Q  W  F  H  G  O  Y  K  I
J  P  B  P  B  H  J  T  K  Y  X  V  U  B  K  L  K  T  V  H  L  B  G
```

Find the following words in the puzzle.
Words are hidden ↑ ↓ → ← and ↘ .

| | | |
|---|---|---|
| VEGETATION | FREIGHT | AIDS |
| GOALKEEPER | OBSCURE | COOK |
| CHARACTER | SHRINK | POLL |
| DEPARTURE | ONION | PIN |
| PUBLISH | BASIS | DAY |
| INSPIRE | WIDEN | PEN |
| PIONEER | PEST | |

SOLUTION

## 16

```
.  .  .  .  .  P  .  G  .  P  E  S  T  .  .  .  .  .  .  .  .  .  .  .
.  .  .  .  .  .  U  .  O  .  .  B  .  .  .  .  .  C  .  .  .  .  .  .
.  .  .  .  .  .  B  .  A  .  .  A  C  O  O  K  H  A  I  D  S  .  .  .
.  .  .  .  .  .  L  .  L  .  S  .  .  .  A  .  .  R  .  .  .  N  .
.  S  H  R  I  N  K  .  I  .  K  .  .  I  .  .  R  .  .  .  E  .
.  .  .  .  .  .  .  S  .  E  .  .  S  .  A  .  .  .  .  D  D
V  E  G  E  T  A  T  I  O  N  H  P  E  .  .  .  C  .  .  .  .  I  E
.  .  I  .  .  .  .  .  .  E  .  P  .  .  T  .  .  .  .  W  P
.  .  N  .  .  .  Y  A  D  .  .  N  .  .  E  .  E  .  .  .  .  A
.  R  S  .  T  H  G  I  E  R  F  .  .  .  .  R  R  N  I  P  .  .  R
.  E  P  .  .  .  .  .  .  .  .  .  .  .  .  .  .  .  .  .  T
.  E  I  .  .  .  .  .  N  O  I  N  O  .  .  .  .  .  .  .  U
.  N  R  .  O  B  S  C  U  R  E  L  L  O  P  .  .  .  .  .  .  R
.  O  E  .  .  .  .  .  .  .  .  .  .  .  .  .  .  .  .  .  E
.  I  .  .  .  .  .  .  .  .  .  .  .  .  .  .  .  .  .
.  P  .  .  .  .  .  .  .  .  .  .  .  .  .  .  .  .
```

Word directions and start points are formatted: (Direction, X, Y)

VEGETATION (E,1,7)  FREIGHT (W,11,10)  AIDS (E,18,3)
GOALKEEPER (SE,7,1)  OBSCURE (E,5,13)  COOK (E,13,3)
CHARACTER (S,17,2)  SHRINK (E,2,5)  POLL (W,15,13)
DEPARTURE (S,23,6)  ONION (W,14,12)  PIN (W,20,10)
PUBLISH (SE,5,1)  BASIS (SE,11,2)  DAY (W,9,9)
INSPIRE (S,3,8)  WIDEN (N,22,8)  PEN (S,12,7)
PIONEER (N,2,16)  PEST (E,9,1)

# 17

```
Z M U X R U S H N L E V A R G L R A N J L J J
E O O A N A H O Z A D S C Q I B O E B N I H Q
P I N E V O U K O K I M Q J Q N H V S S K J L
Y S N E P C H T W U M F F R A Z V Y Y I O N O
T F V W P A C C Q D E M O T I O N J A J S T J
J E N Y R E M E D Y W X A W L Q B F J W L T R
Y F X H C P D J Y E C N A I L E R B L F Z B E
E L X T Q X J T J E K F H C N L I B P E D V T
K O I R I N Y T I H K T K N Q F K V F L E M S
C O V W J D N E T X E Y E E C N E I D U A T O
O S C T O Y T Q Z B Q T M A V C A D T H R I F
L E C G V A R D U P I G J B C L Y C B K B J N
B E S X E V I E C R E P M G Z H D R U G M D V
N C E J H I M J E B A T W Q S Z E Q S T T O B
N U U Q L C J R E T O V I J H E I R L Z E Z J
R Y G P I N O I T A V O N N I A J Q S I N D C
```

Find the following words in the puzzle.
Words are hidden ↑ ↓ → ← and ↘ .

| | | |
|---|---|---|
| INNOVATION | FOSTER | BLOCK |
| AUDIENCE | RESIST | PLAIN |
| PERCEIVE | REMEDY | FLEET |
| RELIANCE | GRAVEL | RUSH |
| TEACHER | VOTER | ZONE |
| EMOTION | ACUTE | PIG |
| EXTEND | LOOSE | |

## 17

```
Z . . . R U S H . L E V A R G . R . . . . . .
. O . . . . . . . . . . . . . E . . . . . .
. . N . . . . . . . . . . . S . . . . .
. . . E . . . . . . . . . . . . I . . .
. . . . . . . . . . E M O T I O N . . . S . .
. . . . . R E M E D Y . . . . . . . F . . T R
. . . . . . . . . . E C N A I L E R . L . . . E
. L . . . . . . . . . . . . . . . . P E . . T
K O . . . . . . . . . T . . . . . . . L E . S
C O . . . D N E T X E . E E C N E I D U A T O
O S . . . . . . . . . . . A . . A . . . I F
L E . . . . . . . P I G . . C . . C . . . N
B . . . E V I E C R E P . . . H . U . . . .
. . . . . . . . . . . . . . . . E . T . .
. . . . . . . R E T O V . . . . . R . . E . .
. . . . . . N O I T A V O N N I . . . . . . .
```

Word directions and start points are formatted: (Direction, X, Y)

INNOVATION (W,15,16)    FOSTER (N,23,11)    BLOCK (N,1,13)
AUDIENCE (W,21,10)      RESIST (SE,17,1)    PLAIN (SE,19,8)
PERCEIVE (W,12,13)      REMEDY (E,5,6)      FLEET (SE,18,6)
RELIANCE (W,17,7)       GRAVEL (W,15,1)     RUSH (E,5,1)
TEACHER (SE,12,9)       VOTER (W,12,15)     ZONE (SE,1,1)
EMOTION (E,11,5)        ACUTE (SE,17,11)    PIG (E,10,12)
EXTEND (W,11,10)        LOOSE (S,2,8)

```
M H A Z I M O G F S P H K L F I R H T Y C R A
M R P I P E K S W L K D V D S M R N R W B U V
S W A U L P B K C I M Q E A X P M Z E E T N K
O O E G N A N V L A R I B N R R N X A T B U U
R O W O C Q U Q F C T X K C Q O M S T A Y S A
L Z F Q K H U M A N I T Y E D V E Z Y C N N R
Z E T A R T S N O M E D E T E E N J O I G Q E
R B V R F C B Q C W Y F H R N M O J R R N K L
O Z J A K E L B U O R T B J I E I E S B I C A
T V R L K Z T Q O A U J O G H N T M C A D E X
C J M L N E T N L Q Q X A X S T A E Q F R Q E
A F O O S G W R A F Y L Q O P K M R B Z O N Y
E Z H D Z B R E A T H E O H V X R T K V C J I
R Q E I W U S U P E R I O R Y B O X K E E Z I
T B I E A N L J J B L B X V F P F E Z K R L Y
K H I H D F C X Z T Q D I S C O V E R Y H P T
```

Find the following words in the puzzle.
Words are hidden ↑ ↓ → ← and ↘ .

| | | |
|---|---|---|
| DEMONSTRATE | DISCOVER | TREATY |
| IMPROVEMENT | BREATHE | RELAX |
| FORMATION | TROUBLE | DANCE |
| RECORDING | EXTREME | SHINE |
| FABRICATE | REACTOR | PIPE |
| SUPERIOR | SCATTER | ROW |
| HUMANITY | DOLLAR | |

## 18

```
.  .  .  .  .  .  .  .  .  .  .  .  .  .  I  .  .  T  .  .  .  .
.  .  P  I  P  E  .  S  .  .  .  .  D  .  M  .  .  R  .  .  .  .
.  .  .  .  .  .  .  .  C  .  .  .  A  .  P  .  .  E  E  .  .  .
.  .  .  .  .  .  .  .  A  .  N  .  R  .  A  T  .  .  .
R  O  W  .  .  .  .  .  .  T  .  C  .  O  .  .  T  A  .  .  .
.  .  .  .  .  H  U  M  A  N  I  T  Y  E  .  V  .  .  Y  C  .  .  R
.  E  T  A  R  T  S  N  O  M  E  D  E  .  E  E  N  .  .  I  G  .  E
R  .  .  R  .  .  .  .  .  .  .  .  R  N  M  O  .  .  R  N  .  L
O  .  .  A  .  E  L  B  U  O  R  T  .  .  I  E  I  E  .  B  I  .  A
T  .  .  L  .  .  .  .  .  .  .  .  .  H  N  T  M  .  A  D  .  X
C  .  .  L  .  .  .  .  .  .  .  .  .  S  T  A  E  .  F  R  .  .
A  .  .  O  .  .  .  .  .  .  .  .  .  .  M  R  .  .  O  .  .
E  .  .  D  .  B  R  E  A  T  H  E  .  .  .  .  R  T  .  .  C  .  .
R  .  .  .  .  .  S  U  P  E  R  I  O  R  .  .  O  X  .  .  E  .  .
.  .  .  .  .  .  .  .  .  .  .  .  .  .  .  F  E  .  .  R  .  .
.  .  .  .  .  .  .  .  .  .  .  D  I  S  C  O  V  E  R  .  .  .
```

Word directions and start points are formatted: (Direction, X, Y)

| | | |
|---|---|---|
| DEMONSTRATE (W,12,7) | DISCOVER (E,12,16) | TREATY (S,19,1) |
| IMPROVEMENT (S,16,1) | BREATHE (E,6,13) | RELAX (S,23,6) |
| FORMATION (N,17,15) | TROUBLE (W,12,9) | DANCE (S,14,2) |
| RECORDING (N,21,15) | EXTREME (N,18,15) | SHINE (N,15,11) |
| FABRICATE (N,20,11) | REACTOR (N,1,14) | PIPE (E,3,2) |
| SUPERIOR (E,7,14) | SCATTER (SE,8,2) | ROW (E,1,5) |
| HUMANITY (E,6,6) | DOLLAR (N,4,13) | |

# 19

```
K S S O L U M M O K W P N Z C J J J R K Z C X
D E N Y B U J U E S Q C N D B R A G R X Z R U
M N O S D V R G G R A G N R W Z R X E P Z W T
I O Z C R K O Y I X T M B Q A J J K D J G H I
Y I Z Y W A O H N H B D N T G K R X N I K D P
Y T F R I U T V W I H E G P E Z D H I D I W R
H A R E P Q D U F D G P A Z R R T X L W V R U
T U O S G R R Y P J D A X R E N C J Y L O H E
L T W P L B O X G N W O R I A L E Q C T R U Z
A C E O I B G P R N B S P C D M T H Z J Y D I
E U Y N S Z Y O E C M N M B E K I Q W W J H C
H L M S S L G R Y R R E A D R Q H J Z H Q N U
N F V E O Y R G I K T Z T E H C C H Q K W G S
C D Z Y F T K A O R P Y D N S P R H Z Z Z S E
C J L T I I X N Z T S A L B Y L A U M K O Z P
L N W E F F N N H A V W M N W R J N R T K G D
```

Find the following words in the puzzle.
Words are hidden ↑ ↓ → ← and ↘ .

| | | |
|---|---|---|
| FLUCTUATION | FOSSIL | BEAR |
| ARCHITECT | BLAST | SOAP |
| RESPONSE | IVORY | BRAG |
| CYLINDER | ORGAN | LOSS |
| PROPERTY | ROOT | DENY |
| HEALTHY | WAGE | PIT |
| READER | READ | |

## 19

```
.  S  S  O  L  .  .  .  .  .  .  .  .  .  .  .  .  .  .  .  .
D  E  N  Y  .  .  .  .  .  .  .  .  B  R  A  G  R  .  .  .  .
.  N  .  .  .  R  .  .  .  .  .  W  .  .  .  E  .  .  .  T
.  O  .  .  .  O  .  .  .  .  A  .  .  D  .  .  .  I
.  I  .  .  .  O  .  .  B  .  .  G  .  .  N  .  .  .  P
Y  T  .  R  .  T  .  .  .  E  .  E  .  .  I  .  I
H  A  .  E  P  .  .  .  .  .  P  A  .  R  .  T  .  L  .  V  .  .
T  U  .  S  .  R  .  .  .  .  A  .  R  E  .  C  .  Y  .  O
L  T  .  P  L  .  O  .  .  .  .  O  .  .  A  .  E  .  C  .  R  .  .
A  C  .  O  I  .  .  P  .  .  .  S  .  .  D  .  T  .  .  .  Y
E  U  .  N  S  .  .  O  E  .  .  .  .  .  E  .  I
H  L  .  S  S  .  .  R  .  R  R  E  A  D  R  .  H  .  .  .  .
.  F  .  E  O  .  .  G  .  .  T  .  .  .  .  .  C
.  .  .  .  F  .  A  .  .  Y  .  .  .  R
.  .  .  .  .  .  .  N  .  T  S  A  L  B  .  .  A  .  .  .  .
```

Word directions and start points are formatted: (Direction, X, Y)

FLUCTUATION (N,2,13)  FOSSIL (N,5,14)  BEAR (SE,11,5)
ARCHITECT (N,17,15)  BLAST (W,14,15)  SOAP (N,12,10)
RESPONSE (S,4,6)  IVORY (S,21,6)  BRAG (E,15,2)
CYLINDER (N,19,9)  ORGAN (S,8,11)  LOSS (W,5,1)
PROPERTY (SE,5,7)  ROOT (S,7,3)  DENY (E,1,2)
HEALTHY (N,1,12)  WAGE (S,15,3)  PIT (N,23,5)
READER (S,15,7)  READ (E,11,12)

# 20

```
G J I F W J L I V N S F Q T T Q V C H U T B T
O S E Y K M C R A F T S M A N W E D A T J T G
R Q R R T S I R L E F T O V E R S X A F W J A
P C Q E N A P R E A C H W A W G M N H S S R P
U J N R E N V R N D N C R E F F U S E V E N E
J T Q U M D F C X A F I X N H H X G U F O V N
N Q O T E C S Y M P T O M N O I T O M O R P S
J E F X E V R A C M V T R O T S I D B V M T I
Z S F I R K N Q H T N V U U N O I P M A H C O
X U V F G Y Y V H D S K N O I S S I M O P T N
H F C Y A R L R E I E G H C G Q F G R E A T U
E N V D F T E Q Q C E U M A R R I A G E A R O
A O K N E M P L O Y E E J J O A B C K C E H C
J C Y Q Q M F T R I F P Q C P Y A G O T T W A
P L D F W Z A K R O F I F M E S Y S K H F W K
P G D X V C G S H E U K Q W D B K R O S R S Q
```

Find the following words in the puzzle.
Words are hidden ↑ ↓ → ← and ↘ .

AGREEMENT        CHAMPION        SUFFER
LEFTOVERS        SYMPTOM         CHECK
CRAFTSMAN        FIXTURE         GREAT
PROMOTION        CONFUSE         CARVE
OMISSION         PENSION         SAND
EMPLOYEE         DISTORT         FORK
MARRIAGE         PREACH

```
.  .  .  .  .  .  .  C  R  A  F  T  S  M  A  N  .  .  .  .  .  .  .  .  .
.  .  .  .  .  T  S  .  .  L  E  F  T  O  V  E  R  S  .  .  .  .  .  .  .
.  .  .  E  N  A  P  R  E  A  C  H  .  .  .  .  .  .  .  .  .  .  .  P
.  .  .  R  E  N  .  .  .  .  .  R  E  F  F  U  S  .  .  .  .  E
.  .  .  U  M  D  .  .  .  .  .  .  .  .  .  .  .  .  .  .  N
.  .  .  T  E  .  S  Y  M  P  T  O  M  N  O  I  T  O  M  O  R  P  S
.  E  .  X  E  V  R  A  C  .  .  T  R  O  T  S  I  D  .  .  .  .  I
.  S  .  I  R  .  .  .  .  .  .  .  N  O  I  P  M  A  H  C  O
.  U  .  F  G  .  .  .  .  .  .  N  O  I  S  S  I  M  O  .  .  N
.  F  .  .  A  .  .  .  .  .  .  .  .  .  G  R  E  A  T  .
.  N  .  .  .  .  .  .  .  .  .  M  A  R  R  I  A  G  E  .  .  .
.  O  .  .  E  M  P  L  O  Y  E  E  .  .  .  .  .  K  C  E  H  C
.  C  .  .  .  .  .  .  .  .  .  .  .  .  .  .  .  .  .  .
.  .  .  .  .  .  .  K  R  O  F  .  .  .  .  .  .  .  .  .  .
.  .  .  .  .  .  .  .  .  .  .  .  .  .  .  .  .  .  .  .
```

Word directions and start points are formatted: (Direction, X, Y)

AGREEMENT (N,5,11)   CHAMPION (W,22,9)   SUFFER (W,18,5)
LEFTOVERS (E,9,3)    SYMPTOM (E,7,7)     CHECK (W,23,13)
CRAFTSMAN (E,7,2)    FIXTURE (N,4,10)    GREAT (E,18,11)
PROMOTION (W,22,7)   CONFUSE (N,2,14)    CARVE (W,9,8)
OMISSION (W,20,10)   PENSION (S,23,4)    SAND (S,6,3)
EMPLOYEE (E,5,13)    DISTORT (W,18,8)    FORK (W,11,15)
MARRIAGE (E,13,12)   PREACH (E,7,4)

```
R N I A T N U O M Y T X N M V V T V U X W G A
N D I W M M T V E N U S U R P N I Y P S X L K
W H Q Q K E G H N E K H I L U K U Z N B D J K
I P J A F S G L E F O Z Q S F J Q I Y G Q Z F
K Y Z Q T S D M K R S L E G A R O T S I L E Q
T E T H R E U Y J E A C C N V I J P V N J F R
C D Y R U D L Y O T W P I D E I F I L A U Q K
I Q N Q O U O C J A M P I E P D E N U M M I I
V R O L C T Q I O R G G T S N O T C E F R E P
L B G E P I A L V O H B L W T C A Z M D C F F
W A A E J T I O V I N V U V W W E E T I A B X
S L X L Y T L P F R N Y S S E R P X E D F C L
M L V L E A P I M E T Z C D J A Y D R Q U X B
Z E Q S I X E U S T J T S I N I V U A H C K P
K T O X K D R L B E S K T Z H W R Z E A G V E
V Q A N W G E H Y D T S M P H N V L C K Y W W
```

Find the following words in the puzzle.
Words are hidden ↑ ↓ → ← and ↘ .

| | | |
|---|---|---|
| DETERIORATE | STORAGE | COURT |
| CHAUVINIST | PERFECT | VENUS |
| QUALIFIED | SCIENCE | DUKE |
| THERAPIST | POLICY | MESS |
| ATTITUDE | IMMUNE | BAIT |
| MOUNTAIN | BALLET | UP |
| EXPRESS | AGONY | |

## 21

```
.  N  I  A  T  N  U  O  M  .  .  .  .  .  .  .  .  .  .  .  .  .  .
.  .  .  .  .  M  T  V  E  N  U  S  .  .  P  .  .  .  .  .  .  .  .
.  .  .  .  .  E  .  H  .  .  .  .  .  .  U  .  .  .  .  .  .  .  .
.  .  .  .  .  S  .  .  E  .  .  .  .  .  .  .  .  .  .  .  .  .  .
.  .  .  .  T  S  .  .  .  R  S  .  E  G  A  R  O  T  S  .  .  .  .
.  .  .  .  R  E  .  .  .  E  A  C  .  .  .  .  .  .  .  .  .  .  .
.  .  Y  .  U  D  .  Y  .  T  .  P  I  D  E  I  F  I  L  A  U  Q  .
.  .  N  .  O  U  .  C  .  A  .  .  I  E  .  .  E  N  U  M  M  I  .
.  .  O  .  C  T  .  I  .  R  .  .  .  S  N  .  T  C  E  F  R  E  P
.  B  G  .  .  I  .  L  .  O  .  .  .  T  C  .  .  .  .  .  .  .  .
.  A  A  .  .  T  .  O  .  I  .  .  .  .  .  E  .  T  I  A  B  .
.  L  .  .  T  .  P  .  R  .  .  S  S  E  R  P  X  E  D  .  .  .
.  L  .  .  A  .  .  E  .  .  .  .  .  .  .  .  .  .  U  .  .
.  E  .  .  .  .  .  T  .  T  S  I  N  I  V  U  A  H  C  K  .
.  T  .  .  .  .  .  E  .  .  .  .  .  .  .  .  .  .  .  .  E
.  .  .  .  .  .  .  .  D  .  .  .  .  .  .  .  .  .  .  .  .
```

Word directions and start points are formatted: (Direction, X, Y)

DETERIORATE (N,10,16)   STORAGE (W,19,5)   COURT (N,5,9)
CHAUVINIST (W,21,14)   PERFECT (W,23,9)   VENUS (E,8,2)
QUALIFIED (W,22,7)   SCIENCE (SE,11,5)   DUKE (SE,20,12)
THERAPIST (SE,7,2)   POLICY (N,8,12)   MESS (S,6,2)
ATTITUDE (N,6,13)   IMMUNE (W,22,8)   BAIT (W,22,11)
MOUNTAIN (W,9,1)   BALLET (S,2,10)   UP (N,15,3)
EXPRESS (W,19,12)   AGONY (N,3,11)

```
Z  R  I  H  G  M  H  T  V  D  H  V  G  Q  F  R  Q  C  S  I  B  Q  R
A  G  C  E  B  B  K  T  L  C  U  N  L  M  T  N  G  O  O  R  O  N  M
C  I  C  A  R  S  N  N  T  I  R  B  F  Z  G  G  R  N  A  Z  Z  D  Q
O  T  B  R  Z  U  O  A  J  Z  L  G  M  E  T  S  H  T  P  Q  G  S  S
M  N  H  F  Z  I  I  G  Z  R  C  A  E  M  Y  D  R  E  K  L  B  W  Z
F  E  N  M  A  O  T  O  R  L  W  S  O  B  F  S  B  M  R  B  W  U  S
O  G  F  O  T  S  C  R  E  C  Q  R  M  F  U  F  X  P  J  T  E  A  M
R  A  E  H  T  T  A  R  G  W  A  M  H  H  X  T  T  O  J  J  S  T  H
T  S  B  F  I  I  S  A  N  O  F  V  P  C  G  T  X  R  Z  N  I  E  N
A  I  O  C  T  C  N  J  I  H  S  O  E  N  G  K  V  A  H  S  C  S  Z
B  A  A  O  U  K  A  Q  S  L  U  F  R  O  L  O  C  R  B  S  R  N  F
L  N  R  G  D  O  R  Y  D  P  R  E  V  O  C  E  R  Y  Y  D  E  E  T
E  M  D  B  E  J  T  Y  O  A  D  C  I  D  V  H  M  J  K  P  X  S  Q
W  D  I  F  U  I  G  T  G  S  L  K  Z  E  H  E  M  M  U  Q  E  N  F
N  Z  H  T  J  U  N  A  R  Z  Q  O  Q  G  K  G  U  Q  O  F  U  O  W
S  K  I  L  L  E  D  Z  X  X  V  N  X  I  S  A  H  G  T  U  A  N  N
```

Find the following words in the puzzle.
Words are hidden ↑  ↓  →  ←  and  ↘ .

| CONTEMPORARY | NONSENSE | CAVE |
| COMFORTABLE | SKILLED | STEM |
| TRANSACTION | RECOVER | HEAR |
| COLORFUL | SINGER | HURL |
| ATTITUDE | BOARD | AGE |
| ARROGANT | AGENT | AS |
| EXERCISE | STICK | |

**22**

```
.   .   .   .   H   .   .   .   .   .   H   .   .   .   .   .   .   C   .   .   .   .   .
.   .   .   E   .   .   T   .   U   .   .   .   .   .   .   O   .   .   .   .
C   .   .   A   .   .   N   N   .   .   R   .   .   .   .   .   .   N   .   .   .   .
O   T   .   R   .   .   O   A   .   .   L   .   M   E   T   S   .   T   .   .   .   .
M   N   .   .   .   .   I   G   .   .   .   A   .   .   .   .   .   E   .   .   .   .
F   E   .   A   .   T   O   R   .   .   .   S   .   .   .   .   .   M   .   .   .   .
O   G   .   .   T   S   C   R   E   C   .   .   .   .   .   .   .   P   .   E   .   .
R   A   .   .   T   T   A   R   G   A   .   .   .   .   .   .   O   .   S   .   .
T   .   B   .   I   I   S   A   N   .   .   V   .   .   .   .   R   .   I   E   .
A   .   O   .   T   C   N   .   I   .   .   .   E   .   .   .   A   .   C   S   .
B   .   A   .   U   K   A   .   S   L   U   F   R   O   L   O   C   R   .   R   N   .
L   .   R   .   D   .   R   .   .   .   R   E   V   O   C   E   R   Y   .   E   E   .
E   .   D   .   E   .   T   .   .   .   .   .   .   .   .   .   .   X   S   .
.   .   .   .   .   .   .   .   .   .   .   .   .   .   E   .   .   E   N   .
.   .   .   .   .   .   .   .   .   .   .   .   .   .   G   .   .   .   O   .
S   K   I   L   L   E   D   .   .   .   .   .   .   A   .   .   .   N   .
```

Word directions and start points are formatted: (Direction, X, Y)

CONTEMPORARY (S,18,1)  NONSENSE (N,22,16)  CAVE (SE,10,7)
COMFORTABLE (S,1,3)  SKILLED (E,1,16)  STEM (W,16,4)
TRANSACTION (N,7,13)  RECOVER (W,17,12)  HEAR (S,4,1)
COLORFUL (W,17,11)  SINGER (N,9,11)  HURL (S,11,1)
ATTITUDE (S,5,6)  BOARD (S,3,9)  AGE (N,16,16)
ARROGANT (N,8,9)  AGENT (N,2,8)  AS (S,12,5)
EXERCISE (N,21,14)  STICK (S,6,7)

```
G I B L U O C Y S S C H O L A R Z R Z A D O W
R X K T A C A R E E R V P H A S Y U T M D O A
Z K T N R W A C S V E R A Z J J B Y W N A X P
H S I C H A Y Z B R P M X Q U A L I T Y X Z N
F E L V O L D E K U E B I Z U P X E C I F F O
K D R G U M J I R S M S L D H F H A A Y U G Y
A E O S E T Q C T I P S O G Z O O B B J W Y Y
C B T C G G W K B I M F F L J G Q G T R K P W
I D C L O O Y J P V O A K B U A L L S O D O P
B N U N Y B G L G T C N G S F T C V E U G T Q
H D D A A N Y J T L F W U E T R I U W G H T I
Y O N M S N G B I H E A L T H Y A O J H I E Y
P Z O R Y R T X R R I B B O N V K M N E S R W
V V C L R H R H E G A K C A P Y R L E T Z Y A
E V L V B S M D M A G I C L L L V B S N W T G
K A B O Y P P G A H A N H A T S U I T L V U Z
```

Find the following words in the puzzle.
Words are hidden ↑ ↓ → ← and ↘ .

| | | |
|---|---|---|
| RESOLUTION | SCHOLAR | IMAGE |
| TRADITION | OFFICE | MERIT |
| CONDUCTOR | LAWYER | WEST |
| HEALTHY | CAREER | DESK |
| POTTERY | RIBBON | SUIT |
| QUALITY | FRAME | SAY |
| PACKAGE | ROUGH | |

## 23

```
.  .  .  .  L  .  .  .  .  .  S  C  H  O  L  A  R  .  .  .  .  .  .  .  .  .
.  .  .  T  A  C  A  R  E  E  R  .  .  .  .  .  .  .  .  .  .  .  .  .  .  .
.  K  .  .  R  W  .  .  .  .  .  .  .  .  .  .  .  .  .  .  .  .  .  .  .  .
.  S  .  .  A  Y  .  .  R  .  .  .  Q  U  A  L  I  T  Y  .  .  .
.  E  .  .  .  D  E  .  .  E  .  .  .  .  .  .  E  C  I  F  F  O
.  D  R  .  .  .  I  R  .  .  S  .  .  .  .  .  .  .  .  .  .  .  .  .
.  .  O  .  .  .  .  T  I  .  .  O  .  .  .  .  .  .  .  .  .  .  .  .
.  .  T  .  .  .  .  I  M  .  L  .  .  .  .  T  R  .  P  .
.  .  C  .  .  .  .  .  O  A  .  .  U  .  .  S  O  .  O  .
.  .  U  .  Y  .  .  .  .  N  G  .  F  T  .  .  E  U  .  T  .
.  .  D  .  A  .  .  T  .  .  .  .  E  .  R  I  .  W  G  .  T  .
.  .  N  .  S  .  .  .  I  H  E  A  L  T  H  Y  A  O  .  H  .  E  .
.  .  O  .  .  .  .  R  R  I  B  B  O  N  .  .  M  N  .  .  R  .
.  .  C  .  .  .  .  E  G  A  K  C  A  P  .  .  .  E  .  .  Y  .
.  .  .  .  .  .  .  .  M  .  .  .  .  .  .  .  .  .  .  .
.  .  .  .  .  .  .  .  .  .  .  .  .  S  U  I  T  .  .  .  .
```

Word directions and start points are formatted: (Direction, X, Y)

RESOLUTION (SE,10,4)      SCHOLAR (E,10,1)       IMAGE (SE,10,7)
TRADITION (SE,4,2)        OFFICE (W,23,5)        MERIT (N,9,15)
CONDUCTOR (N,3,14)        LAWYER (SE,4,1)        WEST (N,19,11)
HEALTHY (E,10,12)         CAREER (E,6,2)         DESK (N,2,6)
POTTERY (S,22,8)          RIBBON (E,10,13)       SUIT (E,16,16)
QUALITY (E,14,4)          FRAME (SE,15,10)       SAY (N,5,12)
PACKAGE (W,15,14)         ROUGH (S,20,8)

```
L E A P E N V Q Z I S T W V G U C U Z Z K Y E
R B B C O M M I T M E N T B T O Q Y T M U M K
R D E M O N S T R A T E Q Q U R C Z I I P D G
M E R O C T A K R O E U O N F I O A S O M L O
H E U H F O P X Q R L N G Q E M R O G E N E N
M N A M H E B U T G R A N T S V E O P I M M Z
Y J E T C O V C L Z D W B E C S X W I E L C G
S D K G G O X E H B O P Z U J K K J I Q T E W
S T O U X N R O H D E Z E E R B O C L V A Z G
B F H X H T Z D O O G W J P U O A D R G L U M
I Z C U G W D E S E R T Q P O U I A O E H E H
Y K R E A R P W D E T N E L A T H S K F T L H
W Q L Y R E P P I L S A P P R O V A L E R O O
E B A M G J V C Z C H W C T L U A F M U K P X
N A J Z U M P J G U E Y Y V I M J D I L O F U
Z E L N A T I O N A L I S T Y B A L B N H U A
```

Find the following words in the puzzle.
Words are hidden ↑ ↓ → ← and ↘ .

NATIONALIST
DEMONSTRATE
COMMITMENT
SLIPPERY
TALENTED
APPROVAL
BREEZE

DESERT
GRANT
TROOP
AGILE
CHOKE
FAULT
POLE

MEAT
CORE
HORN
GOOD
TIME
TUBE

**24**

```
.  .  .  .  C  O  M  M  I  T  M  E  N  T  .  T  .  .  T  .  .  .  .
.  D  E  M  O  N  S  T  R  A  T  E  .  .  .  R  .  .  I  .  .  .
M  E  R  O  C  .  .  .  .  .  .  .  .  .  .  O  A  .  M  .  .
.  E  .  .  .  .  .  .  .  .  .  .  .  .  O  G  .  .  E  .
.  .  A  .  .  E  B  U  T  G  R  A  N  T  .  .  .  P  I  .  .
.  .  E  T  .  .  .  .  .  .  .  .  .  .  .  .  .  L  .  .
.  .  K  .  .  .  .  .  .  .  .  .  .  .  .  .  .  E
.  .  O  .  .  N  R  O  H  .  E  Z  E  E  R  B  .  .  .  .  .
.  H  .  .  .  D  O  O  G  .  .  .  .  .  .  .  .  .  .
.  C  .  .  .  D  E  S  E  R  T  .  .  .  .  .  .  .  E  .
.  .  .  .  .  .  D  E  T  N  E  L  A  T  .  .  .  .  L  .
.  .  .  Y  R  E  P  P  I  L  S  A  P  P  R  O  V  A  L  .  .  O  .
.  .  .  .  .  .  .  .  .  .  T  L  U  A  F  .  .  .  P  .
.  .  .  .  .  .  .  .  .  .  .  .  .  .  .  .  .  .  .
.  .  .  .  N  A  T  I  O  N  A  L  I  S  T  .  .  .  .  .  .  .
```

Word directions and start points are formatted: (Direction, X, Y)

| | | |
|---|---|---|
| NATIONALIST (E,4,16) | DESERT (E,7,11) | MEAT (SE,1,4) |
| DEMONSTRATE (E,2,3) | GRANT (E,10,6) | CORE (W,5,4) |
| COMMITMENT (E,4,2) | TROOP (SE,15,2) | HORN (W,9,9) |
| SLIPPERY (W,11,13) | AGILE (SE,18,4) | GOOD (W,11,10) |
| TALENTED (W,16,12) | CHOKE (N,3,11) | TIME (SE,19,2) |
| APPROVAL (E,12,13) | FAULT (W,18,14) | TUBE (W,9,6) |
| BREEZE (W,16,9) | POLE (N,22,14) | |

```
I  Z  A  J  J  C  E  R  T  N  E  D  I  C  C  A  D  Z  D  C  Q  X  D
T  Q  C  R  J  Z  T  V  D  B  R  E  T  S  O  P  M  I  S  O  B  F  N
J  Z  B  L  G  I  R  J  N  E  M  G  F  R  P  O  P  M  O  N  B  O  I
V  G  E  E  G  T  O  V  V  O  Z  U  C  E  N  E  R  G  Y  V  L  L  A
U  D  S  C  D  W  O  R  C  V  O  D  J  Q  Y  J  U  W  C  E  X  H  L
T  O  W  A  B  M  P  D  C  G  E  R  U  T  S  O  P  G  Y  N  C  Y  P
V  Z  H  G  R  N  J  J  D  K  G  I  D  A  F  S  A  E  K  T  A  V  X
B  O  A  R  Z  T  W  J  X  E  E  Z  N  A  P  M  I  H  C  I  N  M  E
A  J  P  E  X  K  I  K  D  X  B  I  M  X  G  P  R  E  D  O  E  H  L
Q  O  M  D  V  Y  S  F  H  F  R  A  U  D  K  G  B  A  H  N  K  K  M
R  W  S  E  L  E  V  A  I  H  T  C  V  V  A  L  I  D  C  A  R  O  S
V  F  F  E  B  N  L  B  M  C  K  L  O  D  O  R  B  D  W  L  S  G  W
P  P  C  M  E  M  U  P  X  L  I  H  P  O  L  G  S  L  S  Q  U  Z  I
F  O  Y  U  U  I  N  O  H  T  L  A  E  W  B  V  E  N  T  U  R  E  P
I  N  C  M  S  H  R  X  P  Z  P  C  L  N  D  E  M  A  N  D  T  W  E
B  D  G  N  E  C  N  E  D  N  O  P  S  E  R  R  O  C  D  M  V  L  H
```

Find the following words in the puzzle.
Words are hidden ↑ ↓ → ← and ↘ .

| | | |
|---|---|---|
| CORRESPONDENCE | POSTURE | CROWD |
| CONVENTIONAL | CHIMNEY | TROOP |
| ARTIFICIAL | EXPLAIN | VALID |
| CHIMPANZEE | ENERGY | SWIPE |
| IMPOSTER | REDEEM | FRAUD |
| ACCIDENT | WEALTH | CANE |
| VENTURE | DEMAND | |

# SOLUTION

## 25

```
. . . . . . . . . T N E D I C C A . . . C . . .
. . . . . . . T . . . R E T S O P M I . O . . N
. . . . . . R . . . . . . . . . . . N . . I
. . . . . . O . . . . . E N E R G Y V . . A
. . . . . D W O R C . . . . . . . . . . E . L
. . . A . . P . . . E R U T S O P . . N C . P
. . . . R . . . . . . . . . . . . . T A . X
. . . R . T . . . E E Z N A P M I H C I N . E
. . . E . . I . . . . . . . . . . . O E . .
. . . D . Y . F . F R A U D . . . . . N . . .
. . . E . E . . I . . . . V A L I D . A . . S
. . . E . N . . . C . . . . . . . L . . W
. . . M . M . . . . I . . . . . . . . . . I
. . . . . . I . . H T L A E W . V E N T U R E P
. . . . . . H . . . . . . L . D E M A N D . . E
. . . . . E C N E D N O P S E R R O C . . . . .
```

Word directions and start points are formatted: (Direction, X, Y)

CORRESPONDENCE (W,18,16)
CONVENTIONAL (S,20,1)
ARTIFICIAL (SE,4,6)
CHIMPANZEE (W,19,8)
IMPOSTER (W,18,2)
ACCIDENT (W,16,1)
VENTURE (E,16,14)

POSTURE (W,17,6)
CHIMNEY (N,6,16)
EXPLAIN (N,23,8)
ENERGY (E,14,4)
REDEEM (S,4,8)
WEALTH (W,14,14)
DEMAND (E,15,15)

CROWD (W,9,5)
TROOP (S,7,2)
VALID (E,14,11)
SWIPE (S,23,11)
FRAUD (E,10,10)
CANE (S,21,6)

# 26

| | | | | | | | | | | | | | | | | | | | | | | |
|---|---|---|---|---|---|---|---|---|---|---|---|---|---|---|---|---|---|---|---|---|---|---|
| G | R | N | T | A | T | Q | H | T | W | I | S | S | C | X | C | L | P | C | W | H | A | Q |
| E | I | A | G | W | R | U | E | T | M | K | M | T | U | Q | U | B | A | Z | V | Z | S | K |
| C | M | U | I | B | A | T | R | S | T | S | S | U | S | E | W | N | R | Z | J | B | H | Q |
| O | D | D | L | A | N | G | U | B | E | D | C | D | T | L | Y | B | A | O | O | L | O | R |
| W | X | I | J | P | S | H | T | B | U | Q | O | Y | O | B | S | R | M | D | N | Z | U | E |
| E | E | E | D | H | I | N | C | I | E | S | N | V | D | P | E | K | E | D | A | V | T | G |
| R | A | N | P | C | T | Q | U | R | D | K | S | J | Y | U | Q | B | T | Q | D | V | V | I |
| M | Z | C | O | M | I | H | R | T | I | E | O | V | L | A | K | E | E | J | F | A | M | T |
| R | F | E | R | N | O | L | T | H | H | T | L | Y | D | M | L | O | R | F | Z | X | C | Q |
| Q | N | E | E | D | N | J | S | D | K | C | I | N | E | D | A | C | A | F | N | M | I | D |
| O | D | E | A | C | Y | R | X | A | T | H | D | E | T | V | U | B | A | N | B | C | Q | Y |
| C | I | K | A | T | Z | W | Z | Y | Q | Q | A | E | Y | Q | Q | D | E | F | U | P | D | N |
| D | O | A | A | E | U | R | Q | J | V | B | T | T | L | J | E | J | Y | H | E | G | Y | E |
| B | E | T | F | J | K | R | D | A | H | Q | E | Z | O | S | X | D | I | P | Y | D | P | Q |
| Z | F | S | S | P | L | C | E | P | I | R | T | W | H | H | C | O | P | C | G | E | B | V |
| J | I | V | H | V | T | H | B | T | U | E | R | U | T | P | A | C | K | Q | C | Y | B | U |

Find the following words in the puzzle.
Words are hidden ↑ ↓ → ← and ↘ .

CONSOLIDATE
TRANSITION
STRUCTURE
PARAMETER
BIRTHDAY
AUDIENCE
FEATURE

CUSTODY
CAPTURE
FACADE
SKETCH
STAKE
STUDY
EQUAL

TIGER
SHOUT
COWER
LAKE
TRIP
HIDE

# SOLUTION

## 26

```
.  .  .  .  .  .  T  .  .  .  .  .  .  .  S  C  .  .  .  .  P  .  .  .  .  .  .
.  .  A  .  .  R  .  E  .  .  .  .  T  U  .  .  .  A  .  .  .  S  .
C  .  U  .  .  A  .  R  .  .  .  .  U  S  .  .  .  R  .  .  H  .
O  .  D  .  N  .  U  .  .  .  C  D  T  .  .  .  A  .  .  .  O  R
W  .  I  .  .  S  .  T  B  .  .  O  Y  O  .  .  .  M  .  .  .  U  E
E  .  E  .  .  I  .  C  I  E  S  N  .  D  .  .  .  E  .  .  .  T  G
R  .  N  .  .  T  .  U  R  D  K  S  .  Y  .  .  .  T  .  .  .  .  I
.  .  C  .  .  I  .  R  T  I  E  O  .  L  A  K  E  E  .  .  .  .  T
.  F  E  .  .  O  .  T  H  H  T  L  .  .  .  L  .  R  .  .  .  .
.  .  E  .  N  .  S  D  .  C  I  .  E  D  A  C  A  F  .  .  .  .
.  .  E  A  .  .  .  A  .  H  D  .  .  .  U  .  .  .  .
.  .  K  .  T  .  .  Y  .  A  .  .  Q  .  .  .  .
.  .  A  .  .  U  .  .  .  .  T  .  .  .  E  .  .  .
.  T  .  .  R  .  .  .  E  .  .  .  .  .
.  .  S  .  .  .  .  E  P  I  R  T  .  .  .  .  .
.  .  .  .  .  .  .  .  E  R  U  T  P  A  C  .  .  .  .  .
```

Word directions and start points are formatted: (Direction, X, Y)

CONSOLIDATE (S,12,4)      CUSTODY (S,14,1)      TIGER (N,23,8)
TRANSITION (S,6,1)        CAPTURE (W,17,16)     SHOUT (S,22,2)
STRUCTURE (N,8,10)        FACADE (W,19,10)      COWER (S,1,3)
PARAMETER (S,18,1)        SKETCH (S,11,6)       LAKE (E,14,8)
BIRTHDAY (S,9,5)          STAKE (N,3,15)        TRIP (W,12,15)
AUDIENCE (S,3,2)          STUDY (S,13,1)        HIDE (N,10,9)
FEATURE (SE,2,9)          EQUAL (N,16,13)

```
K B E L J B V R E T S N O M B U E T T A R V S
Y U J I A Z B N G I K X Z D X Q O N O G H F B
T N M A S U G Q L D K L I W K D C J Z O Y H N
G D H R I C N T T V M W N R Y T M A I N Z A E
V L D A S E H D T E N D E N C Y M E E Y U N P
X E J D E D D W R U X T F Z B O J K J D Y T M
R S R I H E X S L Y G C H A L L E N G E R I X
O E H A T S D S H U G N U B P C R P A M H C C
M C E T O S E U Y T L U C I F F I D I G E I A
U A O I P E F R F R I T W G H X Z L A T O P J
H L V O Y R A R V E K H Z Y V E B N F G O A T
L P Z N H P U O T M P R E T N I R P T X T T C
P E H K X E L U L T L X M R W R M P Z N M I X
T R W O P D T N M S H T H G U O H T H J J O Z
T F Y E V R G D H E S I A R M K X A M D D N P
V O G B G W M W I Z V N Y B D O M I N A T E I
```

Find the following words in the puzzle.
Words are hidden ↑ ↓ → ← and ↘ .

| | | |
|---|---|---|
| ANTICIPATION | TENDENCY | MONSTER |
| HYPOTHESIS | DOMINATE | BUNDLE |
| DIFFICULTY | LAUNDRY | RAISE |
| DEPRESSED | REPLACE | AGONY |
| CHALLENGE | PRINTER | HUMOR |
| RADIATION | THOUGHT | JOB |
| SURROUND | DEFAULT | |

# SOLUTION

## 27

```
.  B  .  L  .  .  .  R  E  T  S  N  O  M  .  .  .  .  .  .  A  .  .  .
.  U  .  .  A  .  .  .  .  .  .  .  .  .  .  .  .  .  G  .  .  .
.  N  .  .  S  U  .  .  .  .  .  .  .  .  .  .  .  O  .  .  .
.  D  .  R  I  .  N  .  .  .  .  .  .  .  .  .  .  N  .  A  .
.  L  .  A  S  .  .  D  T  E  N  D  E  N  C  Y  .  .  .  Y  .  N  .
.  E  .  D  E  D  .  .  R  .  .  .  .  B  O  J  .  .  .  .  T
R  .  .  I  H  E  .  .  .  Y  .  C  H  A  L  L  E  N  G  E  .  I  .
O  E  .  A  T  S  D  S  .  .  .  .  .  .  .  .  .  .  .  C  .
M  C  .  T  O  S  E  U  Y  T  L  U  C  I  F  F  I  D  .  .  .  I  .
U  A  .  I  P  E  F  R  .  .  .  .  .  .  .  .  .  .  P  .
H  L  .  O  Y  R  A  R  .  .  .  .  .  .  .  .  .  .  A  .
.  P  .  N  H  P  U  O  .  .  .  R  E  T  N  I  R  P  .  .  .  T  .
.  E  .  .  .  E  L  U  .  .  .  .  .  .  .  .  .  .  I  .
.  R  .  .  .  D  T  N  .  .  .  T  H  G  U  O  H  T  .  .  .  O  .
.  .  .  .  .  .  .  D  .  E  S  I  A  R  .  .  .  .  .  .  N  .
.  .  .  .  .  .  .  .  .  .  .  .  D  O  M  I  N  A  T  E  .
```

Word directions and start points are formatted: (Direction, X, Y)

ANTICIPATION (S,22,4)     TENDENCY (E,9,5)      MONSTER (W,14,1)
HYPOTHESIS (N,5,12)       DOMINATE (E,15,16)    BUNDLE (S,2,1)
DIFFICULTY (W,18,9)       LAUNDRY (SE,4,1)      RAISE (W,14,15)
DEPRESSED (N,6,14)        REPLACE (N,2,14)      AGONY (S,20,1)
CHALLENGE (E,12,7)        PRINTER (W,18,12)     HUMOR (N,1,11)
RADIATION (S,4,4)         THOUGHT (W,18,14)     JOB (W,17,6)
SURROUND (S,8,8)          DEFAULT (S,7,8)

## 28

```
B B B I T M R O V A F W P T E I S F F N E N T
E E J H F A D X N G W H C I T E H T A P M Y S
A D O B W T R G O P R K J R W Q C B J W K I J
P Y Z U S U L J I E F U D E H S D O O L B R N
K R B R V R S H T H S E R F K O L Z E R N E I
O T E Z B E E N A P P S S E C C A Y W R O F G
X P W S P A T P R F B V Q M W J L O E U C E Z
G F J O E F V A A M C O O P E R A T I V E R E
M B X V R N J Z L P P H P C S E W P N T D E P
F A B W V D C D C A T J E O K I U C Y A L E A
F G Q D N D I E E V A P O N R V L E U E Y B L
Q T S N Y K I N D S O A G V O Q P V W K X G M
U A T N E T X E G V C R P E W I Y M E M F D P
K X U P J B A L T G Z W Z R V J P W M R T E N
C E C Z U Z J W M C F O D T M A T R I X X U N
F E Y H U B H V T P N N P P R N I A T E R C P
```

Find the following words in the puzzle.
Words are hidden ↑ ↓ → ← and ↘ .

| | | |
|---|---|---|
| DECLARATION | REFEREE | FAVOR |
| SYMPATHETIC | ACCESS | FRESH |
| COOPERATIVE | RETAIN | PALM |
| BLOODSHED | SILVER | COAT |
| PRESENCE | MATURE | WRAP |
| CONVERT | EXTENT | SET |
| WORDING | MATRIX | |

# SOLUTION

## 28

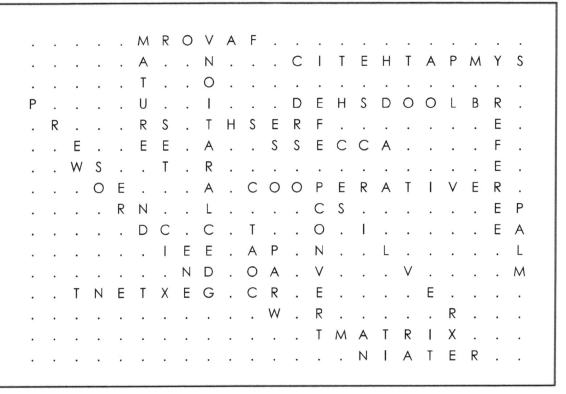

```
. . . . . . . M R O V A F . . . . . . . . . . . . .
. . . . . . . A . N . . . C I T E H T A P M Y S
. . . . . . T . O . . . . . . . . . . . . . . . .
P . . . . U . I . . . D E H S D O O L B R .
. R . . . R S . T H S E R F . . . . . . . E .
. . E . . E E . A . . S S E C C A . . . . F .
. . W S . . T . R . . . . . . . . . . . . E .
. . . O E . . . A . C O O P E R A T I V E R .
. . . . R N . L . . . C S . . . . . E P
. . . . . D C . C . T . O . I . . . . E A
. . . . . . I E E . A P . N . L . . . . L
. . . . . . N D . O A . V . . . V . . . . M
. . T N E T X E G . C R . E . . . . E . . . .
. . . . . . . . . . . W . R . . . . R . . .
. . . . . . . . . . . . T M A T R I X . . .
. . . . . . . . . . . . N I A T E R . .
```

Word directions and start points are formatted: (Direction, X, Y)

DECLARATION (N,9,12)   REFEREE (S,22,4)   FAVOR (W,11,1)
SYMPATHETIC (W,23,2)   ACCESS (W,17,6)    FRESH (W,14,5)
COOPERATIVE (E,11,8)   RETAIN (W,21,16)   PALM (S,23,9)
BLOODSHED (W,21,4)     SILVER (SE,15,9)   COAT (N,11,13)
PRESENCE (SE,1,4)      MATURE (S,6,1)     WRAP (N,12,14)
CONVERT (S,14,9)       EXTENT (W,8,13)    SET (S,7,5)
WORDING (SE,3,7)       MATRIX (E,15,15)

```
T A U G X U I U R Y P A U Y E G A S C U H T Y
Y C E K K Z S L A B G T A V R M J A W E A D K
X R O M W L E A R J M W U M G M K T D C I U P
Z S T O M A C H U N D R E S S K Q I M M N X E
O H I P L A Y E R G C L K R F U Y S Z M J S L
L U N O I S N A P X E K K G Y N B F L Q E O L
X J E S A N D W I C H R W H H O S A U J C C H
N F C U P I H S R E N T R A P I X C M L T K I
G M L D H O N L M F E E W E G T D T A T I F O
S O C I A L I S T O P M L B N A Q I P E O B S
K Y N O I T A R G I M D S J I C P O Z R N M G
G O E Z V Q H Z D L O U I G W I U N T U S R N
P C J Y V M R P Y S V J H R U D M Q D T A T Q
N I N E G A T I V E W V H R D N A B U X Z E A
D N I A V L S H S P I O H H W I A T H I H N Q
H D J Y Y N G W X N P C E P I L E D M M W Y R
```

Find the following words in the puzzle.
Words are hidden ↑ ↓ → ← and ↘ .

| | | |
|---|---|---|
| SATISFACTION | SANDWICH | PILE |
| PARTNERSHIP | NEGATIVE | WHIP |
| INDICATION | MIXTURE | SOCK |
| MIGRATION | STOMACH | WING |
| INJECTION | UNDRESS | VAIN |
| EXPANSION | PLAYER | BAND |
| SOCIALIST | SLAB | |

## 29

```
.  .  .  .  .  .  .  .  .  .  .  .  .  .  .  .  .  .  S  .  .  .  .  .
.  .  .  .  .  .  S  L  A  B  .  .  .  .  .  .  .  .  A  .  .  .  .  .
.  .  .  .  .  .  .  .  .  .  .  .  .  .  .  .  .  .  T  .  I  .  .  .
.  S  T  O  M  A  C  H  U  N  D  R  E  S  S  .  .  I  .  N  .  .  .
.  .  .  P  L  A  Y  E  R  .  .  .  .  .  .  .  S  .  .  J  S  .
.  .  N  O  I  S  N  A  P  X  E  .  .  .  .  N  F  .  .  E  O  .
.  .  .  S  A  N  D  W  I  C  H  .  .  .  .  O  .  A  .  .  C  C  .
.  .  .  .  P  I  H  S  R  E  N  T  R  A  P  I  .  C  .  .  T  K  .
.  .  .  .  .  .  .  .  .  .  .  .  .  G  T  .  T  .  .  I  .  .
S  O  C  I  A  L  I  S  T  .  .  .  .  .  N  A  .  I  .  E  O  .  .
.  .  N  O  I  T  A  R  G  I  M  .  .  .  I  C  .  O  .  R  N  .  .
.  .  .  .  .  .  .  .  .  .  .  .  .  .  W  I  .  N  U  .  .
.  .  .  .  .  .  .  P  .  .  .  .  .  .  D  .  .  T  .
.  .  N  E  G  A  T  I  V  E  .  .  .  D  N  A  B  .  X  .  .
.  N  I  A  V  .  .  H  .  .  .  .  .  .  I  .  .  .  I  .  .
.  .  .  .  .  .  W  .  .  .  .  P  I  L  E  .  M  .  .
```

Word directions and start points are formatted: (Direction, X, Y)

| | | |
|---|---|---|
| SATISFACTION (S,18,1) | SANDWICH (E,4,7) | PILE (E,14,16) |
| PARTNERSHIP (W,15,8) | NEGATIVE (E,3,14) | WHIP (N,8,16) |
| INDICATION (N,16,15) | MIXTURE (N,20,16) | SOCK (S,22,5) |
| MIGRATION (W,11,11) | STOMACH (E,2,4) | WING (N,15,12) |
| INJECTION (S,21,3) | UNDRESS (E,9,4) | VAIN (W,5,15) |
| EXPANSION (W,11,6) | PLAYER (E,4,5) | BAND (W,18,14) |
| SOCIALIST (E,1,10) | SLAB (E,7,2) | |

```
X D N A R E T E V C M A I L N G F U T H G I L
V D K A E T A I R P O R P P A N I F Q M N Z U
N T D E Z I M M Q E C O I N C I D E N C E P A
O T I N A M S T F A R C O P F F U H D B R O X
Q B F K P X R G A L L O N I M S M N I P V M R
M D B V R Z U Z C V I Y W T L E P O S B E X W
Z R D K E J I D Y H U S K M U G J H T B S N Q
G N F R S F C R T R H J W E S D L T A P U A R
M R F G E X E C U T I O N A B E W A N U M C E
B I K P N H T F E U V A H N F I Q R C M D T F
A K Z S C J A B C A D K M I V A A A E P G H T
I K T E E N L Q F A T O B N K I C M I K X N C
N F Q I G D E N I I H O H G X L E P J I U W E
Q B P M L Q R L N Q Q C G Y R J O N I N J L F
D Q B B O P R O F I L E E B N P Q P F J C K F
H H P D A C T I V I T Y K F L R O L E D J B E
```

Find the following words in the puzzle.
Words are hidden ↑ ↓ → ← and ↘ .

| | | |
|---|---|---|
| INAPPROPRIATE | ACTIVITY | RELATE |
| COINCIDENCE | PUMPKIN | NERVE |
| CRAFTSMAN | MEANING | LIGHT |
| EXECUTION | PROFILE | COOK |
| DISTANCE | VETERAN | MAIL |
| PRESENCE | GALLON | EDGE |
| MARATHON | EFFECT | |

# SOLUTION

## 30

```
. . N A R E T E V . M A I L . . . . . T H G I L
. . . . E T A I R P O R P P A N I . . . N . .
. . . . . . . . . C O I N C I D E N C E . .
. . . N A M S T F A R C . . . . . . D . R . .
. . . . P . . G A L L O N . . . . N I . V .
. . . . R . . . . . . . . . E . O S . E .
. . . . E . . . . . . . M . G . H T . . . .
. . . . S . . . . . . E . D . T A P . . . .
. . . . E X E C U T I O N A . E . A N U . . .
. . . . N . T . . . . N . . . R C M . . .
. . . . C . A . . . . K . I . . . A E P . . T
. . . . E . L . . . O . N . . M . K . C
. . . . . . E . . . O . G . . . . . I . . E
. . . . . . R . . . C . . . . . . N . . F
. . . . . P R O F I L E . . . . . . . . . F
. . . . . A C T I V I T Y . . . . . . . . E
```

Word directions and start points are formatted: (Direction, X, Y)

| | | |
|---|---|---|
| INAPPROPRIATE (W,17,2) | ACTIVITY (E,5,16) | RELATE (N,7,14) |
| COINCIDENCE (E,11,3) | PUMPKIN (S,20,8) | NERVE (S,21,2) |
| CRAFTSMAN (W,12,4) | MEANING (S,14,7) | LIGHT (W,23,1) |
| EXECUTION (E,5,9) | PROFILE (E,6,15) | COOK (N,12,14) |
| DISTANCE (S,19,4) | VETERAN (W,9,1) | MAIL (E,11,1) |
| PRESENCE (S,5,5) | GALLON (E,8,5) | EDGE (N,16,9) |
| MARATHON (N,18,12) | EFFECT (N,23,16) | |

# 31

```
T B N Z J E S N E T H B N F B A K E L I B O M
J E E C B Y J G X B H U N Q E U J Q E F N A S
L K I C H Q A C F C Y S A S S A U T C P O A Z
Z C O L O R B L I N D U O M O K E Y N Z I V D
R A A G F D E T A B E D J U L U L S E N T Z W
X A X J E B R O A D C A S T P E O O D O N E H
E B L Y C J F P C R M R W E T X H G I L E T O
H C X N N E A A T T E M B Z H R W J C S V C F
I X O W E Z Y D Q Z V C H G G E L G N T R A G
J M N O D M A P P R O V A L I D W M I K E W F
U O I J I W O C K U R S W Y L L F P O Z T T U
Z Q U O S W N T F L Z W M G L U W D C P N W E
L M Q K E S Q X I M T I I L Q O R X S C I J S
N I E X R R J Q D O Y N U K I H K C X L C D S
Z C X I E F F A G M N G U Q Q S I R R A E O T
M S R W W T A W T D E T A L E R S T R A P K L
```

Find the following words in the puzzle.
Words are hidden ↑ ↓ → ← and ↘ .

INTERVENTION
COINCIDENCE
COLORBLIND
BROADCAST
RESIDENCE
SHOULDER
APPROVAL

EMOTION
EQUINOX
RELATED
DEBATE
MOBILE
GAFFE
WHOLE

STRAP
LIGHT
SWING
TENSE
SOUP
LOSE

## 31

```
.  .  .  .  .  E  S  N  E  T  .  .  .  .  .  .  .  .  E  L  I  B  O  M
.  .  .  .  .  .  .  .  .  .  .  E  .  .  E  .  N  .  .
.  .  .  .  .  .  .  .  .  S  .  .  S  .  .  C  .  O  .  .
.  C  O  L  O  R  B  L  I  N  D  .  O  .  O  .  E  .  N  .  I  .  .
.  .  .  .  .  E  T  A  B  E  D  .  U  L  .  L  .  E  .  T  .  .
.  .  .  E  B  R  O  A  D  C  A  S  T  P  .  O  .  D  .  N  .  .
.  .  .  .  C  .  .  .  .  .  .  .  T  .  H  .  I  .  E  .  .
.  .  X  .  N  .  .  .  .  .  .  .  H  R  W  .  C  .  V  .  .
.  .  O  .  E  .  .  .  .  .  .  G  E  .  .  N  .  R  .  .
.  .  N  .  D  M  A  P  P  R  O  V  A  L  I  D  .  .  I  .  E  .  .
.  .  I  .  I  .  O  .  .  .  S  .  .  L  L  .  O  .  T  .  .
.  .  U  .  S  .  T  .  .  W  .  .  U  .  C  .  N  .  .
.  .  Q  .  E  .  .  I  .  I  .  .  O  .  .  .  I  .  .
.  .  E  .  R  .  .  .  O  .  N  .  .  H  .  .
.  .  .  .  E  F  F  A  G  .  N  G  .  .  .  S  .  .  .  .  .
.  .  .  .  .  .  .  .  D  E  T  A  L  E  R  S  T  R  A  P  .  .
```

Word directions and start points are formatted: (Direction, X, Y)

| | | |
|---|---|---|
| INTERVENTION (N,21,13) | EMOTION (SE,5,9) | STRAP (E,17,16) |
| COINCIDENCE (N,19,12) | EQUINOX (N,3,14) | LIGHT (N,15,11) |
| COLORBLIND (E,2,4) | RELATED (W,16,16) | SWING (S,12,11) |
| BROADCAST (E,6,6) | DEBATE (W,12,5) | TENSE (W,10,1) |
| RESIDENCE (N,5,14) | MOBILE (W,23,1) | SOUP (SE,12,3) |
| SHOULDER (N,16,15) | GAFFE (W,9,15) | LOSE (N,15,5) |
| APPROVAL (E,7,10) | WHOLE (N,17,8) | |

# 32

```
L T C E F F A P P Z Y B F P R K G Y X R B G M
Y R J D R E P P E P Z S A B J N D Q O A K M K
E V J G J Q S N H X S X C S B Y N I O R E H V
J E G I I E U Q M W F R T N Z K R U H K T G N
L H B N C T O O I B O T O S U S N E C J G Q V
O Q R D R E L E T N C X R L Q W U D L D N K Z
N L E T X U X N M A R O Y S S H X P M F I Q W
G N A P I U Q E E U T B N B T U H D Q Z N I Z
O E S F F S I X R K R I D S U U Z U X F N W E
H M T L C L R L P N B D O E C I R P S S U B L
E Z E V V G I V H Z U Y E N N I G K Q I T M T
O L X H K M X N R A B E D R Y Q E V E I S L T
G Z A B Y H G B G H B F W X K E V N K Y R X O
R E C P M A T S M N L R V H X L O Z C F N S B
T T T U N W Z P A F E I D O W E T M N E K Q F
J T W Y B J H Q J E U H D K K G W M L V I X U
```

Find the following words in the puzzle.
Words are hidden ↑ ↓ → ← and ↘ .

| | | |
|---|---|---|
| CONSCIENCE | TURKEY | FLING |
| QUOTATION | BOTTLE | STAMP |
| STUNNING | PEPPER | EQUIP |
| FACTORY | MURDER | LONG |
| HEROIN | BUBBLE | ICE |
| CENSUS | BREAST | JAM |
| AFFECT | EXACT | |

# SOLUTION

## 32

```
.  T  C  E  F  F  A  .  .  .  .  .  F  .  .  .  .  .  .  .  .  .  .
.  .  .  .  R  E  P  P  E  P  .  .  A  .  .  .  .  .  .  .  .  .  .
.  .  .  .  .  Q  .  .  .  .  .  .  C  .  .  .  N  I  O  R  E  H  .
.  .  .  I  .  U  .  .  .  .  .  T  .  .  .  .  .  .  .  .  .  .  .
L  .  B  .  C  .  .  O  .  .  .  .  O  S  U  S  N  E  C  .  G  .  .
O  .  R  .  E  .  .  T  .  C  .  R  .  .  .  .  .  .  .  N  .  .
N  .  E  .  .  .  .  .  M  A  .  O  Y  .  .  .  .  .  .  I  .  .
G  .  A  P  I  U  Q  E  .  U  T  .  N  .  T  .  .  .  .  N  .  .
.  .  S  .  F  .  .  .  .  R  I  .  S  .  U  .  .  .  N  .  E
.  .  T  .  L  .  .  .  .  B  D  O  .  C  .  R  .  .  U  .  L
.  .  E  .  .  .  I  .  .  .  U  E  N  .  I  .  K  .  .  T  .  T
.  .  X  .  .  .  N  .  .  B  .  R  .  .  E  .  E  .  S  .  T
.  .  A  .  .  .  .  G  .  B  .  .  .  .  .  N  .  Y  .  .  O
.  .  C  P  M  A  T  S  M  .  L  .  .  .  .  .  .  C  .  .  .  B
.  .  T  .  .  .  .  .  A  .  E  .  .  .  .  .  .  E  .  .
.  .  .  .  .  .  .  .  J  .  .  .  .  .  .  .  .  .  .  .  .
```

Word directions and start points are formatted: (Direction, X, Y)

| | | |
|---|---|---|
| CONSCIENCE (SE,11,6) | TURKEY (SE,15,8) | FLING (SE,5,9) |
| QUOTATION (SE,6,3) | BOTTLE (N,23,14) | STAMP (W,8,14) |
| STUNNING (N,21,12) | PEPPER (W,10,2) | EQUIP (W,8,8) |
| FACTORY (S,13,1) | MURDER (SE,9,7) | LONG (S,1,5) |
| HEROIN (W,22,3) | BUBBLE (S,11,10) | ICE (SE,4,4) |
| CENSUS (W,19,5) | BREAST (S,3,5) | JAM (N,9,16) |
| AFFECT (W,7,1) | EXACT (S,3,11) | |

```
G L E T U L O S B A I E G I E G N A H C X E Q
S K A X S S W C Q U P E I L N L J V E B Z Y E
Z C P R O P O S A L I A R I C Y J H T H S M F
U W C S E N F Y S C R Y L H Y A G O Y N C O U
N H J Y W O E A K D G H B D U J R U A N L N T
I K W S F I S K T O P P L E O V I E C H C O O
E Q X T Q T U T V U D N E K P N M G E X I T M
Y C W E F A O A U T O M A T I C O K J R G U A
R L Q M T V U M L T J S D V R E M A R K E A X
Y A B R T R G N A W C Y I G L I M P S E T H X
T S I E U E I Z K Y O O A B O G R O E R A A H
G S L M H S B I K E Q M L Q U M F B K R R R A
I I M A V N M S I N T J A O K X M R K L T N F
W F P I P O A E W A V I H F N W X Y Y Z S F Z
J Y X N M C N E M O Q W J L E Y D A D V X B E
P Q S W U V L L J Y R M A U U G X T E R M H N Q
```

Find the following words in the puzzle.
Words are hidden ↑ ↓ → ← and ↘ .

| CONSERVATION | AUTONOMY | REMAIN |
| AMBIGUOUS | PROPOSAL | SYSTEM |
| STRATEGIC | GLIMPSE | GRIP |
| AUTOMATIC | REMARK | GIRL |
| ABSOLUTE | CAREER | TERM |
| EXCHANGE | TOPPLE | LEAD |
| CLASSIFY | COLONY | |

## 33

```
. . E T U L O S B A . . G . E G N A H C X E .
. . . . . . . . . P . I . . . . . . . Y .
. . P R O P O S A L I . R . C . . . . . M .
. . . S . N . . . . R . L . . A . . . . O .
. . . Y . O . . . G . . . . . R . . . N .
. . . S . I S . T O P P L E . . . E . . C O .
. . . T . T U . . . . . E . . . . . E . I T .
. C . E . A O A U T O M A T I C . . . R G U .
. L . M . V U . . . . . D . R E M A R K E A .
. A . R . R G . . . C . . G L I M P S E T . .
. S . E . E I . . . . O . . . . . . . A . .
. S . M . S B . . . . . L . . . . . . R . .
. I . A . N M . . . . . . O . . . . . T . .
. F . I . O A . . . . . . N . . . . S . .
. Y . N . C . . . . . . . . Y . . . . . .
. . . . . . . . . . . . . . . T E R M . . .
```

Word directions and start points are formatted: (Direction, X, Y)

CONSERVATION (N,6,15)    AUTONOMY (N,22,9)    REMAIN (S,4,10)
AMBIGUOUS (N,7,14)    PROPOSAL (E,3,3)    SYSTEM (S,4,4)
STRATEGIC (N,21,14)    GLIMPSE (E,14,10)    GRIP (N,11,5)
AUTOMATIC (E,8,8)    REMARK (E,15,9)    GIRL (S,13,1)
ABSOLUTE (W,10,1)    CAREER (SE,15,3)    TERM (E,17,16)
EXCHANGE (W,22,1)    TOPPLE (E,9,6)    LEAD (S,13,6)
CLASSIFY (S,2,8)    COLONY (SE,11,10)

```
J  W  M  P  M  V  N  W  V  O  Y  A  G  E  S  U  O  R  T  S  N  O  M
V  U  S  R  E  S  U  L  T  R  U  V  Z  G  B  P  Y  R  R  R  K  Y  M
Z  U  S  G  D  M  F  R  K  L  N  F  D  M  E  S  Z  P  A  K  H  Q  V
G  K  E  R  X  B  U  A  W  N  C  M  O  K  G  Q  N  E  D  I  U  G  S
E  J  N  H  E  L  C  Q  D  V  E  O  L  A  I  C  I  D  U  J  N  N  L
D  D  T  H  O  F  O  W  E  L  R  Q  C  G  N  R  F  F  M  Z  M  B  A
I  T  I  N  J  O  N  X  C  I  T  R  S  C  N  H  Z  H  K  G  F  Q  Y
N  R  F  T  L  E  C  T  O  I  A  E  N  D  I  X  D  Y  S  L  N  R  G
N  E  D  E  T  G  E  K  N  D  I  O  S  E  N  B  R  C  H  A  O  Y  C
E  E  C  X  G  T  R  L  O  J  N  F  X  R  G  L  A  F  N  R  I  C  H
R  Z  N  T  Q  M  N  B  M  F  T  Q  B  I  Z  Y  D  L  T  E  T  C  E
U  K  E  U  E  E  R  K  I  E  Y  Y  C  O  A  J  N  D  H  N  P  D  D
W  P  D  R  F  N  S  O  C  U  L  Q  B  V  Y  P  A  A  Y  U  M  A  M
E  E  L  E  S  W  O  G  S  Y  G  X  Z  I  H  Y  T  L  P  F  E  C  B
X  D  I  P  C  U  J  A  F  Y  A  P  J  Q  L  V  S  Z  G  M  X  H  K
W  Y  E  F  F  E  C  T  W  S  A  L  E  S  P  E  R  S  O  N  E  X  I
```

Find the following words in the puzzle.
Words are hidden ↑ ↓ → ← and ↘ .

| | | |
|---|---|---|
| SALESPERSON | STANDARD | RESULT |
| UNCERTAINTY | TEXTURE | DINNER |
| BEGINNING | FITNESS | GUIDE |
| ECONOMICS | CONCERN | TREE |
| EXEMPTION | FUNERAL | BOY |
| MONSTROUS | VOYAGE | RED |
| JUDICIAL | EFFECT | |

## 34

```
. . . . . . . . . V O Y A G E S U O R T S N O M
. . S R E S U L T . U . . . B . . . . . . . .
. . S . . . . . . N . . . E . . . . . . . . .
. . E . . . . . . C . . . G . . E D I U G .
. . N . . . C . . . E . L A I C I D U J . . .
D . T . . . O . E . R . . . N . . . . . . . .
I T I . . . N . C . T . . . N . . . . . . . .
N R F T . . C . O . A . . D I . D . . L N . .
N E . E . . E . N . I . . E N . R . . A O . .
E E . X . . R . O . N . . R G . A . . R I . .
R . . T . . N . M . T . B . . . D . . E T . .
. . . U . . . I . Y . . O . . N . . N P . .
. . . R . . . C . . . . . Y . A . . U M . .
. . . E . . . S . . . . . . . T . F E .
. . . . . . . . . . . . . . . . S . . . X . .
. . E F F E C T . S A L E S P E R S O N E . .
```

Word directions and start points are formatted: (Direction, X, Y)

SALESPERSON (E,10,16)   STANDARD (N,17,15)   RESULT (E,4,2)
UNCERTAINTY (S,11,2)    TEXTURE (S,4,8)      DINNER (S,1,6)
BEGINNING (S,15,2)      FITNESS (N,3,8)      GUIDE (W,22,4)
ECONOMICS (S,9,6)       CONCERN (S,7,5)      TREE (S,2,7)
EXEMPTION (N,21,16)     FUNERAL (N,20,14)    BOY (SE,13,11)
MONSTROUS (W,23,1)      VOYAGE (E,9,1)       RED (N,14,10)
JUDICIAL (W,20,5)       EFFECT (E,3,16)

```
J A U W H L F K W Q H P H R D K D H I W Z R N
B O Y W D O O X H C M D Z E T V F Y Q L T S G
K H G E P G F U E L T K Z U L E R M M I T C S
W E A V E C Z P B E E A K U Z P O J L A M H X
K W R T C N N A M S T F A R C O D A C H W O D
I Y X Y U M L N N O I T C A F S I T A S Y L D
D L I B E R T Y A R B F B F A T W S U Q Q A A
N L V G T N X T H E F T C U P E R S T F D R J
E L L V I M Y S X F R I X R G M G E S T T F B
Y L C R Y C A R I P S N O C E A O N N K I R K
T E N G I P P C P V R C S Y B F T I V C M B N
W A F R E E D O M H E C F Z H D D S Z F H B Z
E R D I A L E C T W F C K Y K O I U K Z X L L
C N J M R V P H U N B I P U Y G D B E P I P X
N T P Y K L Z Y H P O S O L I H P K Q R U Y O
S U B W A Y B M R G L V J G O K A A V V V G V
```

Find the following words in the puzzle.
Words are hidden ↑ ↓ → ← and ↘ .

| | | |
|---|---|---|
| SATISFACTION | SCHOLAR | LEARN |
| CONSPIRACY | DIALECT | PIPE |
| PHILOSOPHY | KIDNEY | FUEL |
| CRAFTSMAN | TRENCH | FAME |
| BUSINESS | SUBWAY | DOG |
| LIBERTY | WEAVE | FUR |
| FREEDOM | THEFT | |

## SOLUTION

**35**

```
.  .  .  .  .  .  .  .  .  .  .  .  .  .  .  .  .  .  .  .  .  .  .
.  .  .  .  .  .  .  .  .  .  .  .  .  .  .  .  .  .  .  .  .  S  .
.  .  .  .  .  .  F  U  E  L  .  .  .  .  .  .  .  .  .  .  .  C  .
W  E  A  V  E  .  .  .  .  .  .  .  .  .  .  .  .  .  .  .  .  H  .
K  .  .  .  .  .  N  A  M  S  T  F  A  R  C  .  .  .  .  .  .  O  .
I  .  .  .  .  .  .  N  O  I  T  C  A  F  S  I  T  A  S  .  L  .
D  L  I  B  E  R  T  Y  .  .  .  .  .  F  .  T  .  S  .  .  .  A  .
N  .  .  .  .  .  .  T  H  E  F  T  .  U  .  E  R  S  .  .  .  R
E  .  .  .  .  .  .  .  .  .  .  R  .  M  .  E  .  .  .  .  .  .
Y  L  .  .  Y  C  A  R  I  P  S  N  O  C  .  A  .  N  N  .  .  .  .
.  E  .  .  .  .  .  .  .  .  .  .  .  F  .  I  .  C  .  .  .
.  A  F  R  E  E  D  O  M  .  .  .  .  .  .  D  .  S  .  .  H  .
.  R  D  I  A  L  E  C  T  .  .  .  .  .  O  .  U  .  .  .
.  N  .  .  .  .  .  .  .  .  .  .  .  G  .  B  E  P  I  P  .
.  .  .  .  .  .  .  Y  H  P  O  S  O  L  I  H  P  .  .  .  .  .
S  U  B  W  A  Y  .  .  .  .  .  .  .  .  .  .  .  .  .  .  .
```

Word directions and start points are formatted: (Direction, X, Y)

SATISFACTION (W,20,6)   SCHOLAR (S,22,2)   LEARN (S,2,10)
CONSPIRACY (W,14,10)   DIALECT (E,3,13)   PIPE (W,22,14)
PHILOSOPHY (W,17,15)   KIDNEY (S,1,5)   FUEL (E,7,3)
CRAFTSMAN (W,15,5)   TRENCH (SE,16,7)   FAME (N,16,11)
BUSINESS (N,18,14)   SUBWAY (E,1,16)   DOG (S,16,12)
LIBERTY (E,2,7)   WEAVE (E,1,4)   FUR (S,14,7)
FREEDOM (E,3,12)   THEFT (E,8,8)

```
X  D  V  Z  G  U  P  D  V  I  W  L  D  U  L  S  L  S  Y  A  X  L  U
U  M  C  E  T  Q  O  R  E  C  O  R  D  J  I  O  A  G  F  G  W  L  I
P  Z  U  L  I  J  U  R  S  U  L  U  F  E  T  A  R  G  Z  U  L  V  A
L  U  V  E  A  G  P  E  M  U  M  E  E  T  K  H  M  V  Z  B  G  V  B
A  X  S  F  R  B  E  K  S  E  Z  D  V  D  N  A  M  M  O  C  G  K  G
G  B  B  Y  T  Q  N  A  Z  P  T  J  J  E  B  A  P  M  Q  T  S  G  D
I  L  X  A  R  Z  N  E  X  P  M  H  B  P  G  R  P  Z  Y  Y  C  X  Y
A  E  T  B  O  P  Y  P  Y  I  T  V  O  Q  A  E  J  E  H  J  T  U  V
R  E  O  N  P  V  O  S  G  T  A  J  F  D  G  B  T  S  Q  L  Y  N  L
I  D  J  R  E  H  T  A  F  D  N  A  R  G  G  F  L  A  Z  R  A  C  L
Z  A  P  D  X  K  S  W  Z  L  C  C  W  L  R  T  V  K  R  Y  Q  L  O
E  T  I  R  B  J  W  O  G  E  G  K  K  W  W  N  Q  A  Q  I  T  E  A
V  I  C  A  O  Q  R  L  S  R  K  T  N  E  M  N  G  I  S  S  A  F  J
G  H  V  I  X  I  N  T  E  L  L  I  G  E  N  C  E  U  X  E  U  N  R
T  M  Y  N  S  E  C  I  T  S  U  J  Z  A  R  E  M  Z  S  C  L  K  K
J  C  C  G  D  M  Q  R  C  N  A  F  J  Z  W  T  A  D  W  V  N  E  F
```

Find the following words in the puzzle.
Words are hidden ↑ ↓ → ← and ↘ .

INTELLIGENCE
GRANDFATHER
PLAGIARIZE
VEGETARIAN
ASSIGNMENT
GRATEFUL
PORTRAIT

COMMAND
JUSTICE
SPEAKER
METHOD
RECORD
PENNY
DRAIN

UNCLE
BLEED
MEET
FAN
ERA
BAY

## 36

```
.  .  .  .  .  .  .  .  .  .  .  .  .  .  .  .  .  .  .  .  .  .  .
.  .  .  .  .  T  .  .  R  E  C  O  R  D  .  .  .  .  .  .  .  .  .
P  .  .  .  I  .  .  R  .  .  L  U  F  E  T  A  R  G  .  .  .  .  .
L  .  .  .  A  .  P  E  M  .  M  E  E  T  .  .  .  .  .  .  .  .  .
A  .  .  .  R  .  E  K  .  E  .  .  V  D  N  A  M  M  O  C  .  .  .
G  B  .  Y  T  .  N  A  .  .  T  .  .  E  .  .  .  .  .  .  .  .  .
I  L  .  A  R  .  N  E  .  .  .  H  .  .  G  .  .  .  .  .  .  .  .
A  E  .  B  O  .  Y  P  .  .  .  .  O  .  .  E  .  .  .  .  .  U  .
R  E  .  P  .  .  S  .  .  .  .  D  .  T  .  .  .  .  N  .
I  D  .  R  E  H  T  A  F  D  N  A  R  G  .  .  .  A  .  .  C  .
Z  .  .  D  .  .  .  .  .  .  .  .  .  .  .  .  R  .  L  .
E  .  .  R  .  .  .  .  .  .  .  .  .  .  .  .  .  I  .  E
.  .  .  .  A  .  .  .  .  .  .  .  T  N  E  M  N  G  I  S  S  A  .  .
.  .  .  .  I  .  I  N  T  E  L  L  I  G  E  N  C  E  .  .  .  .  N  .
.  .  .  .  N  .  E  C  I  T  S  U  J  .  A  R  E  .  .  .  .  .  .
.  .  .  .  .  .  .  .  .  N  A  F  .  .  .  .  .  .  .  .  .  .  .
```

Word directions and start points are formatted: (Direction, X, Y)

INTELLIGENCE (E,6,14)    COMMAND (W,20,5)    UNCLE (S,22,8)
GRANDFATHER (W,14,10)    JUSTICE (W,12,15)    BLEED (S,2,6)
PLAGIARIZE (S,1,3)    SPEAKER (N,8,9)    MEET (E,11,4)
VEGETARIAN (SE,13,5)    METHOD (SE,9,4)    FAN (W,12,16)
ASSIGNMENT (W,21,13)    RECORD (E,8,2)    ERA (W,16,15)
GRATEFUL (W,18,3)    PENNY (S,7,4)    BAY (N,4,8)
PORTRAIT (N,5,9)    DRAIN (S,4,11)

```
I A P B B C P P R I S O N F P D R L R A S Y X
J Q S W Y O S R K T F C K X J O Z E Z M Q F N
B I W M T L U O R J P C V N O V L T B E U D I
C G C G O L B T O R L I O U C W U T X W L S S
X H I P X E N E W I E Y P V I K Q E F C L E W
Z F A K U C X C N Y B C W U Q S D R A S E C A
V K Y R E T B T O T U S O H Z J F F Q G W U S
K G P I M E Z I I C W L O N E G M W L R E R T
P W R L U K S O T L N D Z D C N R E I V R I E
W Q V O E B C N A G G R A G E I W U A O A T Y
D O R E A A Q G L O U O L W N N L Y H N F Y B
V K T W N N S L E E E C D T V E K E G X I F J
E C C J S H G E R B S U Z L R V F B T B U N R
A T L W E W E M U P T L N I W E W K I H C P G
P L A T F O R M C H M K D A P Y Y T V E H T W
Y Y G U E M S S B R T A Y P K Y E C I T S U J
```

Find the following words in the puzzle.
Words are hidden ↑ ↓ → ← and ↘ .

| | | |
|---|---|---|
| PROTECTION | JUSTICE | GUEST |
| RECONCILE | EVENING | WASTE |
| FAREWELL | MEANING | CHARM |
| RELATION | PLEASE | WORK |
| PLATFORM | PRISON | CORD |
| SECURITY | LETTER | WIN |
| COLLECT | GROAN | |

## 37

```
. . . . . C . P R I S O N . . . . . L . . . . .
. . . . . O . R K . . . . . . . . E . . . . . .
. . . . . L . O R . . . . . . . . T . . . . . .
C . . . L . T O R . . . . . . . T . . L S .
. H . . E . E W . E . . . . . . E . . L E W
. . A . C . C N . . C . . . . . R . . E C A
. . . R . T . T O . . . O . . . . . . W U S
. G P . M . . I I . . . . N . G M . . . E R T
. . R L . . . O T . . D . . C N . E . . R I E
. . . O E . . N A . G R . . . I . . A . A T .
. . . . A A . . L . U O . . . N L . . N F Y .
. . . . N S . E . E C . . . E . E . . I . .
. . . . . . . E R . S . . . . V . . . . N .
. . . . . . . . . . T . N I W E . . . . . . G
P L A T F O R M . . . . . . . . . . . . . .
. . . . . . . . . . . . . . . . E C I T S U J
```

Word directions and start points are formatted: (Direction, X, Y)

PROTECTION (S,8,1)     JUSTICE (W,23,16)     GUEST (S,11,10)
RECONCILE (SE,10,4)    EVENING (N,16,14)     WASTE (S,23,5)
FAREWELL (N,21,11)     MEANING (SE,17,8)     CHARM (SE,1,4)
RELATION (N,9,13)      PLEASE (SE,3,8)       WORK (N,9,5)
PLATFORM (E,1,15)      PRISON (E,8,1)        CORD (N,12,12)
SECURITY (S,22,4)      LETTER (S,18,1)       WIN (W,15,14)
COLLECT (S,6,1)        GROAN (SE,2,8)

```
Q  E  W  W  Q  O  L  G  W  M  E  N  T  I  O  N  R  H  V  I  B  C  Q
F  Q  O  P  R  C  P  A  K  D  U  P  G  Z  S  S  A  L  C  P  C  Q  Z
R  I  D  V  Q  V  K  O  S  P  I  T  Z  D  L  H  R  A  N  M  G  G  F
L  Q  P  E  C  P  G  Q  P  D  N  O  I  T  A  P  U  C  C  O  K  X  M
J  Q  N  J  X  J  R  Q  E  P  P  F  T  H  J  E  E  G  W  C  U  U  U
I  M  I  Y  X  S  W  E  L  K  C  S  F  B  Q  V  X  C  K  H  W  I  B
D  Q  D  R  Q  K  F  Q  V  I  Q  A  N  E  K  K  R  Y  A  E  O  F  L
T  M  S  E  E  L  D  Q  B  E  N  W  L  X  Z  S  J  R  G  N  V  L  A
A  M  P  S  A  V  M  P  Y  Z  N  U  D  F  H  H  J  O  K  N  V  T  E
A  G  E  E  N  I  K  P  M  U  P  T  N  C  K  J  S  V  I  O  K  A  G
Z  P  N  R  A  N  Y  C  F  O  R  M  A  T  I  O  N  I  T  S  G  G  S
K  G  Q  V  T  X  R  J  T  H  G  I  L  H  G  I  H  P  L  I  D  I  C
P  E  H  E  V  P  R  H  M  L  W  I  R  M  Y  Z  U  T  D  O  H  O  F
T  I  G  B  S  N  X  D  E  E  S  P  G  A  X  F  P  P  L  P  P  H  R
S  A  P  R  V  M  E  T  A  L  U  C  E  P  S  F  Q  S  I  B  R  Q  E
T  A  G  I  R  M  Y  C  A  R  I  P  S  N  O  C  Q  P  Q  J  P  M  R
```

Find the following words in the puzzle.
Words are hidden ↑ ↓ → ← and ↘ .

| | | |
|---|---|---|
| CONSPIRACY | PUMPKIN | WHOLE |
| OCCUPATION | RESERVE | SPIT |
| FORMATION | POISON | CALF |
| SPECULATE | CANVAS | AGE |
| HIGHLIGHT | IVORY | POP |
| PREVENT | ALBUM | SEE |
| MENTION | CLASS | |

# SOLUTION

## 38

```
.  .  .  .  .  .  .  .  .  .  M  E  N  T  I  O  N  .  .  .  .  .  .  .  .
.  .  .  .  .  .  P  .  .  .  .  .  .  S  S  A  L  C  .  .  .  .
.  .  .  .  .  .  O  S  P  I  T  .  .  .  .  .  .  .  .  .  .  .
.  .  .  .  P  .  P  .  N  O  I  T  A  P  U  C  C  O  .  .  M
.  .  .  .  .  R  .  .  .  .  .  .  .  .  .  W  .  .  U
.  .  .  .  .  E  .  C  .  .  .  .  .  .  C  .  H  .  .  B
.  .  R  .  .  .  V  .  .  A  .  .  .  .  Y  A  .  O  .  L
.  .  E  .  .  .  .  E  .  L  .  .  R  .  N  .  L  A
.  .  S  .  .  .  .  N  .  F  .  .  .  O  .  N  V  .  E
A  G  E  E  N  I  K  P  M  U  P  T  .  .  .  .  .  V  .  O  .  A  .
.  .  .  R  .  .  .  F  O  R  M  A  T  I  O  N  I  .  S  .  .  S
.  .  .  V  .  .  .  T  H  G  I  L  H  G  I  H  .  .  I  .  .
.  .  .  E  .  .  .  .  .  .  .  .  .  .  .  .  O  .  .
.  .  .  .  .  .  E  E  S  .  .  .  .  .  .  P  .  .
.  .  .  .  .  .  E  T  A  L  U  C  E  P  S  .  .  .  .  .
.  .  .  .  .  .  Y  C  A  R  I  P  S  N  O  C  .  .  .  .  .  .
```

Word directions and start points are formatted: (Direction, X, Y)

CONSPIRACY (W,16,16)      PUMPKIN (W,11,10)      WHOLE (SE,19,5)
OCCUPATION (W,20,4)       RESERVE (S,4,7)        SPIT (E,9,3)
FORMATION (E,9,11)        POISON (N,20,14)       CALF (SE,11,6)
SPECULATE (W,15,15)       CANVAS (SE,18,6)       AGE (E,1,10)
HIGHLIGHT (W,17,12)       IVORY (N,18,11)        POP (SE,7,2)
PREVENT (SE,6,4)          ALBUM (N,23,8)         SEE (W,11,14)
MENTION (E,10,1)          CLASS (W,19,2)

## 39

```
X I E O J X D E H S D O O L B G I D N E P E D
R D A Q L H C I L B U P W L T A F F O R D F X
Q N E C K U N T E P O R U E N R U B Z O G L X
X V Z C Z Z C P T M Q E K I E I F Y L F R E U
Z A C T I V I T Y R C C T S D A I O Q B I C A
V Z M T U Z I F V T J E O L I L X R A Y G X M
N H R W O R K Q K E Y N I A S H T I B R X K B
K S O L L B G G G O Q O F N E P B L O L M Q I
E H D K Q T D S K T W Z N D R R F G Z F R R G
L B D E E W H K Z V M T J M P E W L I L C R U
D W D D P U B L I C I T Y H I M K O O O K C O
M G K A L O G I M R H F E Q G I G U K O K J U
L B K O V M K E G O D I S C J U D U O J D Y S
I Y C V M N C T D L F D K N Q M G T H E S W B
Q G M Y R F Y R T N E M I R E P X E U B V L R
Q R C O I M F T B U S I N E S S X E V C W Z G
```

Find the following words in the puzzle.
Words are hidden ↑ ↓ → ← and ↘ .

| | | |
|---|---|---|
| EXPERIMENT | PREMIUM | ZONE |
| PRESIDENT | PUBLIC | XRAY |
| AMBIGUOUS | ISLAND | WORK |
| PUBLICITY | EUROPE | DORM |
| BLOODSHED | DEPEND | NECK |
| ACTIVITY | AFFORD | KEY |
| BUSINESS | FLOOD | |

## 39

```
.  .  .  .  .  .  .  D  E  H  S  D  O  O  L  B  .  .  D  N  E  P  E  D
.  .  .  .  .  .  C  I  L  B  U  P  .  .  T  A  F  F  O  R  D  .  .
.  N  E  C  K  .  .  .  E  P  O  R  U  E  N  .  .  .  .  .  .  .  .
.  .  .  .  .  .  .  .  .  .  .  I  E  .  .  .  .  .  .  .  .  .
.  A  C  T  I  V  I  T  Y  .  .  .  .  S  D  .  .  .  .  .  .  .  A
.  .  M  .  .  .  .  .  .  E  .  L  I  .  X  R  A  Y  .  .  M
.  .  R  W  O  R  K  .  K  E  Y  N  .  A  S  .  .  .  .  .  .  B
.  .  O  .  .  .  .  .  .  O  .  N  E  P  .  .  .  .  .  .  I
.  .  D  .  .  .  .  .  .  Z  .  D  R  R  F  .  .  .  .  .  G
.  .  .  .  .  .  .  .  .  .  .  P  E  L  .  .  .  .  .  U
.  .  .  .  P  U  B  L  I  C  I  T  Y  .  .  M  .  .  O  .  .  .  O
.  .  .  .  .  .  .  .  .  .  .  .  .  I  .  .  .  O  .  .  U
.  .  .  .  .  .  .  .  .  .  .  .  .  U  .  .  .  .  D  .  S
.  .  .  .  .  .  .  .  .  .  .  .  .  .  M  .  .  .  .  .  .  .
.  .  .  .  .  .  .  T  N  E  M  I  R  E  P  X  E  .  .  .  .  .
.  .  .  .  .  .  .  B  U  S  I  N  E  S  S  .  .  .  .  .  .  .
```

Word directions and start points are formatted: (Direction, X, Y)

| | | |
|---|---|---|
| EXPERIMENT (W,18,15) | PREMIUM (S,16,8) | ZONE (N,12,9) |
| PRESIDENT (N,15,10) | PUBLIC (W,12,2) | XRAY (E,17,6) |
| AMBIGUOUS (S,23,5) | ISLAND (S,14,4) | WORK (E,4,7) |
| PUBLICITY (E,5,11) | EUROPE (W,14,3) | DORM (N,3,9) |
| BLOODSHED (W,15,1) | DEPEND (W,23,1) | NECK (E,2,3) |
| ACTIVITY (E,2,5) | AFFORD (E,16,2) | KEY (E,9,7) |
| BUSINESS (E,9,16) | FLOOD (SE,17,9) | |

```
M P S J T H L Y R L T Z N O I T U C E S O R P
B R M E X L B L C Z L G M J X E X W X Q O B P
C O Y W C Y C P P N K X L D E C R E A S E E C
H F K E I S Y O U R V W N A H R Z Y Y K S R K
A E D L D X Z C N A O Q M T N U R U T D E V K
K S T T I E M D W T T P L G R C C R J L Q O J
N S T W G L R V I O E L O U U Z E M F U M S A
A I F K R N W X P H Y M U S T M O K K Q Q L E
H O Y D O O W J M J K N P S A U M O C Z N S H
T N F C G H E T S O R B C O H L T N A C Z U R
T A P M O Y T N E G A D I A R P R Y N G Z I E
U L U M I L M Y F W M W X U I A B S S X F T T
N Y G Y Y B O O F H E F X R Z I R Q S U M Y T
E C Z R F O W R Q E R A G I K H Z Y H R E Q U
U Q L H D Y F G U O C A B A G T S R Q E R W G
M H T R H P R Q R G R M A F P J C H Y A O M I
```

Find the following words in the puzzle.
Words are hidden ↑ ↓ → ← and ↘ .

| | | |
|---|---|---|
| CONTEMPORARY | GLANCE | TURN |
| PROFESSIONAL | SNACK | FAIR |
| PROSECUTION | JEWEL | TUNE |
| DECREASE | THANK | SUIT |
| PROPOSAL | COLOR | WOOD |
| REMARK | AGENT | SUM |
| GUTTER | WAKE | |

# SOLUTION

## 40

```
.  P  .  J  .  .  .  .  .  .  .  .  N  O  I  T  U  C  E  S  O  R  P
.  R  .  E  .  .  .  .  .  .  G  .  .  .  .  W  .  .  .  .
.  O  .  W  .  C  .  P  .  .  .  L  D  E  C  R  E  A  S  E  .  .
.  F  .  E  .  .  O  .  R  .  .  A  .  .  .  .  K  .  .  .
.  E  .  L  .  .  N  .  O  .  .  .  N  .  .  .  .  E  .  .
K  S  .  .  .  .  .  .  T  .  P  .  .  R  C  .  .  .  .  .  .
N  S  .  .  .  .  .  .  .  E  .  O  .  U  .  E  .  .  .  .  .
A  I  .  .  .  .  .  .  .  .  M  .  S  T  .  .  K  .  .  .
H  O  .  D  O  O  W  .  .  .  K  .  P  .  A  .  .  .  C  .  .  S  .
T  N  .  C  .  .  .  .  .  R  .  .  O  .  L  .  .  A  .  .  U  R
T  A  .  .  O  .  T  N  E  G  A  .  .  .  R  .  .  .  N  .  .  I  E
U  L  .  .  .  L  .  .  .  M  .  .  .  .  A  .  S  .  T  T
N  .  .  .  .  .  O  .  .  E  .  .  R  .  .  R  .  S  U  M  .  T
E  .  .  .  .  .  .  R  .  .  R  .  .  I  .  .  Y  .  .  .  .  U
.  .  .  .  .  .  .  .  .  .  .  .  .  A  .  .  .  .  .  .  .  G
.  .  .  .  .  .  .  .  .  .  .  .  .  F  .  .  .  .  .  .  .  .
```

Word directions and start points are formatted: (Direction, X, Y)

| | | |
|---|---|---|
| CONTEMPORARY (SE,7,3) | GLANCE (SE,12,2) | TURN (N,15,8) |
| PROFESSIONAL (S,2,1) | SNACK (N,19,12) | FAIR (N,14,16) |
| PROSECUTION (W,23,1) | JEWEL (S,4,1) | TUNE (S,1,11) |
| DECREASE (E,14,3) | THANK (N,1,10) | SUIT (S,22,9) |
| PROPOSAL (SE,9,3) | COLOR (SE,4,10) | WOOD (W,7,9) |
| REMARK (N,11,14) | AGENT (W,11,11) | SUM (E,19,13) |
| GUTTER (N,23,15) | WAKE (SE,18,2) | |

```
T Z F T K A L C O E Q T A E R E V O K F C C I
W O N S X D G G Z T C E R I D N I Q G Y U Z P
I Q Y T T A U Z P Z O E N H M T T B M I O N F
L E Z N P T O T A L E G M Q A I L P U N X K P
I R H P Z V A M A R B L E X E H A S E D S E O
G I C Y Z T V C B F I B T W R Q H L L R O P R
H T P X E C F W H F X K A R T M T W C A B X T
T E B S P J G L W D N K L C S W E B Y C D S E
U R A E T E K T G W E N Z E N Y V R C K N X R
A V D B K A S X H M M L B J I J I M E H J O Q
I N O I T I L A O C I A J G A E R N R V X G D
Q M H S H W R H V U C E Z T M Q P R F E W K J
M A R A T H O N K Y E R R Z Z Y E Z C V Y X W
K Y G N G O U L Z R P E U P J G D L L S F T M
N X O X I B B E V M S C L O O R M A X P I K X
G I T H A V L X O B A T T L E F I E L D Y Q I
```

Find the following words in the puzzle.
Words are hidden ↑ ↓ → ← and ↘ .

| | | |
|---|---|---|
| BATTLEFIELD | DEPRIVE | TOTAL |
| MAINSTREAM | OVEREAT | METAL |
| COALITION | RECYCLE | CARD |
| SPECIMEN | PORTER | HALT |
| TWILIGHT | MARBLE | FEW |
| MARATHON | RETIRE | BAD |
| INDIRECT | CEREAL | |

# SOLUTION

## 41

```
T . . . . . . . . . . T A E R E V O . . . . .
W . . . . . . . . T C E R I D N I . . . . . .
I . . . . . . . . . . . M . T . . . . . . .
L E . . . T O T A L . . M . A . L . . . . P
I R . . . . . M A R B L E . E . A . E D . . O
G I . . . . . . . . T . R . H . L R . . R
H T . . . . . . . . A . T . . C A . . T
T E B . . . . . . N . L . S . E . Y C . . E
. R A . . . . . . E . . N . V . C . . . R
. . D . . . . . . M L . . I . I . E . . . .
. N O I T I L A O C I A . . A . R . R . . . .
. . . . . . . . . . C E . . M . P . F E W . .
M A R A T H O N . . E R . . . . E . . . . .
. . . . . . . . . . P E . . . D . . . . . .
. . . . . . . . . . S C . . . . . . . . .
. . . . . . . . . B A T T L E F I E L D . . .
```

Word directions and start points are formatted: (Direction, X, Y)

BATTLEFIELD (E,10,16)  DEPRIVE (N,17,14)  TOTAL (E,6,4)
MAINSTREAM (N,15,12)  OVEREAT (W,18,1)  METAL (S,13,4)
COALITION (W,10,11)  RECYCLE (N,19,11)  CARD (N,20,8)
SPECIMEN (N,11,15)  PORTER (S,23,4)  HALT (N,17,6)
TWILIGHT (S,1,1)  MARBLE (E,8,5)  FEW (E,19,12)
MARATHON (E,1,13)  RETIRE (N,2,9)  BAD (S,3,8)
INDIRECT (W,17,2)  CEREAL (N,12,15)

```
G S P L H P B F D J Y F P N C X J K Z L G W B
M K G A A Q S V Z L E R E B K I R U O M R P W
A M D P D I Y U C E T E G R L X R N G T Q S F
T W M M Q U Z X O E E I B C A B J I N I A T S
C A E O F S L H M H C G U X W A L T H S P I W
H E I I P P S T P W N H S J S X E K Y G O E E
V X M C S I F R L H E T I L S R D T G I U F X
D B X R R D Q T I A I E N Z O Z N S O M C Y C
W R Z E S O U Q C J C R E E R I O I L M T F H
O H Q A R L L V A X S U S T C R L N O D U B A
W P V T A J T L T P E H S A G H B U N V D N N
M D U E T Z H Y I U L O V K V P U M H Q N Z G
O U I P G G C F O E I Y J S P D M M C H E P E
Q S U R A K R D N K B N E I I S X O E Y R Z E
O A Z H J S K C M A O R S X S V X C T G T G I
D U F J O X P L E M M L J G X J O J L E V M P
```

Find the following words in the puzzle.
Words are hidden ↑ ↓ → ← and ↘ .

| | | |
|---|---|---|
| COMPLICATION | SCIENCE | WHEEL |
| TECHNOLOGY | MOBILE | MATCH |
| CROSSWALK | MAKEUP | SKATE |
| COMMUNIST | BLONDE | STAIN |
| FREIGHTER | CREATE | ROLL |
| EXCHANGE | TREND | SIP |
| BUSINESS | ADULT | |

## 42

```
.   .   .   A   .   .   .   .   .   .   F   .   .   .   .   .   .   .   .   .   .   .
M   .   .   A   .   .   .   .   L   .   R   .   .   K   .   .   .   .   .   .   .   .
A   .   .   .   D   .   .   .   C   E   .   E   .   .   L   .   .   .   .   .   .   .
T   .   .   .   .   U   .   .   O   E   E   I   B   .   A   .   .   .   N   I   A   T   S
C   .   .   .   .   .   L   .   M   H   C   G   U   .   W   .   .   .   .   .   .   .   .
H   .   .   .   .   .   .   T   P   W   N   H   S   .   S   .   E   .   Y   .   .   .   E
.   .   .   C   .   .   .   .   L   .   E   T   I   .   S   .   D   T   G   .   .   .   X
.   .   .   R   R   .   .   .   I   .   I   E   N   .   O   .   N   S   O   .   .   .   C
.   .   .   E   .   O   .   .   C   .   C   R   E   E   R   .   O   I   L   .   .   .   H
.   .   .   A   .   L   .   S   .   S   T   C   .   L   N   O   .   .   A
.   .   .   T   .   .   .   L   T   P   E   .   S   A   .   .   B   U   N   .   D   .   N
.   .   .   E   .   .   .   .   I   U   L   .   .   K   .   .   .   M   H   .   N   .   G
.   .   .   .   .   .   .   .   O   E   I   .   .   S   P   .   .   M   C   .   E   .   E
.   .   .   .   .   .   .   .   N   K   B   .   .   .   I   .   .   O   E   .   R   .   .
.   .   .   .   .   .   .   .   .   A   O   .   .   .   S   .   .   C   T   .   T   .   .
.   .   .   .   .   .   .   .   .   M   M   .   .   .   .   .   .   .   .   .   .   .
```

Word directions and start points are formatted: (Direction, X, Y)

COMPLICATION (S,9,3)       SCIENCE (N,11,10)       WHEEL (N,10,6)
TECHNOLOGY (N,19,15)       MOBILE (N,11,16)        MATCH (S,1,2)
CROSSWALK (N,15,10)        MAKEUP (N,10,16)        SKATE (N,14,13)
COMMUNIST (N,18,15)        BLONDE (N,17,11)        STAIN (W,23,4)
FREIGHTER (S,12,1)         CREATE (S,4,7)          ROLL (SE,5,8)
EXCHANGE (S,23,6)          TREND (N,21,15)         SIP (N,15,15)
BUSINESS (S,13,4)          ADULT (SE,4,2)

## 43

```
Y  T  E  M  P  A  S  T  U  R  E  I  M  B  B  X  H  U  T  Q  U  Y  V
S  C  T  G  U  R  B  K  T  V  Q  U  J  Q  A  Z  N  C  N  Y  Z  I  H
X  B  Z  I  H  P  M  I  F  D  D  A  N  G  E  R  O  U  S  N  D  R  C
E  N  D  H  G  W  R  Z  J  L  H  A  S  J  P  H  K  H  B  O  K  U  O
P  D  V  E  T  X  M  E  P  U  P  T  H  E  F  T  A  E  K  M  B  Z  P
O  N  F  O  P  E  J  W  S  S  O  G  O  G  A  Z  C  C  D  E  G  K  Y
Z  U  F  B  F  E  X  D  H  T  T  X  R  W  E  R  L  A  B  R  X  M  R
V  O  E  Y  P  E  N  T  L  J  I  O  E  U  N  Q  I  M  E  E  G  A  I
M  R  A  S  G  X  M  D  U  V  W  G  B  J  G  V  G  I  F  C  G  D  G
W  R  T  R  C  S  Z  I  E  R  G  O  E  Q  F  M  H  R  W  D  V  X  H
B  U  U  D  S  A  Q  E  N  N  E  T  L  C  F  X  T  G  F  B  G  B  T
O  S  R  T  N  P  N  T  B  I  C  C  L  I  O  L  E  T  O  P  Q  X  L
O  R  E  F  Q  U  T  F  Z  D  S  E  I  J  Y  V  R  B  S  J  I  P  V
T  S  A  U  S  A  G  E  N  J  L  T  O  S  V  G  T  C  T  Z  Y  I  J
Q  N  I  A  R  T  S  E  R  O  N  D  N  L  C  R  O  W  P  T  W  U  O
G  I  I  G  K  F  M  B  P  W  T  A  E  H  W  Q  J  J  M  T  O  H  Z
```

Find the following words in the puzzle.
Words are hidden ↑ ↓ → ← and ↘ .

| DEPENDENCE | CEREMONY | GRIMACE |
| DANGEROUS | FEMINIST | THEFT |
| REBELLION | SAUSAGE | WHEAT |
| COPYRIGHT | PASTURE | SCAN |
| PRESTIGE | TEXTURE | BOOT |
| RESTRAIN | LIGHTER | TOP |
| SURROUND | FEATURE | |

# SOLUTION

## 43

```
. . . . . P A S T U R E . . . . . . . . . . .
. . . . . . . . . . . . . . . . . . Y . . .
. . . . . P . . . . D A N G E R O U S N . . C
. . D . . R . . . . . . . . . . O . . O
. D . E T . . E . . . T H E F T . E . M . . P
. N . P E . . S . . . . . . . . C . E . . Y
. U F . F E X . . T . . R . . . L A . R . . R
. O E . E N T . . I . E . . I M . E . . I
. R A S . . M D U . . G B . . . G I . C . . G
. R T . C . . I E R . . . E . . H R . . . H
B U U . . A . . N N E . L . . . T G . . . T
O S R . . . N . . I C . L . . . E T O P . . .
O . E . . . . . . . . S E I . . . R . . . .
T S A U S A G E . . . T O . . . . . . . . .
. N I A R T S E R . . . N . . . . . . . .
. . . . . . . . T A E H W . . . . . . . .
```

Word directions and start points are formatted: (Direction, X, Y)

DEPENDENCE (E,1,3)
DANGEROUS (N,11,10)
REBELLION (W,22,16)
COPYRIGHT (SE,13,5)
PRESTIGE (S,20,1)
RESTRAIN (E,1,8)
SURROUND (SE,12,2)

CEREMONY (W,17,12)
FEMINIST (W,9,10)
SAUSAGE (E,1,14)
PASTURE (SE,12,1)
TEXTURE (SE,14,5)
LIGHTER (W,22,15)
FEATURE (E,16,14)

GRIMACE (W,9,16)
THEFT (S,14,7)
WHEAT (S,6,5)
SCAN (SE,8,12)
BOOT (N,12,6)
TOP (E,2,9)

```
E W R A F A C T O R Y H Z P U M N I O C P W F
L B K P T N I A P H X B U N Y I N Y U Y I Q E
A C S K P Q E R Q O A Y S U O R T S N O M B P
U O N C C U W A D W Z Z T F U K B G M M F X L
N Y W H I O T E Z E H A I I P X I R C X J A Z
A L S K X W N R L O C Z O N R R R W E H E Z O
M I Y U R X U S O V T A Q I O X T L N B P K C
P T P X K X B B T H N E R S O K H M V E E C H
E R L V K W N V G R A V S H R W D T J D S L O
K J W T V Z D A N A U M V E E U A P E J G A I
S Y O P V R O C K E T C V D A L Y U W A V H C
I D E C A D E G S I R C T R D Q S Q X V C E E
X A O L H B K F X G I S S U F J E N D T G H H
Y B H A C Q D P E N S I O N I P V R C S N D O
T L C E K E R U T P L U C S E P O E Z I O J O
D I O D K B I U C P Z M O D E S T G N M G E I
```

Find the following words in the puzzle.
Words are hidden ↑ ↓ → ← and ↘ .

| | | |
|---|---|---|
| CONSTRUCT | CHOICE | TEACH |
| SCULPTURE | DECADE | READ |
| MONSTROUS | MANUAL | COIN |
| BIRTHDAY | ROCKET | REAR |
| FINISHED | MODEST | MIST |
| FACTORY | REBEL | DEAL |
| PENSION | PAINT | |

## 44

```
. . . . F A C T O R Y . . . . . . N I O C . . .
L . . . T N I A P . . . . . . . . . . . . . . .
A . . . . . R . . . . S U O R T S N O M . .
U . . . C . . A . . . . . F . . B . . . . . .
N . . . . O . E . . . . . I . . I R . . . . .
A . . . . . N R . . . . . N . . R . E . . . .
M . . . . . . S . . . . . I . . T . . B . . C
. . . . . . . . T . . . . S . H . . E . H
. . . . . . . . . R . . . H R . D T . . . L O
. . . . . . . . . . U . E E . A . E . . . I
. . . . . R O C K E T C . D A . Y . . A . . C
. D E C A D E . . . . T . D . . . . . C . E
. . . . L . . . . . . . . . . . . . . T . H .
. . . . A . . . P E N S I O N . . . . . S . .
. . . . E . E R U T P L U C S . . . . . I . . .
. . . . D . . . . . . M O D E S T . . M . . .
```

Word directions and start points are formatted: (Direction, X, Y)

CONSTRUCT (SE,5,4)      CHOICE (S,23,7)      TEACH (SE,18,9)
SCULPTURE (W,14,15)     DECADE (E,2,12)      READ (S,15,9)
MONSTROUS (W,21,3)      MANUAL (N,1,7)       COIN (W,20,1)
BIRTHDAY (S,17,4)       ROCKET (E,6,11)      REAR (N,8,6)
FINISHED (S,14,4)       MODEST (E,12,16)     MIST (N,20,16)
FACTORY (E,5,1)         REBEL (SE,18,5)      DEAL (N,4,16)
PENSION (E,8,14)        PAINT (W,9,2)

## 45

```
Q  L  S  C  Q  M  I  X  P  S  D  E  M  U  M  X  R  A  L  U  G  E  R
B  R  I  D  G  E  E  R  P  A  L  I  O  I  H  J  B  N  I  V  C  C  Y
Y  T  A  V  T  O  N  H  Q  E  R  U  A  Y  A  Z  C  J  W  C  G  B  T
F  W  J  C  L  J  Q  C  E  C  C  A  M  L  Z  D  F  C  S  T  D  C  I
I  W  W  Q  K  S  X  R  V  N  T  I  M  F  O  U  I  H  I  K  I  Z  L
R  S  C  O  R  E  O  U  I  E  S  W  A  E  M  G  J  S  S  G  E  S  I
M  E  V  I  M  I  D  A  S  D  A  X  I  Y  T  Z  U  D  E  I  Z  E  B
E  E  F  L  L  B  A  R  I  N  C  O  N  R  Q  E  G  E  H  M  D  E  I
H  G  C  L  J  X  R  I  C  E  E  L  S  E  G  V  R  R  T  B  Y  K  S
P  A  Y  C  E  L  A  Q  E  P  R  M  T  T  U  S  E  H  O  K  G  T  S
Z  R  Y  L  X  C  P  M  D  E  O  K  R  T  L  E  M  L  P  N  H  P  O
K  E  T  T  L  E  T  R  Y  D  F  J  E  A  F  D  H  T  Y  H  M  R  P
Q  V  S  X  Y  N  M  I  A  J  G  P  A  M  L  X  Z  Z  H  V  E  L  W
C  A  C  P  A  G  Z  B  O  A  B  O  M  R  E  N  G  I  S  E  D  O  L
Y  S  A  L  A  M  P  W  K  N  Z  J  Y  N  J  X  I  H  U  W  R  D  Y
L  K  C  V  G  B  T  Y  E  R  F  D  F  I  B  R  E  V  O  K  E  I  Z
```

Find the following words in the puzzle.
Words are hidden ↑ ↓ → ← and ↘ .

| | | |
|---|---|---|
| POSSIBILITY | DIALOGUE | BRIDGE |
| HYPOTHESIS | DESIGNER | MATTER |
| DEPENDENCE | FORECAST | SCORE |
| REFLECTION | PARADOX | EVOKE |
| MAINSTREAM | AVERAGE | LAMP |
| PARAMETER | REGULAR | VAT |
| DECISIVE | KETTLE | |

## SOLUTION

### 45

```
.   .   .   .   .   .   .   P   .   D   .   .   .   .   .   R   A   L   U   G   E   R
B   R   I   D   G   E   .   .   .   A   .   I   .   .   .   .   .   .   .   .   .   Y
.   T   A   V   .   .   .   .   E   R   .   A   .   .   .   .   .   .   .   .   .   T
.   .   .   .   .   .   .   E   C   .   A   .   L   .   .   .   S   .   .   .   .   I
.   .   .   .   .   .   X   .   V   N   T   .   M   .   O   .   .   .   I   .   .   L
R   S   C   O   R   E   O   .   I   E   S   .   A   E   .   G   .   .   S   .   .   I
.   E   .   .   .   D   .   S   D   A   .   I   .   T   .   U   .   E   .   .   .   B
.   E   F   .   .   A   .   I   N   C   .   N   R   .   E   .   E   H   .   .   .   I
.   G   .   L   .   .   R   .   C   E   E   .   S   E   .   .   R   .   T   .   .   .   S
.   A   .   E   .   A   .   E   P   R   .   T   T   .   .   .   .   O   .   .   .   S
.   R   .   .   .   C   P   .   D   E   O   .   R   T   .   .   .   .   P   .   .   .   O
K   E   T   T   L   E   T   .   .   D   F   .   E   A   .   .   .   .   Y   .   .   .   P
.   V   .   .   .   .   .   I   .   .   .   .   A   M   .   .   .   .   H   .   .   .   .
.   A   .   .   .   .   .   .   O   .   .   .   M   R   E   N   G   I   S   E   D   .   .
.   .   .   L   A   M   P   .   .   N   .   .   .   .   .   .   .   .   .   .   .   .   .
.   .   .   .   .   .   .   .   .   .   .   .   .   .   .   .   .   E   V   O   K   E   .   .
```

Word directions and start points are formatted: (Direction, X, Y)

POSSIBILITY (N,23,12)
HYPOTHESIS (N,19,13)
DEPENDENCE (N,10,12)
REFLECTION (SE,1,6)
MAINSTREAM (S,13,5)
PARAMETER (SE,9,1)
DECISIVE (N,9,11)

DIALOGUE (SE,11,1)
DESIGNER (W,21,14)
FORECAST (N,11,12)
PARADOX (N,7,11)
AVERAGE (N,2,14)
REGULAR (W,23,1)
KETTLE (E,1,12)

BRIDGE (E,1,2)
MATTER (N,14,13)
SCORE (E,2,6)
EVOKE (E,17,16)
LAMP (E,4,15)
VAT (W,4,3)

```
A N N U A L W P N G R J C F T O E H U C W V Z
G W O N S I S O I O F O X R A R K Q B E M E R
X C M G Z Y B F N F F O B K C G R X A T R N Z
C R O N Y E Z M B V J H R Q M A H W J A V I W
F D B M J S I I F W D G X U Q N G V V B Y C G
G K Z S M O U P G A B H A T M I H S P E Q I E
V W U E J O I C S W L Q I O F S R O N D G D T
Y A C C X O N N Q I M L X U I A Z S P W X E U
U L A D X C Q C T D A S I C R T A L I E G M L
T O T R F G C M Z E G E E H O I H B Q R A A O
T I A I S V Q F T S O Q H L W O U U N R A O S
Q X B V G N S R V K L Y A N T N N A T P H J B
Y O Q E D V Q O W Z L R B A J Q T K V Q G C A
S K R C V I A V G S X W H A M H E W I B B O L
U N T N P M P T O N Y O X N R A R V J E K W W
I J F R A C I S M Q V D N O I S N E M I D Q L
```

Find the following words in the puzzle.
Words are hidden ↑ ↓ → ← and ↘ .

ORGANISATION     RACISM     FALL
DIMENSION        HUNTER     SNOW
MEDICINE         JOINT      DESK
ABSOLUTE         TOUCH      LIE
ANNUAL           FORUM      LOG
COMMON           DRIVE      BAR
DEBATE           HOPE

## 46

```
A N N U A L . . . . . . . . . . .     O . . . . . . .
. W O N S . . . . . . F . . . . R . . . E . E .
. C . . . . . . . . . O . . . G . . . T . N .
. . O . . . . . . . . . R . . A . . A . I .
. . . M J . . . F . . . U . N . . . B . C .
. . . . M O . . . A . . . T M I H . . E . I E
. . . . . O I . . . L . . O . S . O . D . D T
. . . . . . N N . . L . U . A . . P . . E U
. . . . . D . . . . T D . . . C . T . L I E . M L
. . . . . R . . . . . E G . . H . I H . . . . . . O
. . . . . I . . . . . S O . . . O U . . . . . S
. . . . . V . . . . . K L . . . N N . . . . . . B
. . . . . E . . . . . . . . B . . . T . . . . . A
. . . . . . . . . . . . . . . A . . E . . . . .
. . . . . . . . . . . . . . R . R . . . . . .
. . . R A C I S M . . . N O I S N E M I D . .
```

Word directions and start points are formatted: (Direction, X, Y)

ORGANISATION (S,16,1)
DIMENSION (W,21,16)
MEDICINE (N,22,9)
ABSOLUTE (N,23,13)
ANNUAL (E,1,1)
COMMON (SE,2,3)
DEBATE (N,20,7)

RACISM (E,4,16)
HUNTER (S,17,10)
JOINT (SE,5,5)
TOUCH (S,14,6)
FORUM (SE,11,2)
DRIVE (S,4,9)
HOPE (SE,17,6)

FALL (SE,9,5)
SNOW (W,5,2)
DESK (S,10,9)
LIE (E,18,9)
LOG (N,11,12)
BAR (SE,13,13)

```
O N Q X A U E T A B E D E D U X U B U P L W E
U Y T D Z B S L O G L F G G S J H B U R C A X
L G R E H H T X M E D I C I N E D E S K N A U
U P T C V U D I M E N S I O N D Z W O H O U O
K R Y V G N F X V H Z H H Z O P M F Q F I Y D
L E E W B T F T B C L O L A M F F E G F T A T
J R A U D E E O P D I Z Q I M V B P C Q A I X
D B A B U R I U Z C E T N I O J I O Z B S U B
O M G C S I R C U V R M D I C Y B H M N I O D
S L V C I O M H Z T D B A R G F C D Y C N D A
L L Y Y D S L O H A L Q S A B E V I R D A B G
Q A A M R A M U Q F A P Y P H W O N S K G M S
W F Y D X L B V T J U A D I T T Y Y H N R P K
U O Y Q H L B B W E N Y I D H C M E K B O R K
J S H J O S V Y C B N B L J K S P B A A P B J
I W K M U R O F V O A S L B G O T J T Y J X Q
```

Find the following words in the puzzle.
Words are hidden ↑ ↓ → ← and ↘ .

| | | |
|---|---|---|
| ORGANISATION | RACISM | FALL |
| DIMENSION | HUNTER | SNOW |
| MEDICINE | JOINT | DESK |
| ABSOLUTE | TOUCH | LIE |
| ANNUAL | FORUM | LOG |
| COMMON | DRIVE | BAR |
| DEBATE | HOPE | |

# SOLUTION

## 47

```
.  .  .  .  .  .  .  E  T  A  B  E  D  .  .  .  .  .  .  .  .  .  .
.  .  .  .  .  .  .  L  O  G  .  .  .  .  .  .  .  .  .  .  .  .  .
.  .  .  .  .  .  H  .  .  M  E  D  I  C  I  N  E  D  E  S  K  N  .  .
.  .  .  .  .  .  U  D  I  M  E  N  S  I  O  N  .  .  .  .  .  O  .  .
.  .  .  .  .  .  N  .  .  .  .  .  .  .  O  .  .  .  .  .  I  .
.  .  .  .  .  T  .  T  .  .  L  .  .  M  .  .  E  .  .  T  .
.  R  A  .  .  E  .  O  .  .  I  .  .  M  .  .  P  .  .  A  .  .
.  .  A  B  .  R  .  U  .  .  E  T  N  I  O  J  .  O  .  .  S  .  .
.  .  .  C  S  .  .  C  .  .  .  .  .  .  C  .  .  H  .  .  I  .
.  L  .  .  I  O  H  .  .  .  B  A  R  .  .  .  .  .  .  N  .
.  L  .  .  .  S  L  .  .  .  L  .  .  .  .  E  V  I  R  D  A  .  .
.  A  .  .  .  M  U  .  .  A  .  .  .  W  O  N  S  .  G  .  .
.  F  .  .  .  .  .  T  .  U  .  .  .  .  .  .  .  .  R  .  .
.  .  .  .  .  .  .  .  E  N  .  .  .  .  .  .  .  O  .
.  .  .  .  .  .  .  .  .  N  .  .  .  .  .  .  .  .  .
.  .  .  M  U  R  O  F  .  .  A  .  .  .  .  .  .  .  .  .
```

Word directions and start points are formatted: (Direction, X, Y)

| | | |
|---|---|---|
| ORGANISATION (N,21,14) | RACISM (SE,2,7) | FALL (N,2,13) |
| DIMENSION (E,7,4) | HUNTER (S,6,3) | SNOW (W,19,12) |
| MEDICINE (E,9,3) | JOINT (W,16,8) | DESK (E,17,3) |
| ABSOLUTE (SE,3,7) | TOUCH (S,8,6) | LIE (S,11,6) |
| ANNUAL (N,11,16) | FORUM (W,8,16) | LOG (E,8,2) |
| COMMON (N,15,9) | DRIVE (W,20,11) | BAR (E,12,10) |
| DEBATE (W,12,1) | HOPE (N,18,9) | |

```
Y K D E M I Q C R J C L S D I N O U T F I T U
N Q M D G A G K C D A G R R Y R E C O V E R G
E D R E S S I N G E N J L A T I P A C N A Z T
G I I F F K V J H Z C P C Z M G D U Z I A A Z
U A N U F N C D D N E M L O D D I K E A K A M
Z J N X Y O Z R H A P E C K J X B U T G S O
Y V R F D W F E F K D X A E B I R C S E D L C
U P A O T N A T I B A H N I T E R I I R N S J
F P Q T L R U I S V J J E S T M F T S H Z X T
B Z H N E T T I N P H E Q S X F W E U R V X D
I G P E R H S I G U Z K V J Z B K K G D C T U
C N D S U L V S Y R O T C E T E D L G E C B C
F I V E T P N O I T P E C N O C D H E N K D K
P R C R P R E S I D E N C E X E Q K S L G N H
B B T P A D V R R A W M R U N D V S T W K B F
A O B S C U C N X E R E C I F F O F K Q O I Z
```

Find the following words in the puzzle.
Words are hidden ↑ ↓ → ← and ↘ .

| | | |
|---|---|---|
| CONCEPTION | OFFICER | RETAIN |
| INHABITANT | SUGGEST | CLEAN |
| RESIDENCE | CAPITAL | BRING |
| DESCRIBE | CAPTURE | KNOW |
| DRESSING | RECOVER | INN |
| DETECTOR | OUTFIT | |
| PRESENT | CANCER | |

## SOLUTION

## 48

```
. . . . . . . . . . . . . . C . . . . . O U T F I T .
. . . . . . . . . . . . . . A . . . . R E C O V E R .
. D R E S S I N G . N . L A T I P A C N . . .
. . I . . K . . . . C . C . . . . . . I . .
. . N . N . . . . E . L . . . . . . A . .
. . N . . O . . . R . E . . . . . . T . .
. . . . . W . . . . . . A E B I R C S E D . .
. . . . . T N A T I B A H N I . . . . . R . .
. . . T . . . . . . . . . . . . S . . .
. . . N E . . . . . . . . . . . U . . .
. G . E R . . . . . . . . . . G . . .
. N . S U . . . R O T C E T E D . G . . . .
. I . E T . N O I T P E C N O C . . E . . .
. R . R P R E S I D E N C E . . . . S . . . .
. B . P A . . . . . . . . . . . . T . . .
. . . . . C . . . . . R E C I F F O . . . . .
```

Word directions and start points are formatted: (Direction, X, Y)

CONCEPTION (W,16,13)  OFFICER (W,17,16)  RETAIN (N,20,8)
INHABITANT (W,14,8)  SUGGEST (S,19,9)  CLEAN (S,13,4)
RESIDENCE (E,6,14)  CAPITAL (W,19,3)  BRING (N,2,15)
DESCRIBE (W,21,7)  CAPTURE (N,5,16)  KNOW (S,6,4)
DRESSING (E,2,3)  RECOVER (E,16,2)  INN (S,3,4)
DETECTOR (W,17,12)  OUTFIT (E,17,1)
PRESENT (N,4,15)  CANCER (S,11,1)

```
T O Q F F K R A O Q P C E N S U S Q Q Y B T F
T B B S F G S T A M O L P I D W E Q Y N Y Q T
Q W E Q X I N U B T P G I H G P L M C A R Y L
Z A E E J Y A E G D U J G H C T I W S G E U A
M R C A X H S U O I R O T O N W O V Y R T O U
R C A D Q V G I E H B N J P B G B U G O T A N
Y H E W N W E E K A K R Z F W E S U L E A H N
Y I L E L T S E R W X N E M O C G Z M Y B E A
K T P N D E G V J D L G M A G S I I Y G G H W
A E X T S E J V D Q L U F X D O O C N Y O D G
U C W Q N F T C K E M L A T T I M E R N O N V
K T Y E C N A T N I A U Q C A D O C L G I S X
V K O Y N R O B J K N S T A I N W L E B F N T
R H V H G X X H B D N A B S U H Q C U S F R G
X S W L R N K D T O U H C O U A D N E E R C S
C I H N J V O R H O T X F O B Y T O S B Y Z R
```

Find the following words in the puzzle.
Words are hidden ↑ ↓ → ← and ↘ .

ACQUAINTANCE
NONREMITTAL
BEGINNING
ARCHITECT
NOTORIOUS
DIPLOMAT
HUSBAND

WRESTLE
BATTERY
SWITCH
CENSUS
ANNUAL
SCREEN
BREAD

JUDGE
STAIN
ORGAN
JEST
WEEK
POP

## 49

```
. . . . . . . . . P C E N S U S . . . . . . .
. . . . . . . . T A M O L P I D . . . . N Y . .
. . . . . . . . . P . . . . . . . . . A R . L
. A . . . . . E G D U J . H C T I W S G E . A
. R . . . . S U O I R O T O N . . . . R T . U
. C . . . . . . B . . . B . . . . O T . N
. H . . . W E E K . . R . . . E . . . A . N
. I . E L T S E R W . . E . . . G . . B . A
. T . . . . . . . . . A . . . I . . . . .
. E . T S E J . . . . . . D . . . N . . . .
. C . . . . . . . . . L A T T I M E R N O N .
. T . E C N A T N I A U Q C A . . . . . I . .
. . . . . . . . . . S T A I N . . . . . N .
. . . . . . . . . D N A B S U H . . . . . . G
. . . . . . . . . . . . . . . . . N E E R C S
. . . . . . . . . . . . . . . . . . . . . .
```

Word directions and start points are formatted: (Direction, X, Y)

| | | |
|---|---|---|
| ACQUAINTANCE (W,15,12) | WRESTLE (W,10,8) | JUDGE (W,12,4) |
| NONREMITTAL (W,22,11) | BATTERY (N,21,8) | STAIN (E,12,13) |
| BEGINNING (SE,15,6) | SWITCH (W,19,4) | ORGAN (N,20,6) |
| ARCHITECT (S,2,4) | CENSUS (E,12,1) | JEST (W,7,10) |
| NOTORIOUS (W,15,5) | ANNUAL (N,23,8) | WEEK (E,6,7) |
| DIPLOMAT (W,15,2) | SCREEN (W,23,15) | POP (S,11,1) |
| HUSBAND (W,16,14) | BREAD (SE,11,6) | |

```
A Z X S P S L A C Z S W F Y D N A A E F V F W
H B E G H L E G O Z X A P F U E G R N L J U M
V Q M G E D B M N V Z N Q Q K I T K J Q T L W
V V B X K F D N T R S D E O E G G M N T H X U
A U R S B O Q A I X S E C B W H H O N V E M J
V Z A E Q R A I N E W R U D W B X O E A E N O
O P C G F M E L U C N Z F M J O R B T L N Y K
R P E G Q U L B O N S N M Z C U W I H E D Y D
E L D H L L Y B U A F B D I E R E N G K L P J
T A Y A L A T N S B P B K H C G T Y I C M F O
R C J J H T S A U R X U X T A Y H I A A K J Y
E E I O Y E E N D U I H Z I F S J W R F G C H
A H Q I G N F G P T I E M Y A A Y Y T E U G Q
T T S N O E I C J S F C P I S S O G S I X R V
T K H T J W L L Z I P L I W I E N D H I Z T S
D T T N E C B I L D I B Z H A T E K T M U Q H
```

Find the following words in the puzzle.
Words are hidden ↑ ↓ → ← and ↘ .

| | | |
|---|---|---|
| DISTURBANCE | RETREAT | BOOM |
| CONTINUOUS | WANDER | CAFE |
| STRAIGHTEN | GOSSIP | FACE |
| FORMULATE | THEEND | NAIL |
| LIFESTYLE | PLACE | LAY |
| NEIGHBOUR | JOINT | |
| EMBRACE | DUKE | |

## 50

```
.  .  .  .  .  .  .  .  C  .  .  W  .  .  D  N  .  .  .  .  .  .  .
.  .  E  .  .  .  .  .  O  .  A  .  .  U  E  .  .  .  .  .  .  .
.  .  M  .  .  .  .  N  .  N  .  .  K  I  .  .  .  .  T  .  .
.  .  B  .  F  .  N  T  .  .  D  .  .  E  G  .  M  .  .  H  .
.  .  R  .  .  O  .  A  I  .  .  E  .  .  .  H  .  O  N  .  E  .  .
.  .  A  .  .  R  .  I  N  E  .  R  .  .  .  B  .  O  E  .  E  .
.  .  C  .  .  M  E  L  U  C  .  .  .  .  .  O  .  B  T  .  N  .  .
R  P  E  .  .  U  L  .  O  N  .  .  .  .  .  U  .  .  H  D
E  L  .  .  .  L  Y  .  U  A  .  .  .  .  E  R  .  .  G  .  .  .
T  A  Y  A  L  A  T  .  S  B  .  .  .  .  C  .  .  .  I  C  .  .  .
R  C  .  J  .  T  S  .  .  R  .  .  .  .  A  .  .  .  A  A  .  .  .
E  E  .  O  .  E  E  .  .  U  .  .  .  .  F  .  .  .  R  F
A  .  .  I  .  .  F  .  T  .  .  .  .  .  .  .  .  .  T  E  .  .  .
T  .  .  N  .  .  I  .  .  S  .  .  P  I  S  S  O  G  S  .  .  .  .
.  .  .  T  .  .  L  .  .  I  .  .  .  .  .  .  .  .  .  .  .
.  .  .  .  .  .  .  .  .  D  .  .  .  .  .  .  .  .  .
```

Word directions and start points are formatted: (Direction, X, Y)

| | | |
|---|---|---|
| DISTURBANCE (N,10,16) | RETREAT (S,1,8) | BOOM (N,18,7) |
| CONTINUOUS (S,9,1) | WANDER (S,12,1) | CAFE (S,20,10) |
| STRAIGHTEN (N,19,14) | GOSSIP (W,18,14) | FACE (N,15,12) |
| FORMULATE (S,6,4) | THEEND (S,21,3) | NAIL (S,8,4) |
| LIFESTYLE (N,7,15) | PLACE (S,2,8) | LAY (W,5,10) |
| NEIGHBOUR (S,16,1) | JOINT (S,4,11) | |
| EMBRACE (S,3,2) | DUKE (S,15,1) | |

Printed in the USA
CPSIA information can be obtained
at www.ICGtesting.com
LVHW080459111224

798851LV00011B/667